权威·前沿·原创

皮书系列为

“十二五”“十三五”“十四五”时期国家重点出版物出版专项规划项目

智库成果出版与传播平台

中国共享出行发展报告
（2023~2024）

ANNUAL REPORT ON THE DEVELOPMENT OF SHARED MOBILITY IN CHINA (2023-2024)

北方工业大学
主　编／中国公路学会城市交通分会
世界资源研究所

社会科学文献出版社
SOCIAL SCIENCES ACADEMIC PRESS (CHINA)

图书在版编目(CIP)数据

中国共享出行发展报告 . 2023-2024 / 北方工业大学，中国公路学会城市交通分会，世界资源研究所主编 . 北京：社会科学文献出版社，2024. 8. --（共享经济蓝皮书）. --ISBN 978-7-5228-3927-1

Ⅰ. F512. 3

中国国家版本馆 CIP 数据核字第 2024DE1076 号

共享经济蓝皮书

中国共享出行发展报告（2023~2024）

主　　编 / 北方工业大学
中国公路学会城市交通分会
世界资源研究所

出 版 人 / 冀祥德
责任编辑 / 吴　敏
责任印制 / 王京美

出　　版 / 社会科学文献出版社 · 皮书分社（010）59367127
地址：北京市北三环中路甲 29 号院华龙大厦　邮编：100029
网址：www. ssap. com. cn
发　　行 / 社会科学文献出版社（010）59367028
印　　装 / 天津千鹤文化传播有限公司

规　　格 / 开 本：787mm × 1092mm　1/16
印 张：24　字 数：355 千字
版　　次 / 2024 年 8 月第 1 版　2024 年 8 月第 1 次印刷
书　　号 / ISBN 978-7-5228-3927-1
定　　价 / 158. 00 元

读者服务电话：4008918866

《中国共享出行发展报告（2023~2024）》
编　委　会

主编单位简介

北方工业大学 成立于1946年，是隶属于北京市教委的一所涵盖理、工、文、经、管、法、艺七大学科，以工为主、特色鲜明的高等院校。

中国公路学会城市交通分会 成立于2015年，是一个跨部门、跨行业、跨学科、跨地域，由管理部门、科研院所、高校、企业等共同参与的学术组织，主要职能包括：开展学术活动、科技交流、成果出版、信息发布、成果推广，发现和举荐城市交通领域科技人才，宣传、贯彻城市交通政策、法规和标准。

世界资源研究所 成立于1982年，是全球性环境与发展智库，致力于环境与社会经济的共同发展。总部位于美国华盛顿特区，2008年在北京设立第一个长期国别办公室。

联合编写单位简介

中国交通报社 成立于1984年，是交通运输部主管的中央文化企业，拥有《中国交通报》、中国交通新闻网、交通强国App等融媒体矩阵，是全国交通运输行业内唯一覆盖铁路、公路、水运、民航、邮政全领域的媒体。

哈啰 成立于2016年，致力于为用户提供更便捷的出行以及更好的普惠生活服务。

一嗨租车 成立于2006年，是国内直营覆盖范围最大的连锁汽车租赁品牌，致力于通过数智化技术和标准化服务为人们提供高品质、可持续的出行生活方式。

轩辕之学 成立于2020年，以成就新汽车人为使命，致力于在全球汽车产业转型升级时代发现、培养和打造具有专业能力、国际视野的汽车商界领袖和高级管理者。

每日经济新闻 成立于2004年，拥有报纸、网站、移动新媒体、财经资讯产品、会议论坛、电子商务推广网络和视频直播等七大核心产品，是具有广泛影响力、权威性和公信力的财经智媒。

序　一

共享两轮出行已经从最初的野蛮生长，逐渐发展为一种稳健、精细化的运营模式，成为近年来城市交通变革的重要组成部分，它不仅成为大众出行的一种普遍选择，更在多个层面上重塑了我们的城市生活。共享两轮出行的发展轨迹，可以看作是当今城市交通发展的一个缩影。从最初的共享单车热潮，到如今更加多样化的共享电动车以及海外市场的共享滑板车等，这一领域的发展经历了从无序到有序、从单一到多元的转变。这种转变的背后，是技术的进步、市场的需求以及政策的引导共同作用的结果。

共享两轮出行带来的益处是显而易见的。首先，它极大地方便了人们的短途出行，减少了对私家车的依赖，缓解了城市交通拥堵。其次，共享两轮出行的普惠性，使得不同收入水平的群体都能享受到便捷的出行服务。此外，作为一种绿色出行方式，它减少了碳排放，对环境保护做出了贡献。更重要的是，共享两轮出行提升了交通公平性，使得更多人能够平等地享受到城市交通资源。目前，老百姓对于共享两轮车的需求十分旺盛。根据中国道路运输协会的数据，2024 年第一季度，全国共享单车和共享电单车每日订单均超过 2000 万单——这一庞大的数字展示了共享两轮出行的普及程度。

提供共享出行服务的平台企业大多是民营企业，承担了大量准公共服务职能，也提供了大量的就业岗位。2022 年中央经济工作会议提出要支持平台经济对行业的引领作用。这意味着国家将出台更多政策支持共享两轮平台企业发展。共享两轮平台的健康有序发展，也是我国共享两轮车出行持续健康发展的关键。

在历史的长河中，交通方式的变革一直是社会发展的重要标志。从古罗马时期道路系统的马车到工业革命时期的蒸汽火车，再到20世纪初的福特T型车，每一次科技的重大突破都会带来交通方式革新，并带来更广泛的社会进步。共享两轮出行集成了北斗技术、大数据和智能调度等技术的应用，是交通运输领域新质生产力的重要内容。共享两轮出行是出行方式的创新，也是服务模式的创新。广大城市应当积极引入共享两轮出行服务，这不仅有利于提升人民的幸福生活指数，还能为经济发展注入新的活力。共享两轮出行能够更好地满足个性化、多样化的出行需求，同时也能够促进相关产业发展，推动经济增长。

展望未来，共享两轮出行将以独特的优势，为构建更加便捷、绿色、公平的城市交通体系做出更大的贡献。随着技术的不断进步和城市化进程的加快，共享两轮出行正成为连接城市生活各个方面的重要纽带，不仅改变了人们的出行方式，更在深层次上影响了人们的生活方式。

本书深入探讨了共享两轮出行的各个方面，从技术发展到市场运营、从政策环境到社会影响，为读者呈现了一个全面、立体的共享出行世界。希望通过这本书，能够激发更多人对共享出行的思考，共同推动这一行业持续健康发展。

唐元

中国城镇化促进会副会长

国务院研究室原司长

序　二

在快速城市化和新质生产力的双重驱动下，中国交通运输新业态经历了从无到有、从小到大的飞速发展，不仅极大地丰富了人们的出行选择，提高了运输服务效能，也深刻地改变着城市交通面貌。2019 年至今，在各位顾问和编委老师的支持下，《共享经济蓝皮书：中国共享出行发展报告》已经连续出版四年了，影响力逐步扩大。在这里，对大家的辛苦付出表示衷心的感谢。

交通运输新业态是以互联网等信息技术为依托构建服务平台，通过服务模式、技术、管理的创新，整合供需信息，从事交通运输服务的经营活动。本书的出版，一是为交通运输新业态相关的决策者、学术界、企业界打造了一个共创、共建、共享的交流平台，另一方面也为读者及时了解交通运输新业态发展动态提供了参考。

2024 版蓝皮书的编撰与出版，不仅是对过去一年交通运输新业态发展成果的总结与回顾，更是对未来发展方向的展望与规划。我们期待这份报告能够引起社会各界对交通运输新业态的广泛关注和深入思考，共同推动共享出行行业的健康可持续发展，为构建绿色、低碳、智能的城市交通体系贡献力量。

吴洪洋
本蓝皮书编委会主任
交通运输部科学研究院交通科技发展促进中心主任、 研究员

摘　要

《中国共享出行发展报告（2023~2024）》是关于中国共享出行领域的年度发展报告。全书分为总报告、环境篇、业态篇、专题篇、城市创新篇等五个部分。总报告分析了2023年度共享出行主要业态的总体情况、发展特点、政策实施以及发展趋势等情况。整体上看，2023年共享出行人次总体趋稳，发展质量不断提升，网约车、私人小客车合乘和汽车租赁等快速增长，互联网租赁（电动）自行车稳中有降；共享出行政策法规体系持续完善，共享出行业态的新发展需要政策创新和突破。从共享出行未来发展来看，主流业态发展趋稳，新的业态发展与智能化技术突破速度决定其未来增长潜力。环境篇分析了共享出行发展的主要外部环境，如城市公共交通发展和国际共享出行发展等。业态篇重点分析了网约车、私人小客车合乘（顺风车）、汽车短期租赁、互联网租赁自行车（共享单车）、互联网租赁电动自行车（共享电单车）、需求响应公交和定制客运等的发展情况和趋势。专题篇分析了2023年度共享出行的热点事件和焦点问题。城市创新篇对地方政府共享出行政策创新进行了梳理与分析。

本书剖析了2023年度共享出行领域的大量数据，探讨了共享出行领域的相关政策和发展趋势，提出了推动共享出行健康持续发展的若干建议，对于政府的政策制定、企业出行业务的开展，以及科研院校的研究工作开展都具有一定的参考价值。

关键词： 共享出行　公共交通　政策法规

专家观点

（按姓氏拼音为序）

坚持市场化思路，促进网约车创新规范发展

近期，部分城市先后宣布暂停或阶段性暂行网约车许可，引起了社会的广泛关注。对此，还应当坚持市场化发展思路，建立更加灵活多样的运力调控方式，为促进网约车创新规范发展创造积极条件。

第一，前车之鉴，应尽量避免数量管制带来的一系列问题。对传统巡游车实行数量管控主要是基于以下原因：一是出租汽车具有消费的一次性和服务对象的不确定性等特征，属于难以完全实现市场化竞争的领域；二是出租汽车运营时间长，特别是相对于城市公交而言，运行效率较低，具有不经济性等负外部性；三是避免从业者盲目、非理性进入市场，造成行业无序竞争，导致出租汽车服务质量降低等。但同时，出租汽车数量管制也会带来一些问题，包括：经营不规范，经营权私下炒买炒卖，价格调整难，市场封闭导致一定程度上的利益固化，服务质量不高以及局部地区和时段的“打车难”等。为此，2016 年国家层面为深化出租汽车行业改革，统筹巡游车转型升级与网约车创新、规范发展，提出了“增量带动存量、细化市场提升运输服务，促进新老业态融合发展”的总体改革思路。一方面，截至 2023 年底，共有 337 家网约车平台公司取得经营许可，许可驾驶员 657.2 万人、许可车辆 279.2 万辆，全年完成 91.1 亿单订单，19 个中心城市订单合规率超过 80%，网约车合规化稳步推进。另一方面，

各地以网约车发展为契机，巡游车经营权、运价机制等重点领域改革不断深化，杭州、青岛、苏州等地完成经营权“确权”，深圳、南京、重庆等地巡游车承包金平均下降30%~50%，上海、广州、福州、宁波等地加快推进巡游车由政府定价转为政府指导价等。实践证明，充分发挥市场的决定性作用，促进市场主体充分竞争、优胜劣汰，不仅是网约车规范发展、创新服务的关键，也是巡游车转型升级、提升服务的根本。因此，要坚定不移地坚持市场化发展方向，推进新老业态协同发展，更好地满足人民群众多样化的出行需求。

第二，因地制宜，政府宏观调控手段应更加灵活多元。从实际效果看，数量管制与控制市场实际运力规模、提高司机收入不能简单等同。首先，合规化是数量管制的重要前提。倘若网约车合规化程度不高，暂停许可的直接后果就是，部分符合条件的车辆无法进入市场，合规网约车运力难以满足出行需求，从事非法营运的“黑车”依然充斥着市场，未受到实质性影响。其次，数量管制导致的资源稀缺同样会带来问题。目前，与同等规模城市相比，部分暂停许可的城市来源为租赁的网约车租金明显偏高，个别城市甚至出现倒卖经营许可的现象。最后，数量管控对于提高驾驶员收入的作用有限。暂停许可的政策初衷是控制包括网约车在内的出租车总量，保障驾驶员收入水平，但从监测结果看，市场实际运力规模并未得到控制，驾驶员实际收入也未得到明显提高。相反，部分城市坚持网约车数量由市场调节，通过加强市场运行监测、发布风险预警提示等，合理引导预期，驾驶员会根据就业状况、劳动强度、收入水平等是否符合预期而决定去留，实现了平台企业、车辆、人员有进有出。此外，暂停许可只能是阶段性措施，应坚持因地制宜，统筹考虑城市功能定位、产业布局、经济结构、人口流动和资源禀赋等，合理把握出租汽车运力规模在城市综合交通运输体系中的分担比例，建立运力评估指标体系和动态调整机制，探索建立符合各地实际的网约车运力调控方式，实现市场供需在更高水平上的动态平衡。

程国华

交通运输部公路科学研究院副研究员

推进共享出行更健康发展

“共享经济蓝皮书”的发布是一件非常有意义的事情，是该团队持续不断收集、整理、研究工作的年度总结，可供业内人员查阅学习，具有很强的参考价值。这项工作过程中的成果——周报，也得到了业界的广泛认可，大家可以及时方便地全面掌握行业最新动态。在此，对整个团队的辛勤付出表示衷心感谢！

一年来，共享出行各领域不断发展，以下几个方面是个人的粗浅认识、期待。

一是网约车。各级政府、企业共同推进合规化，取得了一定的成效。同时，作为社会就业的“蓄水池”，网约车运力不断增加，与此同时出租车司机工作强度不断提高、单位收入持续下降，司机权益保障成为政府、业界关注的重点。许多地方定期发布行业动态、预警是很有必要的，相关部门引导采取限制抽成比例等举措，有一定效果但不够明显。未来可以尝试借鉴美国纽约市的做法：要求平台企业保障司机在线时收入不得低于当地最低小时收入标准。行业的重要变化之一是：新旧业态巡网融合发展取得较大进展。除了部分城市新旧业态两种驾驶员互认、统一外，相当数量的城市已实施“一车两价”政策：巡游出租车线上订单按照网约计价。运价机制的统一是关键，将推动两种业态在运营层面的深度融合，也是传统巡游车转型升级的主要途径。

二是共享（电）单车。共享（电）单车因集中充电、换电，在消防安全方面比私人电动自行车要好一些，加上更符合国家标准、更易管理等因素，在私人电动自行车普及的情况下，理应不该禁止共享（电）单车。北京亦庄的共享（电）单车试点运营，算是在一线特大城市的小突破，相信未来将会更加普及。各城市的共享（电）单车管理总体较为成熟：总量控制、网格化管理、服务质量考核并与投放额度相挂钩。未来可探索更合理的管理模式：不再总量控制、每家平台企业有一定额度免费车辆以保障公平竞争、更多额度按照阶梯定价收取公共资源占用费。

三是无人驾驶。关于单车智能和车路协同，越来越多的人认同车路协同可赋能无人驾驶，主要体现为提升交通运行效率和安全水平。以百度为代表，我国无人驾驶已经取得很大进展，但与美国头部企业相比仍有差距：相关商业化运作的Robotaxi仍需远程控制。纯视觉路线的特斯拉更值得关注：除了成本更低外，其进行AI模型训练的大数据量级显著更高，模型更易走向成熟。无人驾驶也许真的不远了。

程世东

国家发展和改革委员会综合运输研究所城市交通中心主任

网约车行业未来驶向何处

经过十多年发展，网约车已经成为城市交通的重要组成部分，事关民生和运输保障，但其在快速发展的过程中，存在安全合规、司乘权益保障、市场公平竞争等问题，是全社会的热点话题。网约车行业的未来发展方向值得思考。

从政府监管角度来看，安全、合规、稳定是底线，只有网约车平台及聚合平台合规合法经营，构建良性市场竞争秩序，有效保护用户和司机群体的权益与安全，网约车行业才能高质量发展。2024 年交通运输部公布 5 项民生实事工作，包括开展交通运输新业态出行服务质量提升行动、持续规范交通运输新业态企业经营行为、加快提升网约车合规化水平、全面落实交通运输新业态从业人员权益保障工作要求、持续改善从业人员工作环境等。

多地主管部门也在加强市场信息动态监测、及时发布行业风险预警的同时，探索如何合理调控网约车运力，让行业稳定、健康发展。需要制定服务质量评测等规则，让服务质量更胜一筹的网约车企业脱颖而出，促进行业高质量发展。

各主机厂和出行平台加大在人工智能和无人驾驶领域的创新与研发投入，整合出行产业链，寻找新的市场增长点。无人驾驶出租车将推动网约车行业进入新的发展阶段。

网约车发展关系到政府、网约车平台、聚合平台、司机、乘客等多元主体，涉及市场竞争、数据安全、就业服务、运输保障、社会福利、公共秩序等多维价值，各方乃至整个社会都需共同努力，塑造一个更加合规、安全、高效、优质、公平、健康的出行生态体系。

范越甲

石家庄市道路运输行业协会交通新业态分会会长

北京自动驾驶汽车立法的新理念及其影响

2024年6月发布的《北京市自动驾驶汽车条例（征求意见稿）》（以下称“北京征求意见稿”）令人眼前一亮，诸多条款的设计反映了北京自动驾驶汽车立法的新理念，为破解当前困扰自动驾驶汽车创新发展、自动驾驶时代共享出行行业转型升级等难题提供了新思路、新制度供给，值得关注。

首先，明确自动驾驶汽车可用于汽车租赁领域，找到自动驾驶汽车创新发展与相关产业、行业融合发展的关键点。自动驾驶汽车无人化运行对现有业态如出租汽车行业的冲击，成为社会热点议题，在自动驾驶立法过程中难以回避。北京征求意见稿明确提出支持自动驾驶汽车用于“汽车租赁”场景，为更多自动驾驶创新性应用预留空间，为我们展示了除出租汽车、公交等外的应用新场景，也在传统汽车产业的销售逻辑下找到了一个可行的过渡场景。而立法支持自动驾驶汽车用于汽车租赁领域，使得租车人的法律身份转变、后台支持新运营主体的出现成为可能，为自动驾驶新法律主体预留了空间。

其次，区分自动驾驶车内有无驾驶人的不同法律责任，客观确定远程安全员不同于驾驶员的法律责任。当前，自动驾驶汽车测试、示范应用、商业化试点过程中的一大难点是远程安全员的法律责任问题。2018年广州率先发文开展远程自动驾驶测试时，仍然使用“驾驶员座位设置在远程的”用语。也就是说，进行远程测试的人员仍为“驾驶员”法律身份，并承担相应的法律责任。规模化开展远程自动驾驶测试与示范应用的武汉市，虽然将远程驾驶的控制人称为“安全员”，但就其法律身份表述为“在道路测试和示范应用期间发生交通违法行为的，由公安机关交通管理部门按照现行道路交通安全法律法规对道路测试和示范应用安全员或机动车所有人进行处理”。北京征求意见稿在“交通违法行为处理”部分规定：“车内有驾驶人的，依法对驾驶人进行处理；车内无驾驶人的，对车辆所有人、管理人进行处理。”将远程驾驶安全员归于“车内无驾驶人”情形，相关交通违法责任主体为车辆所有人、管理人，客观确定了远程自动驾驶的安全员不同于驾驶员的法律责任，有力地支持了当前的自动驾驶远程测试、示范应用与商业化试点工作。

最后，使用“自动驾驶汽车”作为主要法规术语，立法解决问题定位清晰。当前各地有关自动驾驶汽车或低速无人装备的立法，往往将“智能网联汽车”作为主要术语。虽然“自动驾驶汽车”与“智能网联汽车”在很大程度上有共同性，但使用后者往往陷入“单车智能”与“车路协同”两条技术路线之争，导致立法的技术中立性受到较大影响。北京征求意见稿定位于解决北京市自动驾驶汽车创新活动面临主要问题，将“自动驾驶汽车”作为主要法规术语，较好地处理了自动驾驶创新发展过程中的两条路线之争。

以上是北京自动驾驶汽车立法亮点（当然，北京征求意见稿中关于自动驾驶宣传的规范、创新活动年度报告的公开以及临时构图的地图测绘资质豁免等规定，也具有很强的针对性），反映了立法者对自动驾驶汽车作为新兴事物的准确把握，在我国自动驾驶行业发展过程中必将发挥重要的立法保障与引领作用，也必将引领共享出行行业的深刻变革。

顾大松

东南大学交通法治与发展研究中心执行主任

中国城市公共交通协会网约车分会会长

道路货运与互联网融合再出发

2022年中国物流与采购联合会发布《2022年货车司机从业状况调查报告》，司机货源调查结果显示，50.15%的货车司机表示没有稳定的货源，36.02%的货车司机有单边稳定货源，仅有11.36%的货车司机有双边稳定货源。在没有稳定货源的司机中，79.86%为自有车辆，其中84.87%为个体司机；在有双边稳定货源的司机中，48.7%的司机为企业受雇司机。这说明组织化的企业货源相对稳定，更能保证司机稳定的收入，而司机稳定的收入是行业健康发展的“压舱石”。

我国道路货运与互联网相结合始于20世纪90年代末、兴于21世纪头十年，既有“互联网+道路货运”的新业态，也有“道路货运+互联网”的传统业态，经过几年的发展，现有三类平台，分别是纯撮合型平台、纯网络货运平台和“撮合+网络货运”融合平台。三类平台基本完成了对闲散运力的整合，发挥了最基础的组织作用，即解决了我国道路货运“散、小、弱”中的第一个顽疾，起到了一定的积极作用。

当前我国道路货运正处于转型升级、向上发展的关键期，由“小、弱”走向“大、强”的十字路口，必须抓住“组织化是道路货运的生命力”这一“牛鼻子”，只有深度参与道路货运组织才能走得更稳更远。新时代道路货运平台需要更加深入和更广范围地参与道路货运组织，为货主企业提供一站式解决方案、优化物流环节、实现降本增效，同时为广大司机提供更加稳定的货源、履行主体责任、增强司机与平台的黏性，而关键就是提升平台的自我能力和资本耐性。

我国道路货运平台仅仅走完了两小步，未来还需跨越一大步，期待再出发。

黄浩丰
中国公路学会运输与物流分会副秘书长

共享化与电动化的深度融合：推动未来交通的革新

当前城市高速发展，交通系统正在发生着前所未有的变革。共享出行与汽车电动化作为两大核心趋势，正深刻改变着人们的出行方式，推动着城市交通向更为可持续、高效、智能的方向迈进。这两大趋势的紧密结合及其对未来交通的深远影响，值得我们深入探讨。

共享出行，涵盖共享汽车、共享单车、共享电动滑板车等多种形式，已成为城市居民日常出行的重要选择。其快速普及得益于智能手机的广泛应用、互联网技术的迅猛发展以及人们对环保与经济实惠的日益重视。共享出行不仅减少了私人汽车的使用，有效缓解了交通拥堵，更为用户提供了灵活多样的出行方案。与此同时，汽车电动化已成为全球应对气候变化和能源危机的关键策略。新能源汽车的普及显著减少了温室气体排放和空气污染，同时在能源利用效率和噪声控制方面表现出色。

共享化与电动化融合发展，具有突出的环境效益、经济效益和良好的用户体验。一是共享出行与汽车电动化的结合有助于进一步减少碳足迹。共享电动车队的高效利用，大幅降低了单位里程的碳排放，对于实现城市可持续发展目标及提高空气质量具有重要意义。尤其是多模式出行整合将提高交通系统的整体效率，减少能源消耗和环境污染，同时满足市民多样化的出行需求。二是共享电动车减轻了个人购车负担，通过集约化使用降低了总体交通成本。同时，减轻了道路基础设施的负担，有助于降低公共交通系统的维护成本。三是电动汽车的静谧、平稳驾驶体验及先进的车载技术，为用户带来

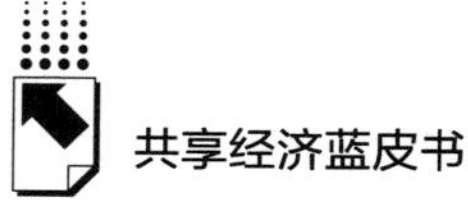

了更加优质的出行体验。共享平台的便捷性与电动汽车的高性能相结合，为用户提供了卓越的出行服务。但与此同时，也面临诸多挑战。一是停车位和充电基础设施不足。二是投资大与投资回报期长。三是大数据与共享出行的结合难度较大。共享出行平台为电动汽车管理优化提供了有力支持。借助大数据分析，运营商可更精准地调度车辆、预测需求、优化路线，提升整体运营效率。由于平台众多与车辆的分散，大数据的作用尚未充分发挥。四是缺乏足够的政策支持。五是用户习惯的转变等。这些问题的解决需要政府、企业和社会各界的共同努力。

总之，共享化与电动化的融合发展将引发未来城市交通系统的深刻变革，智能交通系统、无人驾驶技术、多模式出行整合及可再生能源利用等将成为可能的发展方向。通过政策引导、技术创新与市场推广，未来的交通系统将更加绿色、高效、智能，为城市居民带来更加优质的生活体验。

刘　斌
中国汽车技术研究中心首席专家
中国汽车战略与政策研究中心副主任

发展新质生产力

——“出行即服务(MaaS)+数字资产”赋能共享出行高质量发展

新质生产力，以数字化、网络化、智能化为特征，正在重塑经济形态和生活方式，在共享出行领域尤为明显。在2024年的政府工作报告中，明确提及“低空经济”，并将其定义为“新质生产力的代表”，eVTOL有望成为未来城市交通的重要组成部分。北京、武汉等城市的“车路云一体化”示范项目加速落地，智能网联提质增速，成为我国新质生产力提升的重要支撑，交通数字化即将迎来新的变革。

随着数字化、网络化、智能化的深入发展，出行即服务（MaaS）作为一种新型的出行服务模式，引发广泛的关注。它将不同类型的交通方式整合到一个平台上，以需求为中心，为用户提供一站式、个性化的出行解决方案，是交通资源、市场需求与创新技术相互作用的综合性平台。它以万亿级的市场潜力和广阔的发展前景，引领着共享出行领域前所未有的变革，是实现共享出行与新质生产力完美结合的载体。

随着技术的进步和市场的发展，数字资产在共享出行领域将发挥更加重要的作用。数字化技术的应用使得出行服务更加精准、高效，大数据和人工智能的应用则让出行更加个性化。通过数据资源入表，共享出行平台还可获得更多的融资支持，用于扩大规模、研发新技术和提升服务质量。

在交通出行领域不断变革的今天，《中国共享出行发展报告（2023～2024）》从全面、深入的视角探讨了中国共享出行发展现状与趋势。展望未来，在通过大数据、人工智能、高级算法等前沿科技创新驱动行业发展、创造产业新价值方面，共享出行正在显示出日益强大的新动能，将在新质生产力的驱动下，实现高质量发展。

刘岱宗

交通与发展政策研究所东亚区首席代表

网约出行全面进入2.0时代

2023年，我提出“网约出行进入2.0时代”，并从根本特征、市场变化、应对之道等维度予以体系性分析，这是政府监管、市场运营、平台经营、行业研究的重要理论基点。

从根本特征来讲，1.0时代是流量为王时代，2.0时代是运力为王时代。

从市场表现层面讲，1.0时代主要围绕流量运作，网约平台采取价格策略，快速撬动流量端和用户侧，在短期内形成突破，而后凭借品牌优势，用数据化运营来培养与强化乘客、司机的出行和使用习惯。2.0时代，市场上缺的是高黏性、高质量的合规运力，网约平台主要围绕运力运作，司机运营管理成为核心竞争力。平台通过保障司机权益和优化服务来扩大平台的运力供给。

从运营模式层面讲，1.0时代是从流量控制到规模复制，大平台市占率高企。2.0时代是从运力控制到竞争力复制，市场淘汰加速。

从技术驱动层面，1.0时代网约出行仅提供基础的出行服务，2.0时代技术创新成为推动网约出行发展的重要因素，包括多功能移动仓及大数据分析、自动驾驶、人工智能等技术的应用，不断提升网约服务的质量和效率。

从生态构建层面，1.0时代孕育聚合生态。2.0时代网约平台更加注重构建包括车辆制造商、技术提供商、服务运营商、终端应用场景在内的生态系统，更加注重城市端运力体系的垂直赋能，更加注重发挥资本市场风险投资的创新孵化作用，以实现资源整合和优势互补，从而孕育新的生态系统。

从政府监管层面，1.0时代主要打造法律体系、治理体系以促合规，

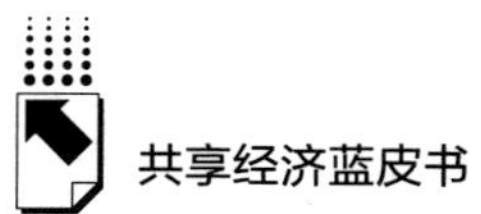

2.0时代，将进一步构建市场体系、法律体系和权益保障体系。将加快推进巡游出租汽车运价改革和数字化转型升级，统筹新老业态、新业态与相关产业之间的融合发展，为行业发展扩展更大的空间。

总的来说，网约出行2.0时代是以创造人民美好出行为宗旨，以运力整合为核心，以技术进步为基础，以服务升级和生态构建为方向的行业发展新阶段。政府对网约出行的监管将趋于严格，旨在促进行业规范化、健康化发展，同时保障乘客和从业人员的合法权益，包括合规化推进、市场秩序维护、服务质量提升、安全体系健全、市场定价机制、信息数据保护、车辆技术标准、劳动关系保障、市场准入政策等将持续规范与优化。

对于“市场化运营、法治化治理、信息化监管”的实践者而言，“纳什均衡和帕累托最优一定是在竞争中获得的”，这是经济学中最为理想的市场竞争状态，各方利益都达到了最优。

庞栋臣
青岛市交通运输局三级调研员

共享交通也是公共交通

有观点认为，从广义上讲，共享出行包括公共交通。反之，共享出行是公共交通吗？这涉及何为公交，或者说公交的概念。

电动自行车以机动性、经济性、服务可靠性等优势，在城市短途客运市场中获得了极大成功，而地面公交吸引力不断下降已经成为不可逆转的事实。毫无疑问，地面公交亟须变革才能摆脱困境。公共交通概念的拓展可能是公共交通变革的第一步。从历史来看，公交的诞生是市场的产物。1826年，在法国南部城市南特（Nantes），一位名叫斯坦尼斯拉斯·鲍德里（Stanislas Baudry）的退役军官为了其位于城郊的洗浴服务吸引客流而提供接送服务，出乎意料的是，吸引消费者的竟然是交通出行本身，而不是前往享受洗浴服务，由此，他发现了公共交通需求，开启了世界上最早的公共交通运营。

公交（Omnibus，后来简称 bus）的概念形成更具偶然性，因为公交站点邻近的一家帽子商店有一个广告语“Omnes Omnibus”，史坦尼斯拉斯先生就取用了“Omnibus”，其拉丁语意思是为所有人提供服务，也是为了区别于 17 世纪曾经出现的专为上流社会人士提供的交通服务，表明其公共性和非歧视性。也就是说，公交的最初含义就是对所有人开放服务的商业化运营。此外，Omnibus 还有其他含义，即选集或者综艺节目，也就是包括 2 个以上的“多”的意思，其实也是指公交的集约性。

随着城市公共交通运营的发展成熟，形成了“公交”新观念。如中国《城市公共汽车和电车客运管理规定》中对公交的定义为“本规定所称城市公共汽电车客运，是指在城市人民政府确定的区域内，运用符合国家有关标准和规定的公共汽电车车辆和城市公共汽电车客运服务设施，按照核准的线路、站点、时间和票价运营，为社会公众提供基本出行服务的活动。”公交的定位为基本出行，服务特征为“四定”（定线、定点、定时和定价）。这样的定义与公交发展之初的概念已经有了不小的区别。

公交优先战略是国家确定的城市交通发展战略。公交优先的根本意义应该是效率优先，公交的本质是效率高的交通模式。传统公交拥有绝对效率优势，即相对于个体交通方式有较高的效率。社会经济发展到今天，公交已不是只追求绝对效率，而是绝对效率与相对效率并存。换句话说，公交的定义需要进行拓展，凡是比个体交通有更高效率的公共运输都属于公共交通。而今天的共享出行，通过移动互联网平台提升组织和交易效率，为公众提供个性化、多元化服务，实现交通资源更为碎片化和精细化的利用，从这个意义讲，以平台为特征的共享出行也属于公共交通。

一旦有了新的定义，公交就有了更广阔的发展空间，公交供给创新也将豁然开朗。政府提供公交服务不是以某一种固定的方式，而是以一种最有效率的方式。

苏　奎

广州市交通运输局公共交通处处长

关于定制公交未来发展的三个基本判断

坚持以人民为中心的发展思想是中国特色社会主义的根本宗旨，习近平总书记指出，人民对美好生活的向往，就是我们的奋斗目标。定制公交的发展旨在不断满足人民群众对“美好出行”的需要，是践行以人民为中心的发展思想的具体体现，是建设人民满意公交的必然要求。定制公交是现阶段城市公共交通的发展趋势和方向，是深入贯彻落实我国优先发展城市公共交通战略的重要举措，有助于提升地面公交出行品质与服务水平。

第一，定制公交是对传统公交线网的补充，是城市公共交通的服务升级。随着互联网的发展，网约车、共享单车、共享汽车等新的出行方式出现，对公交客运市场产生一定冲击，传统公交已无法满足市民高品质的出行需求，服务水平和质量提档升级迫在眉睫。定制公交以服务质量和用户体验为导向确定站点、线路，把乘车的主动权交给乘客，为相同或相近区域、具有相同出行时间和出行需求的人群量身定制公交线路，更偏向于传统公交的“充电宝”角色。新形势下，只有加快推动互联网与公交的深度融合，与乘客需求实现精准对接，为传统公交注入新活力、赋予新动能，才能满足市民多元化、个性化的出行需求。

第二，定制公交从一定程度和意义上来说，可以理解为“需求响应型公交”。定制公交具备按需定制、运营灵活精准的特点和优势，本意就是将乘客需求与公交资源充分结合，提供定制、集约、高效的公交出行服务。定制公交是一种伴随着“互联网+”技术诞生的创新型公交服务模式，利用大数据应用及智能算法等技术，突破传统的有固定线路、固定站点的运营模式，乘客可选乘定制线路或者提出个性化需求，从原来的“端菜式”服务向“点菜式”服务升级，实现人员、车辆、场站等要素的高效调配，满足公众的不同场景需求。实践证明，定制公交在服务市民出行品质、体验和效率等方面发挥了重要作用，有效破解了公交出行痛点，也有助于提高城市公共交通运行效率。

第三，国家鼓励、支持城市公交根据市场需求开展定制化服务，并支持实行优质优价。2020 年 12 月，交通运输部发布了行业标准《城市定制公交服务规范》，旨在提升城市定制公交经营企业服务质量，加强城市定制公交客运管理，规范城市定制公交经营服务行为。中共中央、国务院印发了《质量强国建设纲要》，要求促进生活服务品质升级，“大力发展公共交通，引导网约出租车、定制公交等个性化出行服务规范发展”。2023 年 10 月，交通运输部等部门印发《关于推进城市公共交通健康可持续发展的若干意见》，支持城市公共汽电车企业充分利用运力资源，开通通勤、通学、就医等定制公交线路。优化定制公交管理流程，提高办理效率。对定制公交等线路实行政府指导价或市场调节价。未来公交行业应持续推动定制公交在不同出行场景的应用，为乘客提供更加精准、便捷的公交出行服务。

立足新发展阶段，推动定制公交可持续发展，需要政府、行业、企业的共同努力。政府层面，要进一步明确定制公交发展定位、规范定制出行服务市场，倡导定制公交多元发展，落实相关政策资源保障；行业层面，要通过定制公交创新实践方面的经验分享、交流学习，加强公交行业之间的沟通交流，推动定制公交市场健康、可持续、高质量发展；企业层面，要不断优化运营服务、拓展服务空间，创新组织模式、加强宣传引导，提升智能化服务管理能力，增强定制公交的出行体验，共建更加健康有序的出行生态。

王逢宝
济南市城市交通研究中心副院长
正高级经济师

新质生产力是交通运输新业态高质量发展的重要动能

新质生产力是创新起主导作用，摆脱传统经济增长方式、生产力发展路径，具有高科技、高效能、高质量特征，符合新发展理念的先进生产力质态。交通运输新业态是以互联网等信息技术为依托构建服务平台，通过服务模式、技术、管理上的创新，整合供需信息，从事交通运输服务的经营活动。新质生产力有助于促进传统交通运输行业转型升级，是交通运输新业态高质量发展的重要动能。

新质生产力助力出租汽车行业转型升级。依托技术创新推动新老业态融合发展，提升出租汽车行业智能化水平。新业态企业在保留出租汽车巡游特性的同时，对平台派发的线上订单实行与网约车相似的市场化计价模式，完善出租汽车的价格管理机制，推动行业服务监管水平提升、巡网融合发展，实现了司机收入增加、运营效率提升、服务质量提升三重目标。

新质生产力助力共享（电）单车服务提升。共享（电）单车发展的数字化、普惠化、低碳化体现了新质生产力发展特征。目前已经投放的共享（电）单车在车辆智能锁中大多嵌入了北斗定位芯片。运营企业可根据车辆回传的数据建立调度后台，保障车辆供需平衡以及路面停放秩序。在电池安全和充电安全方面，运营企业自建仓库和换电柜网络，直接把充/换电这一环节集中到换电柜，与居住区域保持安全距离，不仅更安全，对于换电柜的权责维护也更到位。此外，“以换代充”模式也为共享（电）单车行业提出了更高效、更安全的创新解决方案。

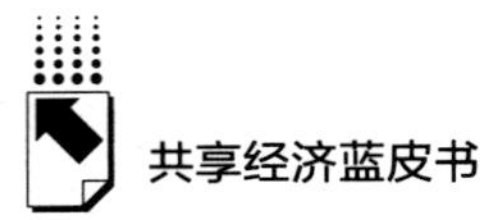

新质生产力助力自动驾驶技术研发与应用。自动驾驶是人工智能的集大成者，融合多源感知、深度学习、智能决策、实时控制、地图定位、人机交互、信息安全等多种尖端技术，是新质生产力应用的典型代表。从产业深度转型升级角度，智能化成为汽车与交通新时代的主旋律，自动驾驶服务能够“以用促产”，推动汽车工业转型升级，为交通强国建设注入新活力。交通运输部已经组织开展了两批智能交通先导应用试点，其中共有32个自动驾驶项目被确定为应用试点，有力推动了各地自动驾驶技术的研发与推广应用。

新质生产力助力网络货运与智慧物流。网络货运是物联网技术与道路货物运输业融合发展的运输新业态。国家鼓励网络货运经营者利用大数据、云计算、卫星定位、人工智能等技术整合资源，应用多式联运、甩挂运输和共同配送等运输组织模式，实现规模化、集约化运输生产。智慧物流是物联网、大数据、云计算、区块链等信息技术与现代物流业深度融合的新兴领域，具有连通性强、融合度广、经济成本低、运行效率高、生态效益好等显著优势，代表着现代物流业的发展方向。近年来，网络货运与智慧物流新业态发展迅速，已经成为新质生产力助力道路货物运输业和现代物流业发展的重要体现。

总的来看，新质生产力在助力出租汽车行业转型升级、共享（电）单车行业服务提升、自动驾驶技术研发与应用、网络货运与智慧物流等新业态发展方面作用显著，未来随着新质生产力进一步发展，我国高水平科技自立自强能力不断提升，交通运输新业态必将面临更加蓬勃发展的黄金时期，未来前景值得期待。

吴洪洋

交通运输部科学研究院交通科技发展促进中心主任、 研究员

Robotaxi 产业趋势简评

Robotaxi 在过去几年经历了从资本追捧到融资降温的起伏，也面临着技术可行性和盈利模式商业化的争议。然而，伴随着乘用车智能化技术的迭代演进、政策法规的日益完善、运营生态的逐步构建，Robotaxi 和智慧出行产业也将迎来新的快速发展期。近期萝卜快跑的火热出圈，也正是过去几年国内众多 Robotaxi 运营商在各地加速测试和试行商业化的结果。未来的 2~3 年将是 Robotaxi 迈上下一层商业化台阶的关键阶段和机遇。

Robotaxi 的商业化成熟离不开政策、技术、成本、运营服务及消费者接受度这五大要素的共同促进。我国 Robotaxi 的商业化落地整体遵循“循序渐进、稳扎稳打”的原则，在技术可靠性得到验证后，监管政策逐步放开、给予技术发展空间，反哺技术迭代，形成“螺旋式”前进路径。

政策端，我国自动驾驶政策重心已由鼓励扩大路测与试点范围转向支持 L3 车型量产和商业化运营落地，以推动高级别自动驾驶技术的应用。技术端，乘用车的自动驾驶平台和整车架构两个层面均有显著升级，实现了复杂场景的突破和技术可靠性的同步提升。成本端，Robotaxi 整车生产制造的降本已成为行业关注的方向，进而推动未来几年单位成本持续下降。运营端，出行服务体验和服务运营也在业内领先 Robotaxi 运营商和出行企业的共同努力下得到持续优化。受上述多方面的共同作用，用户端对于 Robotaxi 的整体认知和接受度也将逐步提高。

展望未来三年，在这一商业化关键突破阶段，技术突破和技术安全仍是核心，政策监管和配套运营体系建设也同样重要，进而推动盈利模式和运营成本节降路径清晰化，实现单车经济效益的突破。此外，当到达理论的经济效益平衡点和商业化突破后，Robotaxi 对现有出行生态和参与方（包括网约车、出租车等）的影响将会是一个持续的热门话题，这将超出之前人们在技术和商业层面的关注范畴。

Robotaxi 是一个复杂的生态体系，融合了前瞻性技术和高质量服务，涵盖了 2B 和 2C 模式，同时又具有“出行”这一民生保障性行业的属性。我们期待不同的生态参与者能够携手共进，共同推动产业的突破和升级。

吴　钊

罗兰贝格全球合伙人兼大中华区副总裁

巡游车网约车市场的乱与治

网约车诞生后经历了从一定程度上缓解了出行难题到逐步进入过度市场化。过去，传统巡游车曾经因过度管制而饱受指责，如今网约车运力严重饱和，运价、流水、租金、出租率、车辆残值、利率均呈下降趋势，在订单加速增长的轮子放缓后，巡游车和网约车市场同时陷入存量博弈困境。

乱与治之一：竞争。近十年来的低价竞争和高额补贴手段，让巡游车受到较大冲击。建议尽早实现巡网融合，公平竞争，主动将跨城顺风车纳入政策允许范畴并予以必要的规范，加强对平台公司融租模式的监管，防止企业以高额抵押金等方式将经营风险转嫁给驾驶员。

乱与治之二：合规。一些网约车平台对接入司机和车辆经营资质把关不严，合规率不到一半，乘客安全无法得到保障，且严重影响合规驾驶员的收入。为此，建议完善交通运输新业态法规政策，加快推进网约车合规化。

乱与治之三：饱和。多地交通运输部门发出网约车“市场饱和”的风险预警——某些地方的网约车甚至数倍于巡游车——提醒从业人员审慎入行。为此，建议设置合理的退出机制，建立健全法律机制、行业自律机制、服务质量考核机制、奖惩制度、服务满意度动态评价机制、合约机制，防止“只进不出、不进不出”，学习成都、杭州的成熟经验，做到市场化增减、信用化管理，有据、有理、有节地除旧布新、动态调整。

乱与治之四：低价。网约车市场一个重要的负外部性就是定价机制不透明，在月均纯利润相对偏低的情况下，阴阳账单、运价过低更令驾驶员不满，呼吁取消“一口价”“特惠价”。为此，建议合理优化定价规则，将司机收入作为评价平台的重要指标。不能达到合理收入水平的行业是不合理的，没有价格何谈品质。

乱与治之五：安全。网约车司机以时间换收入的现象较为普遍，接近75%的司机每天出车10小时以上，仅有4%的司机工作时长控制在每天6小时以内，超八成网约车司机每月休息不足3天。网约车道路交通安全事故频发。为此，建议加强组织领导、畅通投诉举报渠道、发挥工会组织作用，从身心关爱、组织关爱出发，降低过高抽成比例，成立驿站或者运力服务中心，为司机提供更完善的关怀和保障。

乱与治之六：聚合。聚合平台正在成为一股制衡网约车平台“一家独大”的力量，试图改变市场竞争格局，但也成为不合规车辆的“温床”，出现了拉低收入、车费说不清、遗失找不回等乱象。为此，建议国家层面出台规范聚合平台的法规，落实人车证核验责任，让监管执法有理有据，加大对不正当价格行为的打击力度，防止网约车平台和聚合平台推诿扯皮。

乱与治之七：治理。部分地方交通执法力量偏弱，无法有效落实管理主体责任，部分地方未能运用信息化手段监管执法，尚未将行业信用体系有效整合到监管体系之中，成效甚微。为此，建议积极探索从业资格融合（两证两考合一）、经营主体融合、价格规则融合、服务模式融合等，如鼓励网约车平台吸纳巡游车，巡游车自主选择注册；巡游车企业开通微信、App及电召等多种服务渠道；建立运价动态调整机制，针对巡游车试行“一车两价”等。

“石以砥焉，化钝为利”，为了平台口碑，为了司机福利，为了乘客体验，全体从业者值得更多地付出以迎接灿烂的未来。

熊燕舞

交通运输部科学研究院首席研究员

在汽车租赁这条赛道上，先跑起来

十几年前可能没人会想到，租车自驾会成为当下主流的出行方式。新生事物在中国市场变革的速度和效率比国外要快，我国汽车租赁行业处于高质量发展的关键期。

自2006年进入汽车租赁市场至今，行业始终在解决的一个问题就是：如何让租车自驾这件事，从“尝鲜”到“常用”？

一是基本功更扎实。在租车行业早期，市场还处于探索阶段。部分企业过于关注短期利益，忽视了服务质量和用户体验，不仅损害了用户的利益，也影响了整个行业的健康发展。由于缺乏明确的规范和管理体系，市场乱象频出，用户常常对租车服务抱有疑虑，甚至认为租车就意味着被“坑”。要想获得用户的信任，就必须从根本上改变运营理念。坚持直营线路就是其中的一种方式，以标准化服务，为用户提供最佳的租车体验。尽管这会在短期内增加运营成本，但有利于用户在第一次使用租车这项服务时，就建立起对这个行业的信任。很高兴，中国租车市场逐步形成良性的服务标准和管理共识，构建了一个更加健康的市场环境。

二是需求决定广度。汽车租赁行业，要时刻保持对市场趋势和用户反馈的敏感性。对于用户的需求，不要凭空地说这个需求是否存在，而是应反复地到具体的场景中去验证。汽车租赁行业所提供的用户价值，一定是帮助用户解决了某个问题，或者完成了某项任务，而不是仅仅提供了某个简单的功能。就像异地还车一样，自该业务推出以来，异地还车以广泛好评印证其市场契合度，迅速成为租车服务的特色和优势，充分展现快速响应市场需求对于服务创新的推动作用。

三是共筑行业新生态。汽车租赁行业从来都不是一条孤立前行的直线，而是一个不断开放边界的圆圈。通过多要素的合作，打开新的服务领域和市场空间，这意味着汽车租赁行业将进一步激发用户的潜在需求。汽车租赁行业，拓展到更广阔的生活领域是大势所趋，与酒旅、文化、体育等领域相连接，为用户提供更加丰富和多元的出行解决方案。通过开放平台和资源共享，汽车租赁行业能够吸引更多的合作伙伴加入，共同创造更大的价值。这种开放的合作模式，有助于激发创新动力，推动行业持续发展。

章瑞平

共享出行蓝皮书编委会副主任

一嗨租车创始人、董事长兼首席执行官

把握汽车租赁行业自助化发展趋势
筑牢行业安全发展基础

随着社会经济的数字化、共享化发展，传统经营性汽车租赁行业也在发展变化，新业态新模式也逐渐出现。近年来，行业头部企业车辆更新频次加快，行业差异化竞争趋势日渐明显，以自助取还车为代表的“万物互联”时代加速到来。

要看到信息技术发展不断改写行业新技术应用的速度和高度，头部汽车租赁企业通过安装车载控制设备、智能钥匙柜等方式，加快“自助化”推广应用，有效解决了人工服务和24小时需求不匹配的痛点。但也应该看到，全面“自助化”带来的行业安全风险不容忽视，其中，如何做好取车人和承租人“实人验证”是关键。从实践来看，2024年《北京市实施〈中华人民共和国反恐怖主义法〉办法》明确法律安排和要求，即开展自助取还车业务的，应当采用技术手段确认实际取车人与承租人一致。以地方立法的方式进一步明确经营者的法律义务责任，反映出运用新技术解决新问题、保障行业安全发展的导向，有助于行业经营者准确把握技术发展趋势，筑牢行业安全发展基础。

张　翔

北京市公安局公交总队出租汽车治安管理支队副支队长

交通运输应当坚持市场在资源配置中的决定性作用的大方向

回顾我国经济体制改革的历史，关于计划经济与市场经济的关系，经历了两大阶段，改革开放前，实行的是计划经济；改革开放后，对市场经济进行不断的探索的两大阶段。特别是在后一个阶段，从早期的计划与市场两种手段“都得要”，到“计划经济为主、市场调节为辅”，再到“市场在社会主义国家宏观调控下对资源配置起基础性作用”“更好发挥市场在资源配置中的基础性作用，形成有利于科学发展的宏观调控体系”“经济体制改革的核心问题是处理好政府和市场的关系，必须更加尊重市场规律，更好发挥政府作用”“着力构建市场机制有效、微观主体有活力、宏观调控有度的经济体制”。这些表述虽然有所不同，但都是在回答改革开放过程中市场“看不见的手”和政府宏观调控“看得见的手”的不同作用、功能、关系。党的二十大提出“充分发挥市场在资源配置中的决定性作用，更好发挥政府作用”，这为处理两者关系再次定调，“看不见的手”起决定性作用。交通运输行业改革开放以来，虽然子行业有所不同特点，但总体是验证了“充分发挥市场在资源配置中的决定性作用，更好发挥政府作用”的大方向。

按照党的二十大提出的“加快构建新发展格局，着力推动高质量发展”的要求，高质量发展是交通运输业的首要任务，是加快交通强国建设的重要目标。要构建高水平的交通运输市场经济体制，就必须充分发挥市场在资源配置中的决定性作用，更好地发挥政府作用；要构建全国统一的交通运输大市场，就必须深化要素市场化改革，建设高标准市场体系；要构建优质高效的交通运输服务业新体系，推动现代交通运输服务业同先进制造业、现代农业深度融合，就必须走“充分发挥市场在资源配置中的决定性作用，更好发挥政府作用”之路。

张柱庭
中国交通运输协会法治工作分会会长
太和智库高级研究员、 教授

目录

Ⅰ 总报告

Ⅱ 环境篇

Ⅲ 业态篇

Ⅳ 专题篇

Ⅴ 城市创新篇

皮书数据库阅读使用指南

总报告

B.1

2023～2024年中国共享出行发展形势分析与展望

纪雪洪*

摘　要： 本报告概述了2023年以来我国共享出行发展的基本情况。整体上看，2023年共享出行人次总体趋稳，行业服务质量不断提升；网约车、顺风车和汽车租赁等业务快速增长，互联网租赁（电动）自行车稳中有降；共享出行政策法规体系持续完善，共享出行业态的新发展需要政策创新。从共享出行未来发展看，主流业态发展趋稳，新业态发展与智能化技术突破速度决定其未来的增长潜力。

关键词： 共享出行　政策法规　网约车　共享两轮车

* 基于本年度共享经济蓝皮书各专题内容整理加工完成。执笔人：纪雪洪，北方工业大学共享出行研究团队负责人，汽车产业创新研究中心主任、教授，主要研究方向为共享出行、汽车产业等。

共享出行（Shared Mobility），是指共同使用机动车辆、自行车或其他低速模式的车辆完成出行。共享出行的形式多样，包括公共交通、出租汽车、班车、共享自行车以及其他按需乘坐和送货服务。本报告关注的共享出行是借助互联网技术，实现供需高效匹配的交通新业态，主要包括网约车、私人小客车合乘（顺风车）、互联网汽车租赁、互联网租赁自行车（共享单车）、互联网租赁电动自行车（共享电单车）和需求响应公交等。[①]

一 共享出行人次总体趋稳，发展质量不断提升

（一）2023年共享出行人次达到326亿人次，发展趋于稳定

根据交通运输部统计数据，2023 年，全国城市客运总量 1009 亿人次，其中公共汽电车客运量 380.5 亿人次，城市轨道交通客运量 293.8 亿人次，出租汽车客运量 334.7 亿人次（包含 2023 年网约车数据）。2023 年公共汽电车客运量同比增加 7.7%，相当于 2019 年的 52.3%；城市轨道交通客运量同比增加 52.1%，相当于 2019 年的 122.0%；出租汽车客运量同比增加 4.3%，相当于 2019 年的 57.8%。

2023 年全国网约车日均订单量为 2497 万单，[②] 互联网租赁自行车日均订单量为 2537 万单，互联网租赁电动自行车日均订单量为 2478 万单。[③] 2023 年网约车、互联网租赁（电动）自行车、顺风车等共享出行人次约为 326 亿人次，[④] 与 2022 年共享出行人次较为接近，整体保持平稳。

公共汽电车、城市轨道交通和巡游出租车出行人次受到较大影响，而网约车、互联网租赁（电动）自行车和顺风车等共享出行方式，特别是互联

① 关于共享出行的分类与内容，参见《中国共享出行发展报告（2019）》。

② 来自交通运输部网约车监管信息交互系统数据，下同。

③ 中国道路运输协会《互联网租赁自行车行业数据信息统计和分析报告》。

④ 根据交通运输部网站数据、中国道路运输协会以及企业调研数据测算得到。

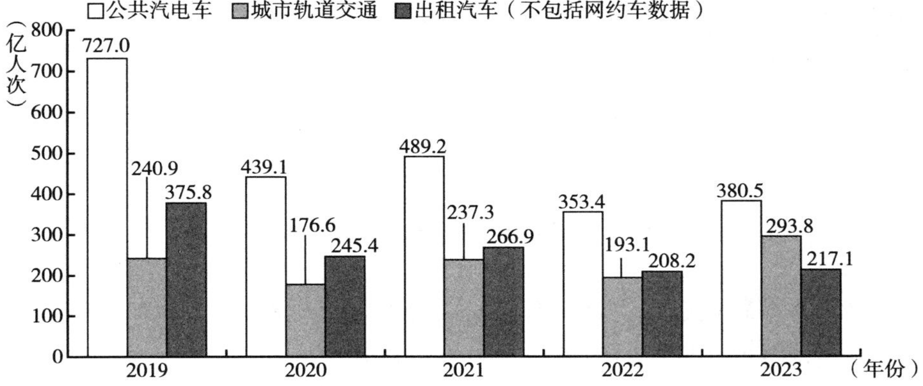

图 1　2019~2023 年传统城市客运出行人次

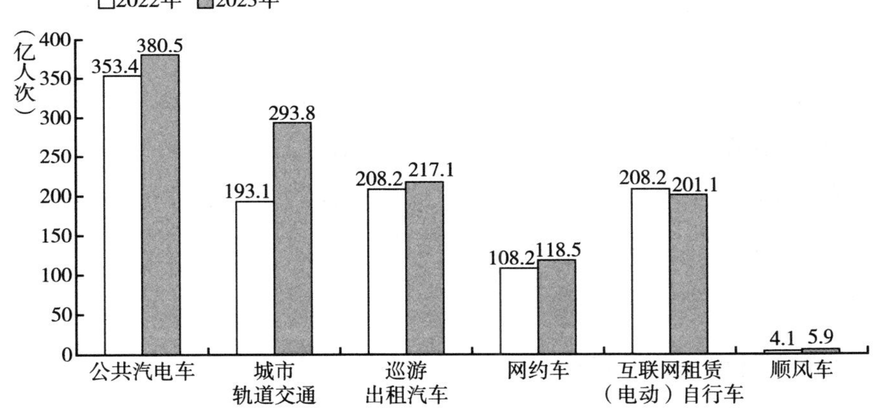

图 2　2022~2023 年全国城市客运各出行方式客运量统计

网租赁（电动）自行车市场展现出一定的韧性，承担的城市出行比重上升。2023 年，在传统客运快速反弹后，互联网租赁（电动）自行车等发展相对稳定，说明共享出行与传统出行具有一定的互补性，丰富了城市居民的出行选择，成为多层次城市出行体系的重要组成部分。

（二）共享出行创造了新的经济价值

2023 年全年国内生产总值 126.06 万亿元，同比增长 5.2%。据测算，

2022 年我国共享出行［以网约车、顺风车和互联网租赁（电动）自行车为主］交易额约为 2140 亿元。2023 年，我国共享出行创造的经济价值约为 2650 亿元，其中网约车约为 2000 亿元，顺风车约为 300 亿元，互联网租赁（电动）自行车约为 350 亿元。

（三）共享出行提供了新的就业机会

网约车等新业态在促就业方面发挥着重要的“蓄水池”和“稳定器”作用。全国各地共发放网络预约出租汽车驾驶员证 657.2 万本，同比增长 29.1%，全年新增人证 148.2 万本。考虑到网约车中有约 27.5%的兼职司机，[①] 网约车司机人数超过 900 万人。此外，网约车平台还能依托企业自身业务的发展，带动上下游关联产业扩大就业，如汽车生产、销售、加油及维保等领域。

从出行企业看，哈啰的 ESG 报告显示，截至 2023 年底，哈啰已有超 200 家生态合作伙伴，每年拉动制造业上游伙伴企业创造产值数百亿元，直接创造就业岗位超 5 万个，间接创造就业岗位超 20 万个。滴滴平台 2023 年 1~10 月，网约车活跃司机数量为 586 万人，同比增加 142 万人，其中女性司机占比 6%，退役军人司机占比 12%。

（四）共享出行为低碳化和绿色化发展作出了贡献

共享出行发展呈现交通工具电动化、资源利用高效化、出行结构低碳化、电力来源绿色化和交通体系数智化特征，在交通领域低碳转型与绿色发展方面发挥了较好的引领作用。

网约车“油换电”、合乘交通和慢行交通三种绿色出行场景每年可助力交通行业减少碳排放超 1000 万吨。其中，2023 年我国网约车电动化助力减少碳排放 400 万~500 万吨。拼车和顺风车每年贡献的碳减排量约为 350 万吨。综合估算每年共享单车和共享电单车行业实现碳减排量为 300 万吨。

---

① 共享经济蓝皮书编委会 2023 年调查统计。

（五）共享出行企业积极寻求转型升级

共享出行企业积极利用数字化、智能化技术赋能自身业务，推动服务创新。T3出行采用AI大模型使出行调度的效率提升10%以上，帮助自动识别司机的疲劳驾驶状态以及解决司乘关系。百度、文远知行和如祺出行等出行企业积极与汽车制造商、传感器供应商、软件开发商和芯片制造商等产业链上下游企业合作，共同推动自动驾驶技术的应用。2023年，百度在武汉示范区拥有常态化运行自动驾驶车辆近500辆，完成服务订单73.2万单，服务90万人次。

传统企业采用与科技公司合作等方式，积极推进数字化发展，如传统租车企业与高德合作构建出租车车载终端系统，实时共享车辆载客状态、车顶灯状态、计价、司机服务评价等信息，让出租公司实现对司机和车辆的数字化在线管理，提高出租车司机的接单量和收入水平。传统公共汽车服务将“人找车”模式转变为主动响应乘客出行需求的“车找人”模式，系统在收到乘客在手机应用程序端发出的出行请求后，根据下单人数及线路等信息综合研判，选择合适的车辆进行派单。

（六）积极开拓海外市场

近年来，我国共享出行平台企业积极参与国际市场竞争。滴滴国际年活跃用户规模约8000万，年活跃司机超320万名，年活跃外卖骑手超45万名。2023年，哈啰在新加坡、澳大利亚等开启运营，在悉尼运营的车辆数量增加至3000辆。近年来，货拉拉、快狗打车、满帮等互联网货运平台也开始布局海外市场。截至2023年11月，货拉拉及其海外品牌Lalamove已覆盖东南亚、南亚、南美洲等地区的多个城市，业务不仅有货运服务，也有小件城配和餐饮配送服务等。

二　网约车、顺风车和汽车租赁等快速增长，互联网租赁（电动）自行车规模稳中有降

2023 年共享出行各类业态，如网约车、顺风车、汽车租赁等均实现恢复性增长，互联网租赁自行车和电动自行车同比均略有下降，需求响应公交和 Robotaxi 等创新模式的应用正在加快。

（一）网约车订单恢复明显，平台竞争格局相对稳定

全年网约车累计订单约为 91.14 亿单，日均订单量为 2497 万单，同比增长 30.8%。

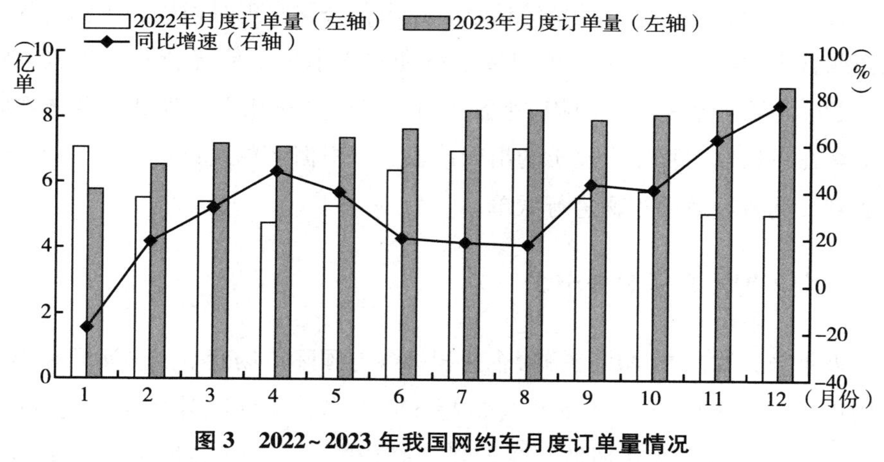

图 3　2022~2023 年我国网约车月度订单量情况

全年新增 39 家网约车平台公司，全年新增人证 148.2 万本，全年新增车证 67.4 万本。这表明网约车行业平台、合规从业人员以及运输证等的增速加快。

2023 年，聚合平台订单量保持增长态势，全年累计完成 25.19 亿单，日均 690.1 万单，全年市场份额均值为 27.6%。聚合平台市场主体包括高德、百度、腾讯、携程等，其中高德接入的平台最多。从曹操出行的招股说

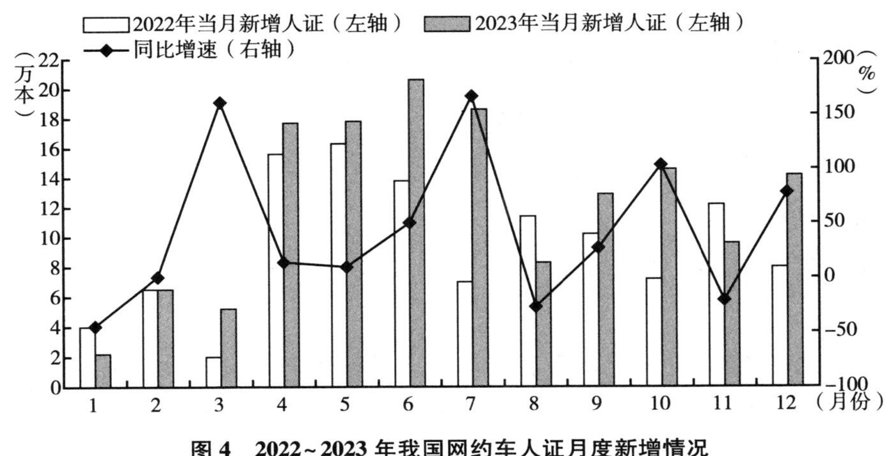

图4　2022~2023年我国网约车人证月度新增情况

明书看，其来自第三方的交易总订单额占比达到73.2%。

聚合平台的发展客观上避免了市场进一步向头部企业集中。2023年滴滴恢复了新用户注册功能，滴滴中国出行（包含网约车、出租车、代驾、顺风车）业务量为108.09亿单，同比增长39.8%，首次实现年度盈利。T3出行、享道出行、曹操出行、如祺出行等平台都实现了不同程度的较快增长，但从曹操出行和如祺出行公布的数据看，近年都处于亏损状态。

（二）私人小客车合乘（顺风车）快速增长

近年来，私人小客车合乘（顺风车）整体规模呈快速增长趋势，2023年同比增长约45.5%。2023年日出行订单约为126万单。私人小客车合乘（顺风车）市场中哈啰、嘀嗒和滴滴是主要的平台服务商，三者订单完成量占全行业的90%以上。

2023年，顺风车平台多措并举共建平安出行环境，通过探索新服务模式、有效推动碳减排，推动技术创新，提升用户体验。顺风车乘客基于实惠、便捷和环保等考量而选择合乘，出行场景呈现多元化发展趋势，对服务的准时性和匹配度等的关注度提升。顺风车车主则关注订单量和平台服务，“节约资源”和“相互信任”成为顺风车发展的重要助力。

（三）短期租赁增长潜力释放，高质量发展成为主题

2023 年汽车短期租赁行业发展潜力进一步释放，其强劲增长势头延续至 2024 年，订单量屡创历史新高，甚至节假日出行高峰期出现“一车难求”的火爆场面，潮汐效应进一步凸显。头部租赁企业、租赁平台进一步发展，带动广大中小租赁企业发展，大型连锁租赁企业增长势头强劲。

在此背景下，进一步提升租赁服务质量和用户体验成为企业“做大蛋糕”和获得更多市场份额的关键。2023 年，租赁企业在车辆整洁度、还取车便捷性、收费透明度、客户投诉率等关键服务指标上均有所改善，“租车必被坑”的行业刻板印象得到扭转。

（四）互联网租赁自行车发展规模稳中有降

根据中国道路运输协会的统计数据，2023 年第四季度，美团、哈啰和青桔等主要互联网租赁自行车企业共投放互联网租赁自行车 1228 万辆，投放运营城市超过 410 个。2023 年第四季度，互联网租赁自行车日均订单量为 2558.5 万单，环比减少 2.7%，同比减少 2.2%，日均车辆使用次数基本保持不变。

互联网租赁自行车发展规模稳中有降，其原因包括气候变化、部分城市通勤人数变化等。目前，美团、哈啰和青桔等头部企业在保障基本业务的前提下，优化投放车辆布局，以降低运营成本。

（五）互联网租赁电动自行车订单量有所下降

根据中国道路运输协会的统计数据，全国互联网租赁电动自行车共投放 694.6 万辆，总投放运营城市超过 700 个。2023 年第四季度，互联网租赁电动自行车日均订单量为 2516.66 万单，同比减少 18.4%，行业整体呈现下降态势。从行业格局看，共享电单车行业的市场集中度远低于共享单车行业。在共享电单车市场，有上百个大大小小的品牌。从投

放车辆数来看，美团、哈啰和青桔3家企业的市场份额约占全国的40%，小遛、人民出行、松果、喵走等中型企业约占30%，其他小微品牌占比超过20%。

造成这一局面的原因在于，一是市场准入方式不明确以及行业监管难度较大等，企业面临“开城难”；二是部分城市在引入互联网租赁电动自行车服务时，多是采取创立地方品牌、支持当地运输及相关企业扩大业务范围等方式，以致运营企业虽数量增加但是规模相对偏小，并且随着部分中小品牌经营不善，行业规模有一定萎缩。

三　共享出行政策法规体系持续完善，新业态发展需要政策创新和突破

支持共享出行新业态发展的相关政策文件出台时间较早，各级地方政府结合发展新形势，不断完善政策法规。与此同时，各地存在监管和执法标准不一致等情况，不利于行业健康持续发展。

（一）网约车劳动者权益保护和聚合平台管理成为政策重点

网约车司机劳动权益保障受到重视。一是平台降低过高抽成。2023年4月交通运输部办公厅发布《2023年推动交通运输新业态平台企业降低过高抽成工作方案》，推动网约车和道路货运新业态平台公司下调抽成上限，并向社会公开。二是人社部发布多项新就业形态劳动者权益保障政策和相关指引指南，要求协商确定司机连续最长接单时间和每日最长工作时间，建立新就业形态劳动纠纷一站式调解组织，试点司机职业伤害保障等措施，进一步强化网约车司机劳动权益保障。三是司机的车辆租赁合同更加规范。在广州、深圳、成都、长沙、绵阳、南充、德阳、遂宁、广元、武汉等地的总工会和交通主管部门指导下，由当地工会联合会和行业协会等单位联合制定网约车行业汽车租赁合同范本，通过明确的合同条款，保障出租方和承租方合法权益，这有利于减少租车司机和租赁公司之间的矛盾，化解行业“退车

难、不退押金、随意扣罚押金”等问题。四是多地放宽平台许可政策和驾驶员许可政策。2023 年修订网约车实施细则的 49 个城市中，有 30 个城市不同程度地放宽了许可政策。同时，大多数城市在调整平台许可政策时，倾向于进一步放宽。

聚合平台被纳入交通运输新业态监管。2023 年 4 月，交通运输部办公厅等六部门发布《关于切实做好网约车聚合平台规范管理有关工作的通知》，将网约车聚合平台明确纳入交通运输新业态监管，2023 年全国多个省份出台涉及聚合平台的相关监管政策。各地对聚合平台的监管主要参照《中华人民共和国电子商务法》，但对于参照该法的条款如何落实到聚合平台监管中尚存在不同理解。

（二）部分城市修订顺风车指导意见，推动顺风车合规发展

交通运输部、工信部、商务部等部门联合修订并发布《网络预约出租汽车经营服务管理暂行办法》（以下简称《办法》），进一步明确了不得以私人小客车合乘名义提供网约车经营服务，并给予地方行政部门自由度，落地落实相关政策指导思想。

2023 年以来，一些地方政府出台或者修改了顺风车相关政策，部分城市采取了相关宽松的管理措施以推动顺风车发展，如天津市放宽牌照、合乘范围等限制，江西省赣州市针对不同场景合乘次数制定相应规则，这些举措促进了供给侧增长。部分城市对合乘出行次数以及接单平台数量等提出了相对严格的要求。

（三）小微租管理办法逐步落实，地方出台鼓励行业发展政策

《小微型客车租赁经营服务管理办法》实施 4 年多来，各地的落实节奏存在差异，其中车辆备案仍是痛点，但行业企业对该办法提出的管理方式和行业健康可持续发展的理解逐渐深入。从长期角度，针对租赁车辆行业进行备案管理，监管维度触及车辆层面，提升了车辆的安全可靠性，防止因车辆不符合标准给承租人带来安全隐患，同时，车辆需转性质的要求，提升了行

业的进入门槛，是对管理更规范的租赁企业的保护，有助于行业服务质量的提升。中国租赁行业发展数十年，租赁车辆性质转变是一个循序渐进的过程。

2023 年以来，为推动租赁行业高质量发展，各地陆续出台鼓励政策，其中比较有代表性的是黑龙江和海南，在增加汽车租赁服务设施供给、完善汽车租赁服务网络、鼓励车辆资源合理流动、鼓励行业服务标准提升、倡导行业自律等方面为行业发展提供支撑。

（四）地方政府强化互联网租赁自行车监管考核

近年来，各地重视互联网租赁自行车规范化发展，不断强化运营服务质量考核，并与运力投放相结合。运营企业面临月度、季度、半年等考核周期。在各个城市的考核内容中，停放秩序、企业管理和合规运营是重点。部分城市互联网租赁自行车停放位置比较紧张，导致违停车辆数量、因超范围停车而无法锁车的投诉量大幅增加，其中一部分原因是基层管理部门首要考虑的是市容市貌和停放秩序，进而缩减互联网租赁自行车停放区域，另一部分原因在于私人非机动车，特别是私人电动自行车等车辆也停放在停车区域内，加剧停车位紧张局面。

目前各地对互联网租赁自行车市场准入的管理主要采取备案、招投标（包括政府遴选）两大方式。全国已有互联网租赁自行车投放运营的地级以上城市中，约 75% 的城市实施备案管理，约 25% 的城市实施招投标管理。一些地方提高共享单车准入门槛。共享两轮车的收车数量多、取车费用高，导致共享两轮车运营成本大幅提升。各城市的管理和执法标准不同，也给企业运营管理带来挑战，增加了运维和管理成本。

建议结合城市交通管理条例等立法工作，明确互联网租赁自行车市场准入采取总量调控前提下的备案方式或以提升服务质量为导向的招投标方式。地方主管部门可根据实际，设置以提升服务质量为导向的市场准入方式及准入条件，禁止签订战略协议、签发政府批文等限制性竞争行为。适时研究制定行业管理规章。跟踪关注各地相关法规制定和实施情况，充分吸收各地管理经验，根据行业发展形势，适时研究制定互联网租赁自行车经营服务管理规定，建立全国统一的基本行业管理制度。

（五）地方部门开始在立法层面将互联网租赁电动自行车纳入监管

近年来，各地方部门逐步将互联网租赁电动自行车纳入监管，并出台了相应的管理条例或指导意见。截至 2024 年 5 月，已有 13 个省份在立法层面将互联网租赁电动自行车纳入监管，有 9 个省份出台了管理条例/指导意见。越来越多的地方按“总量发展、规范管理”的思路将共享电单车纳入监管。一线、新一线城市正在调整互联网租赁电动自行车相关政策。2024 年北京开始探索在经济技术开发区试点引入互联网租赁电动自行车。

共享电单车的市场准入政策对行业发展有非常大的影响。在《市场准入负面清单（2022 年版）》中共享电单车并不在清单禁止之列，通过实施负面清单制度，行业准入乱收费现象得到整改。但由于没有上位法明确准入合规操作方式，共享电单车在新城市的准入或在已有城市的行业续签成为痛点。

四　共享出行主流业态发展趋稳，新业态的发展与智能化技术突破速度决定其未来的增长潜力

共享出行发展迅速，改变了人们的出行方式，未来其将呈现以下发展趋势。

（一）共享出行主流业态发展增速放缓，市场格局较为稳定

基于互联网技术的共享出行如互联网租赁（电动）自行车、网约车与公交、地铁等基本满足了居民出行需求，未来几年共享出行主流业态的发展空间相对前几年较小。

近些年共享出行市场虽然竞争加剧，但格局相对稳定，未来企业在发展中的首要目标是实现盈利，为此，企业将注重提升服务质量、用户体验，规

模竞争将不再是战略重点。聚合平台和自营平台各有优势，两类平台未来也会出现适度调整，通过混合模式以整合更多的资源。

（二）精细化和差异化是企业发展的重心，大模型等人工智能技术的应用将推动企业提质增效

网约车企业、互联网租赁自行车企业的发展重心将转向可持续经营，不再是“跑马圈地”和“价格拼杀”，而是围绕精细化运营、提高运营效率、提升用户体验和品牌形象等开展基础性和持续性工作。

在稳增长阶段，企业会寻求差异化发展。未来在下沉市场，如三、四线城市等存在一定的发展机会，一些尚未被满足的需求，如一些特定场景等也会得到企业的关注。

随着大模型的发展，出行企业纷纷抢抓行业大模型落地，利用大模型优势，推动司乘服务、车辆智能调度以及出行保障等相关场景的应用，最终实现让客服更高效、司机接单更快、安全保障更智能。

（三）传统出行业态亟待数字化赋能，新业态与旧业态将融合发展

共享出行新业态涌现的同时，为传统出行企业的发展也注入新活力。传统出行企业正在积极拥抱数字化技术，巡网融合、定制公交和城际客运是传统出行企业转型升级、实现数智化发展的重要方向。

越来越多的巡游出租车企业选择巡网融合方式，以提升接单量和服务水平。传统公交业务正逐步被需求响应公交公司整合，越来越多的公交公司开设定制班线，从传统定点定线“人等车”的运营模式转向“车找人”的需求响应服务模式。

平台企业利用自身的互联网技术优势，积极赋能传统出行企业转型。从政策层面看，地方政府也将积极探索政策创新，出台相关措施，如在网约车领域加快推进“一车两价”，推动传统业态的数字化发展。

（四）顺风车、汽车租赁和城际客运等领域具有一定的发展潜力

顺风车相对网约车更注重互助性，顺风车车主和乘客群体规模有望持续

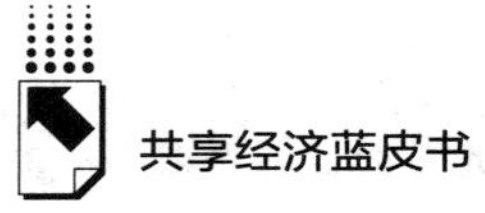

扩大，尤其是年轻一代更倾向于选择新型出行方式，顺风车未来几年仍将保持较快增长态势。

我国有证无车的群体巨大，为汽车租赁行业进一步发展提供了空间，加之用户出行、旅游习惯的转变以及促进汽车租赁行业发展的利好政策支持，汽车租赁行业仍将保持增长态势。旅游、酒店、航空等与租车之间的关联性日益增强，租车服务作为旅游出行的重要补充，为游客提供了更加便捷、灵活的出行方式，将进一步带动上游产业发展，促进经济发展。

北京开展的共享电单车试点作为一线城市出行方式创新的代表，有可能带动大城市共享电单车发展。共享电单车有望在大城市获得更大的发展空间。

定制客运是政府鼓励发展、实现“门到门”“点到点”的主要出行服务方式。近年来，机场接送、高铁接送日益成为定制客运的主要应用场景。随着联程运输的发展，公众一站式购票、一码式出行需求日益旺盛，定制客运成为空巴通、公铁联运等联程运输中不可或缺的一环。与此同时，定制客运作为公路客运行业转型升级的重要途径，承载着庞大的传统班线客运“自我革新”使命，正由产业形成期转向成长期。

（五）生态扩张和出海成为平台企业的发展重点

出行平台的主要优势是流量和生态运营，未来各大平台的竞争重点仍是做大相关产业生态。比如在互联网同城货运领域，一些互联网平台有可能会加快从客运市场转向货运市场，虽然客货运输对象不同，但是运输调度算法具有相通之处，地面推广与营销模式也有比较强的借鉴性。也可能出现重货与轻货企业的边界融合，不仅零担物流、快递巨头等积极布局同城货运市场，同城货运也开始与即时配送等高附加值的轻货领域整合。生态扩张还表现为流通环节与制造环节的协作，包括平台与主机厂共同开发新能源定制车型、开展车队合作等。

海外市场也是平台企业的重要发展领域。共享出行和网络货运等新业态的海外市场规模仍在扩大，预计未来 5 年将保持 12%～18%的复合年均增长率。新兴市场，尤其是东南亚、非洲和拉丁美洲等地区，对于互联网服务和数字平台的需求日益增长，为中国企业提供了广阔的发展空间。背靠国内的庞大市场，我国平台企业积累了先进的技术和丰富的应对复杂市场环境的经验，并且形成了一套成熟的商业模式。头部平台有机会将成熟的体系和产品复制到海外市场，成为全球具有竞争力的共享出行平台。

（六）解决共享出行发展中存在的问题，推动政策体系完善

未来将有更多的城市取消对司机的户籍或居住证限制要求。2023 年以来，人社部相继发布多项新就业形态劳动者权益保障政策和相关指引指南，各地人社部门会逐步落实相关政策，如协商确定连续最长接单时间和每日最长工作时间，进一步加强网约车司机劳动权益保障。

共享电单车在产品设计、充电运营、应急处置方面相对于私人电动自行车更具安全保障性，可以从源头上规避超速、超重行驶、充电不当等风险。越来越多的城市管理者认识到共享电单车是加快汰换非标车、满足出行高需求的新业态。2024 年，北京明确表态将开展共享电单车试点，未来更多的地方也有望推出相关的政策。

从定制客运看，原有的班线客运政策体系难以满足定制客运发展需要，亟须建立与之相适应的配套政策措施，比如，《营运客车类型划分及等级评定》规定 7~9 座车辆属于“乘用车”，有些地方在办理定制客运车辆运输证时要求必须是“客车”，否则不予通过。再如，运输证的经营范围方面，限定了“班线客运”“包车客运”等，难以落实“车线松绑”的要求等。需要结合行业发展形势重新修订和完善上述政策。

（七）碳交易机制将助推共享出行发展

目前交通工具电动化、资源利用高效化、出行结构低碳化、电力来源绿色化、交通体系数智化等推动出行生态向规模化和集约化方向发展，在交通领域低碳转型与绿色发展方面发挥了较好的引领作用。

MaaS 出行，以及共享单车和共享电单车等的发展，一方面推动了低碳

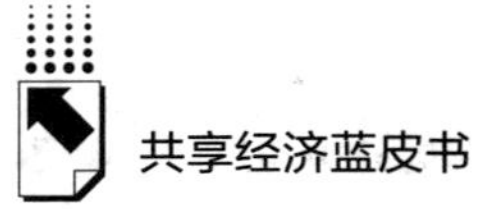

发展，另一方面也需要碳交易政策的支持。随着碳交易机制和政策的完善，共享出行在低碳方面的优势将进一步发挥，也会推动更多的人使用共享出行工具。

（八）L4级别的智能驾驶技术加速推广，未来几年共享出行有望进入变革期

当前已有51个城市出台自动驾驶试点示范政策，加速拓展应用场景。北京、上海、广州、深圳、武汉等地开展无驾驶人车辆公开道路试点示范和收费模式商业化运营。北京在积极推进Robotaxi示范区3.0的基础上不断拓展在大兴机场等的应用场景，武汉在12个行政区内支持近500辆无驾驶人车辆开展常态化试点服务，开通服务的城市数量和订单量不断增加。

鉴于自动驾驶场景的复杂性，传统的“公式编程法”已不适用，而基于大模型的生成式人工智能为Robotaxi的商业化发展提供了重要支撑。大模型算法可以显著提升自动驾驶的感知能力和泛化能力，赋能车端智能运算的感知和预测环节，加速解决长尾场景的数据挖掘问题，对于推动自动驾驶向L3乃至L4级别升级而言具有重要意义。数据的积累、算法的创新与算力的突破，共同推动自动驾驶技术发展。以大模型为代表的生成式人工智能在未来3~5年有望推动Robotaxi的大规模商业化。

环 境 篇

B.2 2023年中国城市客运发展现状分析

吴洪洋　贾萱琪*

摘　要：　本报告对2019~2023年城市客运发展变化情况进行了分析，2020~2022年公共汽电车、城市轨道交通、巡游出租汽车发展呈现明显减缓态势，但2023年随着政策开放，三者均大幅增长。2023年，城市客运较上年增长趋势明显，且季度性变化明显，其中巡游出租汽车总体发展向好，同时城市客运服务质量不断提升，有效满足了人们多元化的需求。

关键词：　城市交通　公共汽电车　轨道交通　巡游出租汽车

* 吴洪洋，交通运输部科学研究院交通科技发展促进中心主任，主要研究方向为交通运输等；贾萱琪，北方工业大学汽车产业创新研究中心，主要研究方向为工商管理等。

一　城市客运发展整体情况

（一）整体趋势

2023 年城市客运量和运营里程等较上年有所增加，城市客运出行结构出现了变化，城市客运服务质量不断提升，城市绿色出行发展势头良好。

本报告以我国 31 个省（自治区、直辖市）城市客运交通数据为例，2020 年客运总量出现大幅下降，2021 年出现小幅度上升，恢复到 2019 年的 78.6%；2021 年，公共汽电车客运量恢复至 2019 年的 67.3%，城市轨道交通客运量恢复至 2019 年的 98.5%，巡游出租汽车客运量恢复至 2019 年的 71.0%。

表 1　2019~2023 年全国城市三大出行方式客运量

单位：亿人次

指标	2019 年	2020 年	2021 年	2022 年	2023 年
客运总量(不含网约车)	1264.4	828.8	993.8	755.1	891.4
公共汽电车	727.0	439.1	489.2	353.4	380.5
城市轨道交通	240.9	176.6	237.3	193.1	293.8
巡游出租汽车	375.8	245.4	266.9	208.2	217.1

注：2019~2022 年“公共汽电车”“城市轨道交通”“巡游出租车”客运量由中心城市相应客运量占全国比重推算，加总与表中“客运总量”有出入。2023 年交通运输部官网统计的出租汽车数据合并了网约车数据，考虑到前后数据口径统一，本文使用巡游出租汽车数据。

资料来源：交通运输部官网。

2023 年，全国城市客运总量为 1009.9 亿人次（含网约车），较 2022 年增加 775.5 亿人次，增加了 254.8 亿人次，达到 2019 年的 79.9%。其中，公共汽电车客运量 380.5 亿人次，同比增加了 7.7%，相当于 2019 年的 52.3%；城市轨道交通客运量 293.8 亿人次，同比增加 52.1%，相当于 2019 年的 122.0%，增势明显；巡游出租汽车客运量 217.1 亿人次，同比增加

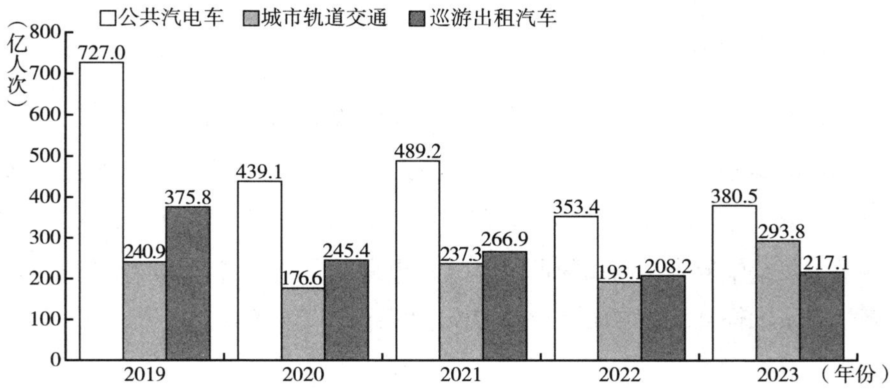

图 1　2019~2023 年全国城市三大出行方式客运量

资料来源：交通运输部官网。

4.3%，相当于 2019 年的 57.8%。2023 年经济恢复发展，旅游业加快增长，城市客运量回升势头良好。

2023 年月度客运总量较 2022 年明显上升。2023 年客运总量从季度看存在略微的差别，由于官方数据 1~2 月合并统计，2023 年单月统计数据为 3~11 月。3~5 月客运总量逐渐升高；6 月出现新低，为 80.2 亿人次；7~8 月客运总量递增；9 月出现下降，达 80.9 亿人次；10 月回升至 84.3 亿人次，随后 11 月降为 82.9 亿人次。

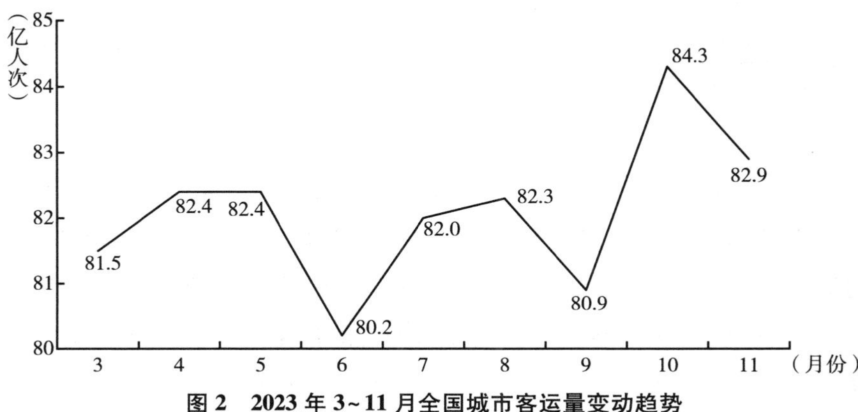

图 2　2023 年 3~11 月全国城市客运量变动趋势

资料来源：交通运输部官网。

（二）主要特点

城市客运总量稳中略增，2023 年客运量大幅增长。2021～2023 年，全国城市客运总量波动较大，呈先降后升趋势，2021 年客运总量 993.8 亿人次，2022 年客运总量 755.1 亿人次，2023 年客运总量 891.4 亿人次。其中，2022 年客运总量小幅减少，同比降低 24.0%，相当于 2019 年水平的 59.7%；2023 年客运总量大幅升高，同比上升 18.1%，相当于 2019 年水平的 70.5%。

表 2　2019～2023 年全国城市客运量统计

单位：亿人次，%

指标	2019 年	2020 年	2021 年	2022 年	2023 年
客运总量	1264.4	828.8	993.8	755.1	891.4
同比增长	—	-34.5	19.9	-24.0	18.1
相当于 2019 年的水平	—	65.6	78.6	59.7	70.5
公共汽电车	727.0	439.1	489.2	353.4	380.5
同比增长	—	-39.6	11.4	-27.8	7.7
相当于 2019 年的水平	—	60.4	67.3	48.6	52.3
城市轨道交通	240.9	176.6	237.3	193.1	293.8
同比增长	—	-26.7	34.3	-18.6	52.1
相当于 2019 年的水平	—	73.3	98.5	80.2	122.0
巡游出租汽车	375.8	245.4	266.9	208.2	217.1
同比增长	—	-34.7	8.8	-22.0	4.3
相当于 2019 年的水平	—	65.3	71.0	55.4	57.8

资料来源：交通运输部官网。

从月度客运总量来看，相较于 2022 年，全国城市客运总量 2023 年显著增长。2023 年 1 月和 2 月数据合并，无法直接单月对比，故单月来看，从 3 月开始客运量逐渐回升，但 6 月和 9 月、11 月出现了小幅下降，随后 12 月有所回升。

从 2020～2023 年全国城市客运总量的月均值来看，2021 年月均客运量增幅明显，2022 年月均客运量下降，为 62.9 亿人次，而 2023 年月均客运量上升明显，达到 84.2 亿人次。

表 3　2020~2023 年全国城市客运总量月度数据

单位：亿人次

项目	2020 年	2021 年	2022 年	2023 年
1 月	81.7	77.5	72.6	127.4
2 月	11.3	62.3	64.3	
3 月	34.2	90.8	65.2	81.5
4 月	54.0	92.6	54.4	82.4
5 月	66.4	91.7	56.9	82.4
6 月	72.3	85.7	69.4	80.2
7 月	77.5	89.2	73.9	82.0
8 月	80.0	75.5	71.3	82.3
9 月	86.2	83.2	65.2	80.9
10 月	87.0	83.8	63.3	84.3
11 月	89.1	80.4	51.9	82.9
12 月	93.4	86.4	42.6	89.1
月均客运量	69.1	82.8	62.9	84.2

资料来源：交通运输部官网。

城市客运交通三大出行方式略微变化，城市轨道交通客运量占比增加。2023 年，公共汽电车客运量占客运总量的 42.7%，较 2022 年下降 4.1 个百分点；城市轨道交通客运量占客运总量的 33.0%，较 2022 年上升 7.4 个百分点；巡游出租汽车客运量占客运总量的 24.4%，较 2022 年下降 3.2 个百分点。可见，2023 年的城市轨道交通客运量占比增长明显，成为三大出行方式中唯一实现客运量占比提升的交通出行方式。

表 4　2022~2023 年三大出行方式客运量占比

单位：%

项目	2022 年	2023 年
公共汽电车	46.8	42.7
城市轨道交通	25.6	33.0
巡游出租汽车	27.6	24.4

资料来源：交通运输部官网。

二　城市公共汽电车发展情况

（一）整体概况

相较于2022年，2023年公共汽电车客运量有一定的增长，其中2023年下半年客运量增长更为突出，合计219.4亿人次，相较于2022年下半年增加了54.0亿人次，同比增长32.6%，增长幅度很大。

从地域划分角度来看，根据《中共中央　国务院关于促进中部地区崛起的若干意见》、国务院西部开发办《关于西部大开发若干政策措施的实施意见》等，将我国经济区域分为东部、西部、中部和东北四大地区，为更好地反映数据区域特征，将四大直辖市提取出来，分为五部分进行分析。2023年，东部地区城市客运量114.7亿人次，占全国公共汽电车客运总量的30.1%；西部地区城市客运量97.8亿人次，占全国公共汽电车客运总量的25.7%；中部地区城市客运量73.9亿人次，占全国公共汽电车客运总量的19.4%；东北地区城市客运量41.3亿人次，占全国公共汽电车客运总量的10.9%；四大直辖市客运量52.9亿人次，占全国公共汽电车客运总量的13.9%。

表5　2023年全国城市公共汽电车客运量（按区域分类）

单位：亿人次，%

项目	东部	西部	中部	东北	四大直辖市
客运量	114.7	97.8	73.9	41.3	52.9
客运量占比	30.1	25.7	19.4	10.9	13.9

资料来源：交通运输部官网。

（二）基本特点

受2022年基数较低影响，2023年公共汽电车客运量增长明显。其中，主要客运量集中在东部区域，占比 30.1%。2020～2022 年，受疫情影响公共汽电车客运总量有所降低，2023 年公共汽电车客运量有所上升，相当于 2019 年的 52.3%。其中东部和西部区域客运量共计 212.5 亿人次，占比 55.8%，超过 2023 年全年公共汽电车客运总量的 1/2。值得注意的是，四大直辖市因人口众多且流通性较强，公共汽电车客运量占比 13.9%，超过全年公共汽电车客运总量的 1/10。

三　城市轨道交通发展情况

（一）整体概况

2023 年，我国 31 个省（自治区、直辖市）的城市轨道交通客运总量为 293.8 亿人次，占城市客运总量的 33.0%，较 2022 年增加 100.7 亿人次，同比上升 52.1%。

相较于 2022 年，2023 年城市轨道交通客运量上升幅度很大。其中 2023 年下半年城市轨道交通客运量 157.9 亿人次，同比上升 36.9%，而 2023 年上半年城市轨道交通客运量同比上升 31.0%。

从地域划分角度来看，同上文公共汽电车的划分标准，将我国经济区域分为东部、西部、中部、东北、四大直辖市五类。2023 年，东部地区中心城市客运量 109.1 亿人次，占全国城市轨道交通客运总量的 37.1%；西部地区城市客运量 44.0 亿人次，占全国城市轨道交通客运总量的 15.0%；中部地区城市客运量 38.1 亿人次，占全国城市轨道交通客运总量的 13.0%；东北地区城市客运量 12.6 亿人次，占全国城市轨道交通客运总量的 4.3%；四大直辖市客运量 90.1 亿人次，占全国城市轨道交通客运总量的 30.7%。东部地区和四大直辖市的轨道交通更发达，城市轨道交通客运量占比较大，而中部地区和西部地区城市轨道交通客运量相差不大。

表6　2023年全国城市轨道交通客运量（按区域分类）

单位：亿人次，%

项目	东部	西部	中部	东北	四大直辖市
客运量	109.1	44.0	38.1	12.6	90.1
客运量占比	37.1	15.0	13.0	4.3	30.7

资料来源：交通运输部官网。

（二）主要特点

从客运量占比角度看，2023年主要客运量集中在东部区域和四大直辖市，超过城市轨道交通客运总量的六成。在公共汽电车、城市轨道交通和巡游出租汽车三大出行方式中，除了城市轨道交通客运量占比有所增长，其他两种交通方式的占比都有所下降。

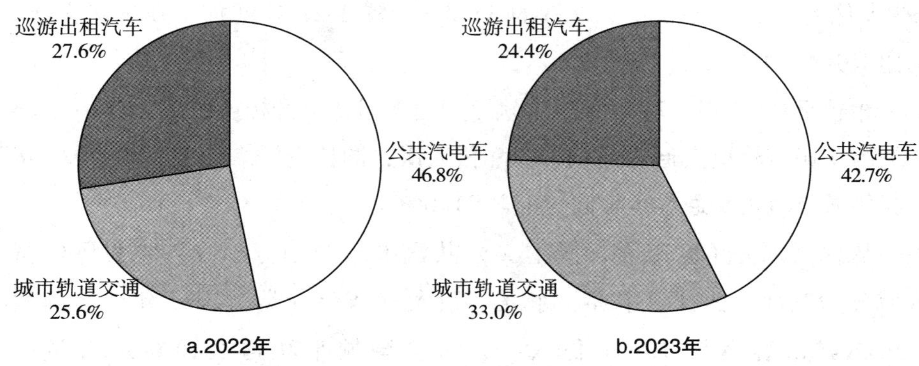

图3　2022年、2023年三大出行方式客运量占比

资料来源：交通运输部官网。

四　巡游出租汽车发展情况

（一）整体概况

2023年，我国31个省（自治区、直辖市）的巡游出租汽车客运量为

217.1亿人次，占客运总量的24.4%。

2023年下半年巡游出租汽车客运量增长幅度更大。2023年上半年巡游出租汽车客运量同比上升8.8%，下半年巡游出租汽车客运量同比上涨22.1%。

从地域划分角度来看，同上文公共汽电车的划分标准，将我国经济区域分为东部、西部、中部、东北、四大直辖市五大类。2023年，东部地区出租汽车（含网约车）客运量89.8亿人次，占出租汽车（含网约车）客运总量的26.8%；西部地区出租汽车（含网约车）客运量96.9亿人次，占出租汽车（含网约车）客运总量的28.9%；中部地区出租汽车（含网约车）客运量61.7亿人次，占出租汽车（含网约车）客运总量的18.4%；东北地区出租汽车（含网约车）客运量53.6亿人次，占出租汽车（含网约车）客运总量的16.0%；四大直辖市出租汽车（含网约车）客运量33.0亿人次，占出租汽车（含网约车）客运总量的9.8%。其中，东部和西部地区的出租汽车（含网约车）更普遍，客运量占比超过客运总量的1/2，而东北地区、中部地区客运量占比较小，且相差不大。

表7　2023年全国出租汽车（含网约车）交通客运量（按区域分类）

单位：亿人次，%

项目	东部	西部	中部	东北	四大直辖市
客运量	89.8	96.9	61.7	53.6	33.0
客运量占比	26.8	28.9	18.4	16.0	9.8

资料来源：交通运输部官网

（二）主要特点

2019年，全国城市巡游出租车客运量为375.8亿人次，为近五年最高；2020年开始有所下降；2021年小幅上升；相较于2022年，2023年小幅上升至217.1亿人次。

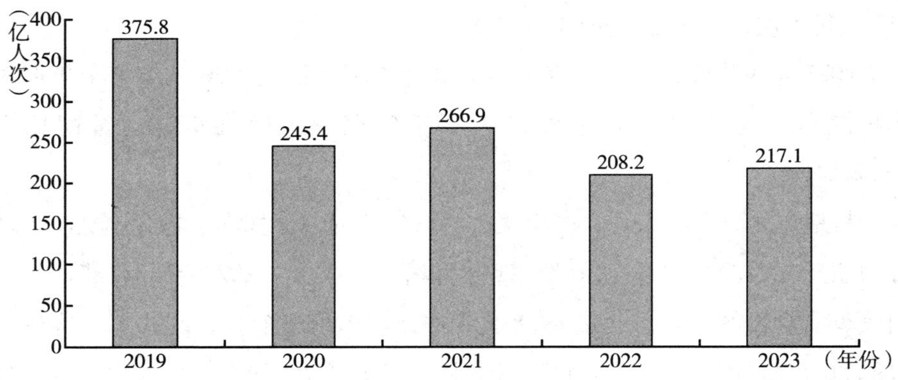

图 4　2019~2023 年巡游出租汽车客运量

从客运量角度出发，2023 年东部和西部区域出租汽车（含网约车）客运量占比为 55.7%。2020 年，出租汽车（含网约车）客运总量有所降低，2023 年客运总量有所提升。

B.3
2023年国际共享出行发展形势分析

王学成　许　研　林小颖　常含月　汪　淇*

摘　要： 本文主要对国际网约车市场和共享（电）单车市场发展情况进行分析。2023年网约车市场迎来大反弹，主要国家网约车出行量甚至超过疫情前水平。行业进入成熟期后，市场格局基本稳定，企业发展战略由“开疆”转向“守土”，并注重提升发展质量。主要网约车平台公司经营态势向好，财务状况改善。2023年，国际共享（电）单车市场上两轮车共享需求再次出现增长。以北美市场的Lime、Lyft，欧洲市场的Tier、Jump，东南亚市场的Anywheel、Hello Ride为代表的部分公司持续扩大经营规模，形成了聚合多种出行方式的大平台经营模式。共享两轮车市场前景向好，但企业竞争更加激烈，面临着一些新的挑战。

关键词： 网约车　共享（电）单车　共享滑板车　国际市场

一　国际网约车发展情况

（一）网约车市场整体情况

2023年，全球网约车市场订单总成交额约为1700亿美元，人民币计价

* 王学成，博士，北方工业大学汽车产业创新研究中心讲师，主要研究方向为交通经济学等；许研，北方工业大学汽车产业创新研究中心副教授，主要研究方向为复杂系统等；林小颖，中国工程咨询协会，主要研究方向为工程咨询和管理；常含月，北方工业大学汽车产业创新研究中心，主要研究方向为工商管理等；汪淇，北方工业大学汽车产业创新研究中心，主要研究方向为工商管理等。

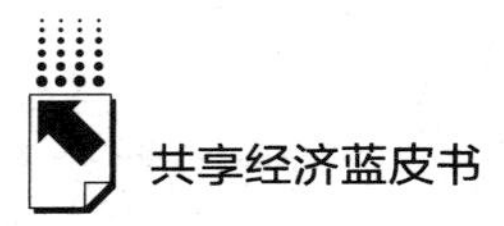

突破万亿元大关，这主要是基于全球头部网约车公司披露的经营数据，结合其历年在不同国家和地区的平均市场占有率推算而得。目前全世界已经有100多个国家和地区开展网约车经营业务，用户规模预计为17亿，全球头部网约车公司在主要发达国家的市场渗透率超过35%。

分地区来看，人口密度高、经济增长快的地区依然是网约车企业主要的收入来源地，而发展中国家和欠发达国家则是企业业务增长的重要区域。亚太地区是网约车市场的基本盘。中国、美国两国的市场份额占全球的一半左右。民生证券研究院预计，2027年中国、美国、印度、英国、俄罗斯将是规模列前五位的市场。从增长情况来看，东亚、南亚、非洲市场依然保持较快的增长速度，北美、欧洲、东南亚市场的增长率较低。非洲网约车市场呈现出蓬勃的发展形势，用户数量已经达到5200万左右，年均增长率保持在10%以上。除了国际网约车巨头如Uber和Bolt以外，还有许多本土网约车公司如肯尼亚的Wasili和Little、南非的NextNow、埃及的SWVL等快速成长。2023年为数不多的网约车投资事件主要发生在非洲市场。inDrive在General Catalyst领头的债务融资中筹集了1.5亿美元。

从资本市场表现来看，主要网约车公司已经走出泥潭，但与整体市场指数相比走势仍然偏弱。2023年，Uber累计涨幅为42%，Grab小幅收跌。网约车公司投融资事件极少。中国内地多家网约车平台申请赴港上市，但是无新增上市公司。二级市场方面，2023年12月18日开盘后，Uber加入标普500指数，在股票市场的重要性得到提升。2024年2月，Uber董事会授权回购70亿美元的公司普通股，这是公司首次授权实施的股票回购计划。

（二）主要公司分析

2023年主要网约车公司市场整体份额基本稳定，无大型企业进入或退出。在不同国家和地区，主要网约车公司的市场地位也没有发生明显变化。Uber在全球市场处于绝对龙头地位，其余公司则以某一国家或地区为重点，积极开拓周边区域。

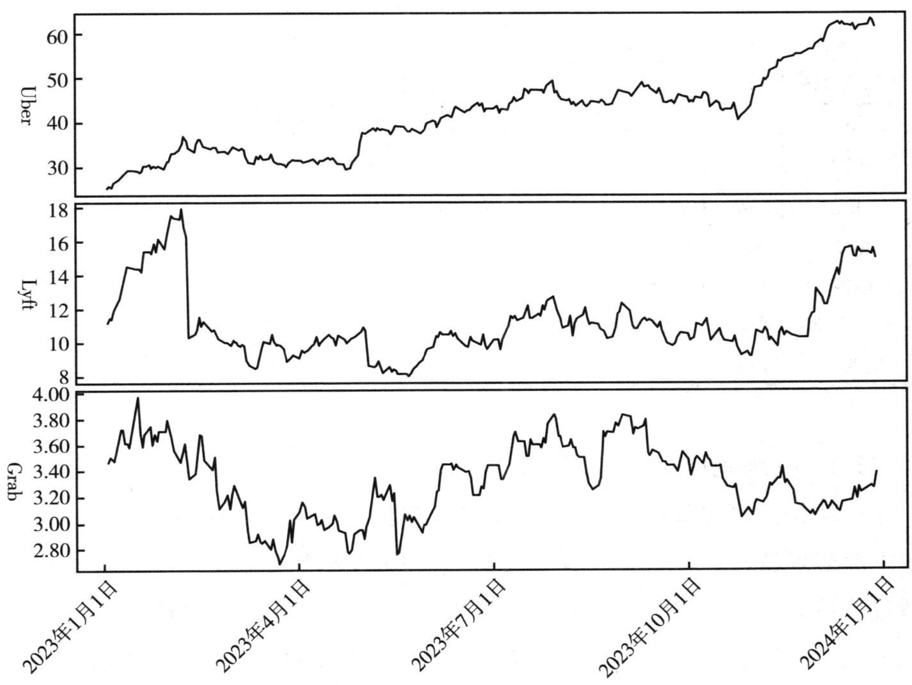

图 1　Uber、Lyft 和 Grab 股票价格走势

表 1　部分国家或地区的网约车公司

国家或地区	主要网约车公司
美国	Uber、Lyft
加拿大	Uber、Lyft、Poparide、Zoom Zoom、Yellow Cab、ride、M-Rides、Kangaride、CarpoolWorld
巴西	Uber、DiDi
墨西哥	DiDi、Uber、Cabify、Easy Taxi、novo
阿根廷	Cabify、Picap、Uber、Indrive、DiDi、Beat、Taxis Libres
智利	Uber、Easy Taxi、Cabify、DiDi
英国	Uber、Lime、Bird、DiDi Global、Lyft、ChargePoint、Zipcar、Spin、Ola
法国	Uber、Lyft、Poparide、Zoom Zoom、Yellow Cab、Vancouver
德国	mytaxi、CleverShuttle、MOIA、loki、berkönig、Taxi. de、Taxi. eu
俄罗斯	yandex Go、Taxisoviqkof、Maxim、citimobile
葡萄牙	Uber、Bolt、Lime、VOI
西班牙	Uber、Cabify、Dott

续表

国家或地区	主要网约车公司
非洲	Uber、Bolt、inDrive、Little、SafeBoda、Wasili、PTG Travel、HAVA
伊朗	sapp
卡塔尔	karma Taxi、Uber、careen、Metro Express
印度	Ola、Uber
韩国	Kakao Mobility、Uber
澳大利亚	Uber、Ola、DiDi
新西兰	Uber

1. Uber实现持续多季度盈利

全球最大网约车平台Uber在2023年第二季度实现首次盈利，并连续三个季度实现盈利，实现了首次全年盈利。2023年第二季度，叫车订单首次超过疫情前水平。在第二、第三、第四季度，Uber分别实现营业利润3.94亿美元、2.21亿美元、14.29亿美元。此前，Uber报告了近300亿美元的亏损。Uber在投资方面也实现了一定的收益，包括对Aurora、DiDi、Joby和Grab的投资。截至2023年12月，Uber的技术平台为全球约70个国家提供服务。出行板块的总订单成交金额2023年显著增长，达到19.285亿美元，同比增长约32%。调整后EBITA 2023年为4.963亿美元，同比增长50%。具体来看，成本和费用（不包括折旧和摊销）为22.457亿美元，外卖骑手补贴增加1.6亿美元，保险费用增加1.4亿美元。Lyft与Uber的差距进一步拉大。

2. 滴滴国际化业务发展迅猛

自2018年起，滴滴国际业务覆盖14个国家和地区，包括网约车出行服务及外卖服务，2018~2022年的年均复合增速达94%，国际业务占比达到5%左右。2023年，国际业务的GTV同比增长41.8%，达到706.29亿元人民币。国际业务的收入同比增长33.8%，达到78亿元人民币。全年国际业务净利润为5.35亿元人民币，经调整EBITA（息税前利润）亏损21.63亿元人民币。2024年第一季度，滴滴的国际出行业务继续高歌猛进，实现收入 24.33 亿元人民币，同比增长 43.9%。

3. Bolt 成为非洲强者

Bolt 于 2016 年在南非推出，在非洲 7 个国家提供叫车和送货服务，包括南非、尼日利亚、加纳、肯尼亚、乌干达、坦桑尼亚和突尼斯。Bolt 非洲平台上拥有超过 4700 万名乘客和 90 万名司机。Bolt 的企业旅行部门 Bolt Business 也已在尼日利亚、南非、加纳、坦桑尼亚和肯尼亚推出，为当地居民提供安全且负担得起的出行方式。Bolt 平台佣金率为 15%~20%。另外，Bolt 为新用户提供了补贴支持。

4. Grab 出行业务占比下降

2023 年，Grab 的总交易额（GMV）为 210 亿美元，同比增长 5%；营业收入为 23.59 亿美元，同比增长 65%，较 2021 年增长 112%。公司尽管收入增长，但 2023 年、2022 年和 2021 年分别亏损 5 亿美元、17 亿美元和 36 亿美元。2023 年 Grab 的出行业务收入在总收入中占比为 36.8%，而 2022 年和 2021 年分别为 44.6%和 67.6%。Grab 致力于通过技术创新与合作来推动业务增长，包括数字银行和金融服务领域。公司通过收购和开展战略合作来巩固其市场地位，例如收购了马来西亚的 Jaya Grocer 连锁超市。种种举措表明，起家于出行业务的 Grab，正在积极地拥抱多元化，以期摆脱连续亏损的境地。

（三）国际网约车政策环境分析

1. 网约车司机的劳动保障

欧美各国对网约车平台与司机之间的关系持不同的态度。网约车平台从业人员具有变化性和复杂性等特征，各国理论界和实务界就平台从业者的雇员身份认定尚未达成一致意见，对于司机和网约车平台之间的关系认定有不同的判定结果。这也使得平台与从业人员之间的关系欠稳定，需要进一步对两者之间法律关系的性质作出类型化的法律调整。

在美国网约车司机的权益因州而异，主要体现在司机的法律地位、收入保障、福利待遇以及工作自由度等方面。例如，加利福尼亚是最早对 Uber

司机的法律地位进行讨论的州之一。2020 年，加利福尼亚通过了 AB5 法案，试图将 Uber 司机重新认定为雇员，以确保他们获得更好的劳动保障和福利。然而，随后通过的 Prop 22 公投又将 Uber 司机继续认定为独立承包商，只提供基本的福利，如健康保险补贴和最低收入保障。华盛顿州在 2022 年 4 月通过了一项法律，规定了 Uber 和 Lyft 网约车司机享受的最低收入标准，包括每英里 1.17 美元、每分钟 34 美分和每单 3 美元的最低标准。司机还可以享受带薪病假、家庭医疗假和长期护理项目，并有权获得工伤补偿。

2023 年 12 月，欧盟委员会、理事会和议会就改善平台工作人员工作条件达成协议，其中涉及网约车平台雇员的身份认定，但欧盟各国对平台雇员身份的推定规则仍存在很大争议。由于法国、芬兰等国反对该协议内容，理事会最终没有批准该协议。此前欧盟委员会的新法规草案中，要求 Uber 这样的零工经济平台必须将其雇员归类为“员工”，保障其劳动权益。这项法规的实施将改变 Uber 等平台与司机之间的关系，使司机享有更多的劳动权益。在一些欧盟国家，司机不能作为自由职业者建立自己的顾客群体，也不能自主制定服务价格。当他们通过 Uber 平台提供服务时，就与 Uber 之间形成了一种从属关系。这种关系的确立进一步加剧了对 Uber 的合法性争议。例如，西班牙政府通过限制 Uber 等私人租车服务平台的发展来保护出租车行业的举措是否违反了相关法律。

欧盟强制要求网约车平台与司机建立劳动关系，并实施动态管理，如车辆必须配置行车记录仪，记录司机的工作时间、车辆行驶速度和路径等信息，以供相关机构监督。欧盟法律规定，每行驶 6 小时，司机必须至少休息 45 分钟，每天最多行驶 10 小时，周末也有强制休息时间。如司机不遵守相关法律，将被处以高额罚款。此外，还随机抽查车辆数据记录等，若数据记录中断超过一定时间，公司将被视为违法。上述一揽子计划，切实改善了司机的工作条件和交通运输环境。①

① 侯海军、王馨悦：《欧盟国家调整网约车平台与司机关系的法律制度》，《人民法院报》2024 年 4 月 19 日。

2. 网约车面对的监管压力

不同国家针对 Uber 的制度也有所不同，部分欧盟国家严格监管甚至禁止网约车运营。网约车的进入，挤占了传统出租车的大量市场份额从而遭到强烈抵制。法国、德国、西班牙等国家都曾爆发过大规模的罢工、抗议等，例如，2023 年 6 月，西班牙巴塞罗那的出租车司机封锁街道，抗议欧盟法院的裁决偏袒网约车。德国对以盈利为目的的网约车采取完全禁止的态度，凡是进行车辆客运行为的司机必须持有出租车执照，车辆必须符合出租车标准和安装计价器等设备。法国按照出租车的方式对网约车进行监管，要求网约车经营者只有在获得出租车许可证和出租车牌照的情况下才能从事网约车运营。法国对于出租车的准入要求十分严格，对于经营者、出租车数量、司机培训等都制定了相应的标准。

3. 平台的电动化比率

对网约车平台电动化比率的限制，反映了国际社会对减少交通碳排放和应对气候变化的共同努力，同时也推动了网约车行业向更环保的运营模式转型。随着技术的进步，加上政策的支持，未来几年内网约车平台的电动化率将显著提高。一些网约车平台已经提出了全面电动化的目标。例如，Uber 计划到 2030 年在美国、加拿大和欧洲市场实现全面电动化运营，到 2040 年在全球其他市场实现全面电动化运营。Lyft 也提出到 2030 年在美国和加拿大市场实现全面电动化运营的目标。

不同国家和地区对网约车平台的电动化比率要求各不相同。在美国，纽约市于 2023 年 8 月宣布，到 2030 年所有网约车必须使用电动汽车和无障碍车辆。从 2024 年开始，纽约市要求 5%的高频网约车行程使用电动汽车或无障碍车辆，这一比例将逐年递增，力争 2030 年达到 100%。[①] 美国加利福尼亚清洁空气监管机构发布了一项规定，要求到 2030 年 Uber 和 Lyft 叫车平台上 90%的车辆必须是电动汽车。这一标准从 2023 年开始逐步实施，第一年要求该州有

① 《全球首个要求网约车电动化　纽约市将到 2023 年实现》，中关村在线，2023 年 8 月 17 日。

2%的网约车为电动汽车，2027 年提升到 50%，2030 年达到 90%。[①]

在东南亚，最大的打车租车服务供应商 Grab 正在尝试推广电动汽车。目前，在新加坡 Grab 已经推广超过 200 辆电动汽车；2019 年 12 月，Grab 与印尼政府达成合作意向，将在雅加达地区开展电动汽车及电动自行车试点。印度共享租车独角兽 Ola 肩负电动车推广任务，提出了推广 100 万辆电动汽车的目标，并且专门成立了为商用电动汽车提供充电解决方案的子公司 Ola Electric。[②]

（四）国际网约车发展趋势

1. 主副业务搭配，交叉销售盛行

国外网约车公司不约而同地选择了以网约车为主、积极拓展辅助业务的发展战略。例如，Uber 的“网约车+外卖”、Lyft 的“网约车+自行车/滑板车”、Grab 的“网约车+外卖/金融”等。

服务多样化使得消费者不同的需求可以在一个平台上都得到满足，从而增强用户黏性和平台的使用频率。Uber 外卖配送业务吸引了新消费者加入，其中超过 60%的首次选择外卖配送服务的消费者是 Uber 平台的新用户。使用移动出行和外卖配送服务的消费者平均每月产生 10.5 次出行，而仅使用单一服务的消费者平均每月产生 5.0 次出行。这表明，当消费者使用多种服务时，他们的平台参与度和忠诚度更高。Uber 还推出了 Uber One 会员计划。这是一个跨平台的会员项目，为会员提供折扣、特殊定价、优先服务和独家福利，涵盖了 Uber 的出行、外卖配送服务。这种会员计划旨在提供无缝且有回报的消费体验，鼓励用户更频繁地使用 Uber 的多种服务。

Grab 的数字金融业务也开展得很顺利。Grab 在新加坡与 Singtel 合作成立了 GXS Bank；在马来西亚与多家合作伙伴共同成立了 GXBank，为司机和乘客提供包括储蓄账户、数字贷款产品（如 FlexiLoan）在内的一系列数字

---

① 《美国加州要求 2030 年前网约车 90%必须使用电动汽车》，新浪财经，2021 年 5 月 21 日。

② 《国外网约车掀起电动化浪潮　全球新能源汽车竞争正在提速》，搜狐网，2020 年 9 月 15 日。

银行服务。Grab 还基于生态飞轮（Grab Ecosystem Flywheel）连接起数百万消费者、司机和商户合作伙伴，创造了一个充满活力的生态系统。随着平台上服务类型的增加，消费者参与度提高，这反过来又为司机和商户合作伙伴创造了更多的机会。

2. 积极践行 ESG 要求

绿色发展成为网约车公司的共识。Lyft 提出了到 2030 年底平台上 100%的出行都使用电动汽车的目标。为了实现这一目标，Lyft 制定措施鼓励司机使用电动汽车，扩大了“Express Drive EV”租赁项目范围，并帮助司机选择快速充电折扣服务。Lyft 推出了“Green”服务，允许乘客选择电动汽车或混合动力车辆，服务范围扩展到北美的近 40 个机场。Uber 提出了一些环境和社会目标，包括到 2025 年其在美国的办公室 100%使用可再生电力，到 2030 年实现公司运营的净零碳排放，到 2040 年成为净零公司。此外，Uber 承诺到 2030 年减少不必要的包装。

在劳动者权益保护方面。2023 年，美国纽约州总检察长办公室发表声明，要求 Uber 和 Lyft 这两家网约车服务商支付 3.28 亿美元的和解金，以应对关于纽约州网约车公司非法克扣司机工资，以及未能提供强制带薪病假的指控。Lyft 致力于增强员工队伍的多样性，并通过各种伙伴关系和招聘计划来吸引人才。该公司的“女性+连接”项目得到了市场的积极响应，并已在美国 50 多个城市推出。

此外，各网约车平台在数据隐私和知识产权保护、金融合规等方面积极响应本地化政策，制定完备的发展方案。

二　国际共享（电）单车市场发展情况分析

（一）市场整体情况

1. 北美市场

北美市场早期出现的共享单车品牌是 Bixi 和 Jump。Bixi 是 2009 年在加拿大成立的共享单车企业，总部位于蒙特利尔。Bixi 是北美地区的行业领导者并促进了美国、加拿大和墨西哥的共享两轮车市场发展。Jump 是 2010 年成立于美国纽约的无桩共享单车公司。自 2017 年开始，北美市场共享单车市场规模逐渐扩大，各品牌百花齐放，如 Spin、Bird、Lime、Jump 等。中国共享单车品牌于 2017 年下半年进入北美市场。2017 年 8 月，ofo 小黄车在西雅图正式运营。2017 年 9 月，摩拜单车开启在美国首都华盛顿的运营，正式开拓北美市场。

2018~2019 年，北美的共享单车市场快速发展。各大公司积极开拓市场。美国的共享单车市场主要由一些知名的公司主导，如 Lyft、Uber、Lime 和 Bird 等，这些公司的市场份额较大。Lyft 是一家美国的共享出行公司，业务涵盖了共享单车、共享汽车等。Lime 是 2017 年 6 月创立于美国旧金山的短途出行共享平台。公司起初提供共享单车服务，而后业务拓展至共享滑板车、电动单车以及共享汽车，已经成为美国最大的短途出行共享平台。

北美市场的共享单车业务覆盖多个城市，包括但不限于旧金山、洛杉矶、纽约、华盛顿特区、芝加哥、波士顿、休斯敦、西雅图等。北美市场的共享单车用户偏好于便捷、舒适和环保的出行方式；同时倾向于选择那些维护良好并且价格合理的共享单车服务平台。例如，Uber 发现人们在早晚出行高峰（上午 8~9 时、下午 5~6 时）更愿意使用 Jump 电动自行车而非 Uber 网约车，因为“电动自行车+地铁”等方式的效率更高。

2020 年至今，北美地区大部分共享单车公司经营状况和财务情况都不太乐观，主要原因有疫情影响、市场竞争激烈、运营成本高、监管政策严格等。中国共享单车摩拜和 ofo 早在 2018 年就陆续退出北美市场。Bird 于 2023 年 12 月在佛罗里达州申请破产保护。目前实现盈利的公司是 Lime。Lime 在 2023 年的预订总量同比增长 32%，交易额达到创纪录的 6.16 亿美元，调整后的 EBITA 增长超过 500%，超过 9000 万美元。市场竞争非常激烈，为此，各家公司都需要不断创新。

总的来说，北美的共享单车市场充满挑战和机遇，随着技术的进步，未来企业会有更多的创新和突破。

2. 欧洲市场

欧洲市场早期出现的共享单车品牌是 Vélib' 和 Nextbike。Vélib' 是法国的一家共享单车企业，成立于 2007 年。Vélib' 的出现推动了共享单车的迅速发展。Nextbike 于 2004 年成立，总部位于德国莱比锡，专注于自行车租赁业务。随后，欧洲市场的共享单车品牌越来越多。Tier 公司于 2018 年成立，总部位于德国柏林，是欧洲最大的共享电动车供应商之一。而美国的公司 Lime 也在欧洲的多个城市推出了共享电动滑板车服务。中国共享单车品牌摩拜于 2017 年 6 月进入英国市场，ofo 于 2017 年 4 月进入英国市场。中国香港的共享单车品牌 Gobee. bike 于 2017 年 10 月进入法国市场。

欧洲共享单车市场覆盖了多个国家和地区，包括但不限于英国、法国、德国、意大利等。在这些地区，共享单车服务范围通常在市内，帮助市民和游客解决短途出行问题。欧洲市场的共享单车出行受多重因素影响，包括地理位置、气候条件、文化习俗等。例如，一些欧洲城市的居民更倾向于在日常通勤场景使用共享单车，而另一些人则可能更喜欢在休闲场景使用共享单车。此外，一些欧洲城市的居民也更倾向于使用电动单车，因为电动单车可以提供更远距离的出行服务。

2018~2019 年，欧洲的共享单车市场面临一些挑战，包括但不限于大量自行车被损坏和盗窃、运营策略不当等。香港品牌 Gobee. bike 在法国仅四个月内就有 60%的车辆遭到损坏和偷盗，难以维系正常运营，最终于 2018 年 2 月被迫退出法国市场。摩拜在被美团收购一年以后全面退出欧洲市场。2018 年 7 月，ofo 退出德国、西班牙市场，并计划全面退出欧洲市场。然而，也有一些企业通过转型扩增形成市场优势。例如，共享滑板车企业 Lime 接受了共享汽车服务平台 Uber 的 1. 7 亿美元投资，并接手 Uber 旗下共享电动自行车和滑板车品牌 Jump 在欧洲市场的业务。

总的来说，欧洲的共享单车企业面临着一些挑战，但增长势头依然强劲。随着技术的进步和绿色出行需求的增加，共享出行行业将持续发展。

3. 东南亚市场

东南亚地区的共享单车企业起步较晚，但发展速度较快。早期出现的共享单车品牌是 OBike、SG Bike 和 Anywheel。OBike 是成立于 2017 年的新加坡共享单车公司。它较早就在东南亚市场推广共享单车模式。SG Bike 和 Anywheel 都是于 2017 年在新加坡成立的共享单车公司。同年，中国共享单车品牌摩拜和 ofo 进入东南亚的新加坡、泰国、印度和马来西亚等市场。哈啰单车子品牌 Hello Ride 于 2022 年 7 月进入新加坡市场。

东南亚共享单车市场的主要业务包括提供短途出行解决方案，特别是在城中心区。Anywheel 公司的无桩共享单车业务，为人们提供了具有便捷性、经济性、环保性且亲子友好（后座有儿童座椅）的共享单车出行服务。东南亚共享单车市场的发展潜力大、前景广阔。OBike 在新加坡、马来西亚和泰国等地区开展业务，并在这些地区的共享单车市场占据领导者地位。2024 年 1 月，中国哈啰单车旗下子品牌 Hello Ride 的车队规模扩大了 9 倍，将新加坡共享单车市场的竞争热度再度推高。

东南亚地区的出行偏好因地区和文化差异而有所不同。一些地区的居民更喜欢摩托车或出租车等更为便捷的出行方式，而另一些人则更倾向于选择环保和经济的自行车等出行方式。东南亚气候炎热且多雨，这给自行车的维护和使用带来了一定的困难。此外，东南亚地区的道路基础设施与中国相比还有待改善，比如自行车专用车道较少，以及随骑随停的便利性可能会影响城市的交通秩序。

东南亚市场上共享单车公司的经营状况受到多重因素的影响，包括各地的政策法规、市场需求和竞争态势等。由于市场竞争激烈，不少公司都处于亏损状态。OBike 公司于 2018 年 6 月因资金链断裂和监管问题而陆续关闭海外业务。摩拜和 ofo 分别于 2019 年 3 月和 4 月退出新加坡市场。2024 年 3 月，SG Bike 官网发布公告称，该平台将于 4 月 30 日停止运营。

总的来说，东南亚市场的环境有其特殊性，但是共享单车以便捷性和环保性，已经在这些地区取得了一定的成功，并且有望在未来进一步发展。截至 2024 年 6 月，新加坡获得一级经营执照的两大共享单车品牌 Anywheel 和 Hello Ride 共拥有约 4 万辆共享单车。可以预见的是，新加坡的共享单车市场将由小绿车（Anywheel）和小蓝车（Hello Ride）主导。

（二）海外共享两轮车的发展特点

1. 出行“前后一公里”的定位更加清晰

近年来，随着城市化进程的加速和人们环境保护意识的增强，越来越多的地区开始将共享单车作为一种补充公共交通的方式。这种趋势的出现主要是为了解决公共交通系统“前后一公里”问题，通过智能化的管理和运营，使得共享单车能够更好地融入城市交通系统，从而提高城市公共交通的运行效率。

北美市场的共享单车，通常被视为短途出行（5 英里以内的出行）和公共交通的补充，在出行方式中占比近 60%。欧洲市场中，一些城市的公共交通系统与共享单车公司合作，允许乘客使用特定的交通卡或应用程序来解锁身边的共享单车。东南亚共享单车市场的业务范围主要包括提供短途出行解决方案，特别是在市中心区。通常用户可以通过智能手机上的应用程序来完成单车解锁和支付操作，为人们提供了极大的便利。此外，这些公司还通过与当地政府合作，不断扩大业务范围和服务网络。

一是弥补公共交通不足，提升公共交通系统的服务水平。公共交通系统能够满足大部分人的出行需求，但难以解决“前后一公里”问题，无法直接到达用户的最终目的地。此外，在一些人口密集的城市中心，公共交通可能会遇到严重的拥堵问题，而共享单车更为灵活，有利于缓解交通拥堵问题。

二是提高出行效率。共享单车作为一种便捷的交通工具，可以满足短途出行需求，大大提高了人们的出行效率。特别是在一些大城市中，当人们往往需要在多个地点间频繁移动时，共享单车能很好地满足这一需求。相较于公共交通，共享单车具有更高的灵活性和便捷性，无须受制于公共交通的时间表和路线。

三是环保和节能。共享单车作为一种绿色出行方式，具有显著的环保和节能特性，符合全球可持续发展趋势。首先，从环保角度，共享单车在有效减少空气污染的同时，也可以节省能源，降低出行成本。其次，从节能角

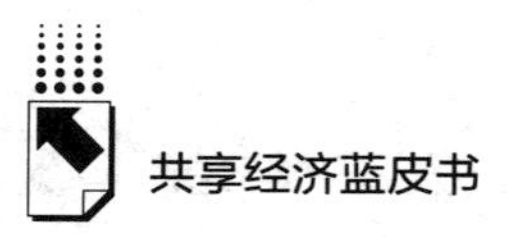

度，共享单车能够帮助人们减少能源消耗。此外，共享单车还有利于提高人们的健康意识，从而间接地促进节能生活方式的形成。

2. 电单车成为车队重要补充

全球范围内共享电单车作为一种新兴的交通出行方式，受到了用户的广泛欢迎。全球范围内共享电单车的使用快速增加，尤其是在欧洲市场，共享轻量电动出行服务自 2019 年以来开始流行，并且市场规模持续扩大，增长速度非常快，仅一年的时间增速就达到 35%。据东兴证券测算，到 2025 年共享电单车行业规模有望达到 405 亿元，年均复合增长率为 36.6%。

2022 年，北美至少有 401 个城市拥有共享滑板车或共享自行车系统，其中 90%属于美国。美国拥有北美最大的共享单车市场，约占自行车共享系统（包括电动自行车）的 55%。2022 年，美国共享自行车出行总人次为 5.8 亿人次，其中电助力共享自行车出行人次占 47%，同比增长 63%，发展迅猛。在同时拥有电动自行车和脚踏自行车的系统中，电动自行车的骑行率比传统自行车高出约 56%。从投放数量来看，共享电动自行车的数量同比增长 71%，共享电动滑板车数量增长了 28%。

近年来，欧洲共享电动单车市场发展迅速。在巴黎，最有名的共享自行车平台是 Vélib’。Vélib’ 自 2018 年开始提供电动自行车服务。Vélib’ 在巴黎拥有 12000 辆自行车，包括 2500 辆电动自行车，并提出力争将自行车总量提高到 2 万辆。随着电动自行车数量增加，巴黎成为全球共享电动自行车领域的领导者。

根据 Statista 数据，2018~2022 年，亚太地区依旧是电动自行车最大的市场，2022 年占据近 70%（199.06 亿美元）的市场份额。南亚地区电动自行车市场主要集中在印度。印度的共享电单车市场有着较大的增长潜力。2022 年以来，印度制定更换电池政策，以加速推动电动车的普及。这有助于解决电动车使用中的关键问题，如电池更换等，从而促进共享电单车发展。

总的来说，在堵车、停车难问题日益增多的背景下，电动自行车在短距离出行、缓解交通拥堵、减少停车困扰、节约成本等方面具备不可替代的优势。

3. 智能化技术助力共享单车变革

近年来，随着科技的快速发展，全球共享单车行业迎来了智能化的变革。人工智能技术的应用，使共享单车等交通工具的性能和安全性显著提升，同时也为共享出行提供了更为便捷、高效的解决方案。智能车锁技术的应用，解决了单车定位、无线通信和防盗等问题，为共享单车“无桩化”运营提供了技术保障，成为推动共享单车迅猛发展的重要因素。此外，通过大数据、云计算等先进技术的应用，可实现共享汽车的智能化管理和调度，不断拓展应用场景，提供更多样化的出行选择。

在欧美共享单车市场，推动智能化发展的初创公司和区域参与者主要包括 Lime 和 Tier。对于 Lime，其主要策略包括与当地关键利益相关者合作，并部署一批配备 GPS、无线技术等的智能自行车。这些智能自行车能够提供精确的位置识别，降低车辆丢失率，并追踪车辆位置，以实现有序停放等城市管理目标。Tier 则与荷兰交通应用程序 Gaiyo 合作，制定智能技术解决方案，优化电动单车服务。

共享单车智能化发展的背后是多方面因素的共同作用。首先，技术创新是推动共享单车智能化发展的核心动力；其次，政策的支持也是不可或缺的；最后，市场需求的增长也促进了共享单车的智能化发展。这些因素共同推动着共享单车行业朝更高效、更智能、更便捷的方向发展。

4. 行业经历新一轮的破产重组

近年来，国际共享单车行业经历了疫情的“寒冬”，一些企业正在缓慢恢复，一些企业则开启了新一轮破产重组。在北美市场，2023 年 9 月，Bird 被纽交所摘牌，12 月，Bird 在佛罗里达州申请破产保护，Bird 的竞争对手美国共享电动滑板车 Micromobility 也被纳斯达克摘牌。2018 年，Uber 以 2 亿美元收购 Jump。2020 年 Uber 在投资共享电动滑板车公司 Lime 时，将 Jump 卖给了 Lime。2019 年 2 月 Lime 的估值高达 24 亿美元，而在接受 Uber 投资时估值降至 5. 1 亿美元。在东南亚市场，SG Bike 于 2019 年斥资 250 万新元收购了摩拜单车在新加坡的业务，包括当地运营牌照和车队，单车数量

达到2.5万辆。受疫情影响，SG Bike发展困难，一直处于亏损状态，2022年亏损额达到550万美元。SG Bike于2024年4月宣布停止运营。

一是市场竞争激烈。共享单车行业竞争非常激烈，许多公司为了抢占市场份额，不惜投入大量的财力和人力。除了传统的共享单车外，还出现了共享电动滑板车等新型交通工具，市场竞争更加激烈。

二是运营成本高。共享单车的运营成本较高。无桩模式使得单车容易被盗窃和破坏，因此运营公司需要承担额外的维修和更换费用。此外，还需要支付因违规停车而产生的罚款，运营成本进一步增加，导致公司难以盈利。

三是法规限制。各国的法规对共享单车行业的限制较多，共享单车行业的监管环境也不断变化，对共享单车行业的监管越来越严，这也增加了共享单车公司的运营难度。例如，一些城市限制了运营商投放的自行车数量，使得共享单车公司在某些地区的覆盖度不足，难以满足用户需求。

四是资金链断裂。共享单车行业的竞争非常激烈，很多企业进行了大规模的投资，这使得其财务状况变得紧张。共享单车企业往往将用户的押金作为资金来源，但随着监管政策的收紧，这种资金筹集方式受到限制。随着市场竞争的加剧和管理问题的暴露，共享单车品牌的资金链开始出现问题。资金链断裂通常意味着企业的现金流不足以支付其日常运营费用或债务，导致企业破产或倒闭。

（三）海外共享两轮车的政策环境

1. 北美地区政策环境

（1）共享单车

在北美地区，对共享单车的监管政策因地而异，但主流趋势是为了避免人行道堵塞和其他公共秩序问题，对共享单车的运营进行了一定程度的限制。在纽约市，无桩自行车共享业务几乎被禁止。[①] 纽约市要求共享单车企业根据城市特点、公众出行需求和互联网租赁自行车发展定位，研究建立与

① 《共享单车巨头在美国受到更严格的法规约束》，网易，2018年3月18日。

城市空间承载能力、停放设施资源、公众出行需求等相适应的车辆投放机制。共享单车企业需要及时清理违规停放、存在安全隐患、不能提供服务的车辆，并根据停车点车辆饱和情况及时调度转运车辆，以满足用户用车停车需求。旧金山对共享电动自行车的运营制定了详细的准入标准，包括保险、自行车质量、环保材料、安全性及投放计划等，均需要向政府报备。西雅图市政府为了保证共享单车的有效管理和骑行者的安全，出台了一系列法规，包括安全要求、停放规则、最低投放量、需要向政府缴纳的费用等。例如，共享单车企业获准将投放到市内街道的共享单车数量翻一番，每家公司至少需要在市内投放 500 辆共享单车。① 这反映了各地政府均在尝试平衡共享单车带来的便利性和潜在的公共秩序问题之间的关系。

表 2　共享单车区域政策分析

政策	北美	澳大利亚	欧洲	东南亚
对违规停放用户进行处罚	—	悉尼针对共享单车公司出台新规，表示将对违规停放用户进行处罚	—	新加坡政府针对违规停车半天以上的单车，会扣押该单车并向其所属公司收取违规停放费用
对产品标准进行规范	—	—	欧盟对共享单车的产品标准进行了规范，如 EN15194 标准	—
对运营规范进行限制	美国各州或城市为避免公共秩序问题，对共享单车的运营进行一定程度的限制	—	—	—

（2）共享电单车

美国很多城市针对共享电单车都建立了比较合理的监管机制，采取了以

① 《共享单车在海外 | 美国的监管机制》，搜狐网，2018 年 3 月 15 日。

政府为主体发放牌照的方式。旧金山市对共享电单车的监管较为严格，要求运营企业办理商业许可证，并遵守特定的运营规则，包括限速、夜间禁行等。此外，旧金山还制定了详细的准入标准，包括保险、自行车的质量（要求自行车能使用5年以上），同时要求自行车材料的环保、安全及投放计划等都需要向政府报备。西雅图市采取了准入形式，允许三家企业按照政府的一定标准获得牌照，并根据政府规定的数量和步调进行投放。例如，规定每英里不能够超过一定数量的单车，并逐步增加投放量，以避免资源浪费。洛杉矶市要求共享电单车运营企业获得商业许可证，并遵守特定的运营规则，包括限速、夜间禁行等。此外，洛杉矶市还对共享电单车的停放进行了管理，要求企业在指定区域内停放，不得随意放置在人行道或其他公共空间。纽约市对共享电单车的监管政策也相当严格，要求运营企业获得商业许可证，并遵守特定的运营规则。纽约市还对共享电单车的停放进行了管理，要求企业在指定区域内停放，不得随意放置在人行道或其他公共空间。

（3）共享电动滑板车

在美国，共享电动滑板车的监管政策主要由各州政府制定，而不是联邦政府。因此，不同的州和城市可能有不同的共享电动滑板车管理制度。[①] 对于共享电动滑板车的使用，一些州规定最低年龄为8岁、12岁、16岁或18岁，一些州只要求佩戴头盔，也有的州既设定了最低年龄限制也提出了佩戴头盔要求。共享电动滑板车使用速度限制在20公里/小时（12.5英里/小时）到32公里/小时（20英里/小时）。[②]

各地的法律法规通常会涉及以下几个方面。①年龄限制，一些城市规定了使用共享电动滑板车的最低年龄。②头盔要求，部分地区要求使用者佩戴头盔。③速度限制，为了确保安全，许多城市对共享电动滑板车的最快速度设有上限。④停车规定，共享电动滑板车必须在指定区域内停放，不得随意放置在人行道或其他公共空间。⑤运营许可，运营商需要获得相应的许可证

---

① 《硅谷抄袭中关村？起底美国爆火的共享电动滑板车》，界面新闻，2018年7月17日。

② 《微移动出行，碳达峰背景下宜居城市的健康出行选择》，SUTPC深城交，2021年10月14日。

才能在城市内运营共享电动滑板车。洛杉矶市要求共享电动滑板车运营商获得商业许可证，并遵守特定的运营规则，包括限速、夜间禁行等。[①] 奥兰多市对共享电动滑板车的运营进行了规范，要求运营商遵守一系列的安全标准，并对违规行为进行处罚。华盛顿特区允许共享电动滑板车在特定区域内运营，但要求运营商遵循一定的管理规定，包括车辆登记、保险要求等。随着共享电动滑板车数量的增多，安全事故频发，美国多个城市先后出台共享电动滑板车的严厉限制禁令，如除了控制共享电动滑板车投放数量之外，企业还需要缴纳一定的税费。

表 3　美国各州对共享电动滑板车的法律规定

项目	规定	州
道路使用	禁止上街	特拉华、艾奥瓦、宾夕法尼亚
	禁止上人行道	堪萨斯、蒙大拿、内布拉斯加、纽约、北达科他、俄克拉何马、佛蒙特
	人行道可通行（明确注明）	亚利桑那、艾奥瓦、北卡罗来纳、罗德岛、威斯康星
速度限制	15 英里/小时	阿肯色、加利福尼亚、夏威夷、纽约、明尼苏达、新泽西、俄勒冈、犹他、华盛顿
	20 英里/小时	亚利桑那、康涅狄格、佐治亚、印第安纳、艾奥瓦、缅因、马里兰、马萨诸塞、俄亥俄、威斯康星
	25 英里/小时	密歇根
	30 英里/小时	佛罗里达、密苏里
运营许可	车管所注册	夏威夷、路易斯安那、北卡罗来纳
	需要驾照	亚拉巴马、阿拉斯加、加利福尼亚、堪萨斯、路易斯安那、缅因、马萨诸塞、密苏里、北卡罗来纳、俄勒冈、田纳西
年龄限制	12 岁+	密歇根、明尼苏达、犹他(8 岁+)
	14 岁+	亚拉巴马、弗吉尼亚
	15 岁+	夏威夷
	16 岁+	阿肯色、哥伦比亚特区、佛罗里达、伊利诺伊、肯塔基、密苏里、内华达、俄亥俄、俄勒冈、华盛顿

① “Complete US Electric Scooters Laws Guide 2024,” Fluid Freeride，2022。

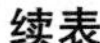
续表

项目	规定	州
头盔要求	<16 岁必须佩戴	康涅狄格(<15)、特拉华、夏威夷
	<17 岁必须佩戴	路易斯安那、新泽西
	<18 岁必须佩戴	亚利桑那、加利福尼亚、明尼苏达、北达科他、俄克拉何马、南达科他
	<19 岁必须佩戴	密歇根
	不需要佩戴（明确注明）	佛罗里达、伊利诺伊、堪萨斯、北卡罗来纳、得克萨斯
	始终需要佩戴	马萨诸塞、俄亥俄、俄勒冈、田纳西

资料来源：The 2022 Comprehensive Guide to Electric Scooter Laws。

2. 欧洲政策环境

（1）共享单车

欧盟对共享单车的产品标准进行了规范，如 EN15194 标准，这是为欧盟指令（Directive 2002/24/EC）提供了依据。此外，还有关于反光片等方面的要求，需要测试并达标，以确保产品的安全性和环保性。欧盟的《通用数据保护条例》（GDPR）对共享单车公司提出了严格的要求。例如，摩拜单车因可能违反 GDPR 而面临德国数据保护监管机构的调查。这表明欧洲政府在数据处理和用户隐私方面对共享单车企业有着严格的监管。一些国家如英国考虑通过限制共享单车企业数量来避免过度拥挤和管理问题。这可能会影响共享单车的扩展速度和服务质量。荷兰政府大力倡导使用自行车作为交通工具，并制定了相关支持政策。这显示了欧洲某些地区对于发展可持续交通的积极态度。受疫情的影响，欧洲共享单车企业损失较大。这促使企业重新考虑策略，如转向自行车和滑板车等业务。

（2）共享电单车

欧洲国家通过购车补贴促进电动汽车普及。德国曾提供纯电动汽车补贴，但该政策于 2023 年 12 月终止。英国曾提供插电混动汽车补贴，但该政策于 2022 年取消。欧盟计划至 2035 年建设快充站网络，并通过了禁售燃油车决议，以推动电动化发展。欧洲国家对共享电单车的使用和管理有着明确的规定，如法国禁止轻型电动车在人行道上行驶，阿姆斯特丹市政府规范共享电单车停放。多国签署宣言，确定 2024 年为自行车年，欧盟将推广使用自行车作为交通脱碳的重点。

表 4　共享电单车区域政策分析

政策	北美	澳大利亚	欧洲	东南亚
以政府为主体发放牌照	旧金山和西雅图都是以政府为主体发放牌照	—	—	—
限制速度	旧金山、洛杉矶等城市要求共享电动单车限速行驶	澳大利亚将自行车分为电动自行车和助力踏板自行车，速度均限制为 25km/h	—	—
提供购买补贴和关税减免	—	—	德国、英国等通过购买补贴来推动电动汽车的普及	泰国免除了电动车的进口税 印尼和泰国决定对每辆电动摩托车提供折合人民币 3000 元以上的补贴 马来西亚政府颁布了针对电动汽车的税收优惠政策 菲律宾提出在未来五年内给予电动摩托车、电动两轮车及其零部件进口关税减免支持
建立快充站	—	—	欧盟计划到 2035 年在主要高速公路上每 60 公里建有一个快充站	—

（3）共享电动滑板车

欧盟规定共享电动滑板车须符合 EN17128 标准，保障安全性能。英国自 2020 年起试点放开共享电动滑板车路权。禁止未成年人租用共享电动滑板车。英国允许共享电动滑板车合法骑行，但自购车不得上路。德国实施条例，正式允许共享电动滑板车上路。法国规范共享电动滑板车使用行为。意大利要求共享电动滑板车配备速度控制等安全装置。

表 5　欧洲各国共享电动滑板车最高速度

国家/地区	最大功率	最高速度
英国	最高 500 瓦	最高每小时 15.5 英里或最高每小时 25 千米
德国	最高 500 瓦	最高每小时 20 千米
法国	不适用	最高每小时 25 千米
意大利	最高 500 瓦	最高每小时 20 千米（商品必须配备速度控制装置，并在说明页上明确申明："此电动滑板车配备了蜂鸣器、转向指示灯、白色或黄色的前灯和红色尾灯，并在双轮上配备了制动器"）
西班牙	不适用	最高每小时 25 千米
瑞典	最高 250 瓦	最高每小时 20 千米
波兰	不适用	最高每小时 20 千米
荷兰	最高 400 瓦	最高每小时 25 千米
土耳其	不适用	最高每小时 25 千米

3. 东南亚地区政策环境

（1）共享单车

新加坡在东南亚地区率先出台共享单车政策，其他国家尚未出台管理规定。新加坡政府支持共享单车发展，与运营商签约。由于新加坡监管趋严，部分共享单车企业退出市场。政府扣押违规停放单车并收取罚金。对于严重违规行为将扣除信用分。海外共享单车企业在运营中需了解当地政策、文化。

（2）共享电单车

菲律宾自 2023 年起五年内减免电动摩托车关税。印尼和泰国为每辆电动摩托车提供超 3000 元的补贴。泰国政府提出到 2030 年电动车渗透率达 50%，免除进口税。泰国内阁批准 EV3.5 政策，支持电动车产业发展。越南政府支持电动车普及，重塑两轮车市场。马来西亚针对电动汽车实施税收优惠政策，2023 年底前对电动汽车免税。

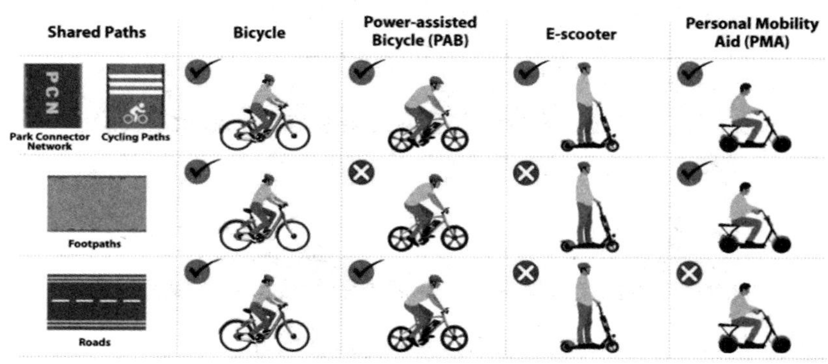

图 2　新加坡个人行动装置上路要求示意

（3）共享电动滑板车

马来西亚禁止电动滑板车上路，以减少安全风险。泰国禁止未注册电动滑板车上路，且规定了其尺寸和速度。印尼鼓励购买电动汽车，以增加市场需求。新加坡取消共享电动滑板车牌照，限制行驶区域，对违规者最高处以 1000 新元罚款。新加坡道路严格区分为机动车道、骑车道、混行道路和人行道。人行道允许自行车和电动滑板车上路，限速 15 公里/小时；人行道不允许电动自行车上路，其他道路电动自行车限速 25 公里/小时。机动车道允许自行车和电动自行车上路。

4. 澳大利亚政策环境

（1）共享单车

澳大利亚地方政府规范共享单车使用行为。悉尼要求共享单车公司按指

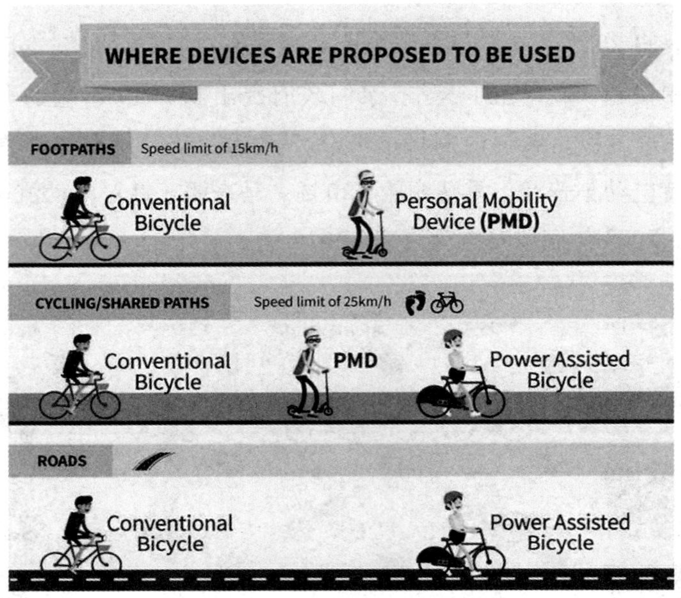

图 3　新加坡各种道路可行驶的代步工具示意

导原则予以整改，引入围栏技术，处罚违规停放行为。运营商需提供维修服务和用户培训。① 墨尔本市制定严格的共享单车政策，设置禁停区，违规停放将被罚款，并加大维修投入。市政府收集共享单车数据，定期向公众发布。

（2）共享电单车

在澳大利亚，电动自行车遵循 25km/h 的速度限制规则。助力踏板自行车功率不超过 250 瓦，需踩踏，重量小于 50 公斤。电动助力自行车功率不超过 200 瓦，6km/h 以上动力降至 25km/h，6km/h 以下仅由电机驱动。② 各州要求电动自行车骑行者须佩戴头盔，若要超速行驶需注册为摩托车且持有相应执照。新南威尔士州仅允许电动踏板和助力自行车上路。此外，新南威尔士州禁止个人电动滑板车、滑板和气垫板上路。

① 《三个月必须整改！悉尼〈共享单车指导原则〉出台》，财经见闻，2017 年 12 月 29 日。

② 《各国 ebike 最新法规及标准总结》，wheelive，2023 年 7 月 7 日。

（3）共享电动滑板车

澳大利亚各州对共享电动滑板车使用有不同的规定。许多城市因共享电动滑板车引发的事故增多而限制个人使用。澳大利亚共享电动滑板车市场的快速增长促使监管政策出台，以确保道路安全和维持公共秩序。

表 6　共享电动滑板车区域政策对比分析

政策	北美	澳大利亚	欧洲	东南亚
限制年龄、速度	美国不同城市有共享电动滑板车最低年龄限制（8 岁、12 岁、16 岁或 18 岁）和最高速度限制（20～32km/h）	昆士兰州规定，共享电动滑板车在人行道限速 12km/h，在自行车道和公路的速度上限为 25km/h。在维多利亚州，电动滑板车骑行者最低年龄限制从 18 岁降至 16 岁	—	—
指定区域停放	共享电动滑板车必须在指定区域内停放，不得随意放置在人行道或其他公共空间	—	—	—
须获得相应许可证	洛杉矶要求共享电动滑板车运营需获得商业许可证	—	—	—
放宽路权限制	—	—	多个欧洲国家开始放宽对共享电动滑板车的路权限制，英国从 2020 年开始在部分城市试点开放路权	—
对产品标准进行规范	—	—	欧盟对共享电动滑板车的安全性有严格规定，必须符合 EN17128 标准	—

续表

政策	北美	澳大利亚	欧洲	东南亚
仅允许在指定区域行驶	—	—	—	新加坡政府仅允许共享电动滑板车在公园衔接道路和自行车道上行驶

昆州对共享电动滑板车实行限速政策：人行道为12km/h，自行车道和公路为25km/h。塔州规定上路的共享电动滑板车需满足尺寸、重量、速度限制等要求。维州将共享电动滑板车骑手最低年龄限制从18岁降至16岁。昆州共享电动滑板车违规者可能面临最高6000澳元的罚款，[①]超速罚款143~575澳元。新州仅限经批准的共享电动滑板车在试验区使用。维州禁止私人电动滑板车在公共道路和人行道上行驶，商用滑板车允许在特定区域内使用。南澳规定若电动滑板车不符合登记标准将禁止其在公共区域使用。西澳允许电动滑板车在人行道和共享道路上行驶，骑手需靠左行驶。骑行者必须佩戴适当的安全装备，包括头盔。骑行者在使用电动滑板车时禁止饮酒。

Micromobility Report显示，澳大利亚各地有超过250000辆个人电动滑板车正在被销售或使用，自2017年以来，澳大利亚微出行市场稳定增长，2022年销量约翻了5倍。[②]

（四）共享两轮车海外经营案例

1. Lime

Lime由孙维耀和鲍周佳于2017年1月在旧金山创立，并快速成为估值超10

① 《昆州将出台严厉新规，电动滑板车面临超$6000罚款！》，搜狐号，2023年10月12日。

② 《骑电动滑板车上路属违规！悉尼男子连收4张罚单，被罚数千澳元》，腾讯网，2023年12月14日。

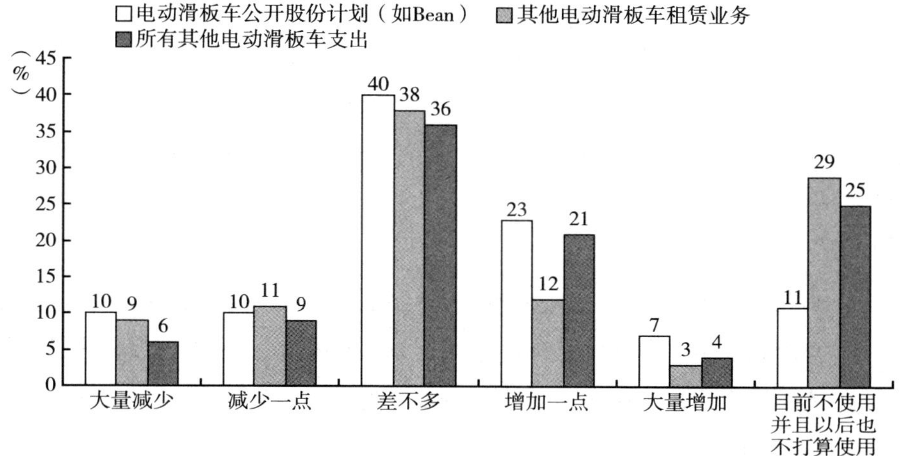

图 4　2022 年澳大利亚电动滑板车使用率

资料来源：《澳大利亚微出行改革》，https：//www.wheelive.cn，2023 年 12 月 21 日。

亿美元的公司，也是美国最大的短途出行共享平台。① 作为全球首家运营三种无桩共享出行产品的公司，其提供电动滑板车、电动自行车和自行车服务。②

Lime 自 2017 年 6 月首次上线后迅速发展，在旧金山每周新增 1~2 个城市，同年 12 月进入国际市场；2018 年 6 月进入巴黎市场；随后扩展至其他欧洲城市，至 2019 年已覆盖 90 多个美欧市场，服务覆盖美国、澳大利亚、新西兰、德国等国。Lime 获得 Uber 投资和支持，并与 Google 成为合作伙伴。Google 在资本、技术和全球化拓展上提供支持，助力 Lime 发展。

Lime 计划于 2024 年投资 5500 万美元以扩大车队规模，在北美、欧洲、澳大利亚新增并替换 3 万辆自行车，并主要分布在悉尼、罗马、西雅图等城市。公司还计划重返希腊和墨西哥市场，探索新业务，开发新型共享车辆。在美国 46 个城市均拥有资源的 Lime，积极拓展电动滑板车业务，2023 年预订量同比增长 32%，创 6.16 亿美元的最高纪录，利润增长超 500%，达

① 《共享出行平台 Lime 完成 3.1 亿美元 D 轮融资》，云财经，2019 年 2 月 9 日。

② 《美国共享短途出行平台 Lime 完成 2.5 亿美元 C 轮融资，估值超 $10 亿美金》，创业邦，2018 年 6 月 8 日。

9000 万美元以上。[①] Lime 拥有“中西合璧”的管理团队，除了两位创始人孙维耀和鲍周佳、CTO 即前 Pinterest 高管 Fan Li 是在海外生活多年的华人外，其余都是背景各异的非华人。Lime 的全球扩张经验为国内共享单车企业提供了借鉴和启示，具体体现在供应链、与政府的关系、本土化运营、多元化产品线等方面。[②]

（1）供应链

Lime 的“中西合璧”主要体现在供应链策略上，通过在中国建立供应链，有效控制成本，快速满足国际市场需求。Lime 在中国的总部位于深圳，此外在昆山、天津也有研发团队。[③] Lime 注重知识产权保护、产品质量控制和与供应商的深度合作，对供应链的把控是其成功的关键之一。作为首家在中国建立供应链的海外公司，Lime 通过自有技术开发，有效降低了成本，避开了零售版产品的高成本问题。

（2）与政府的关系

Lime 非常重视与政府建立良好的关系并开展战略合作。公司努力成为政府的长期合作伙伴。这种积极的关系有助于 Lime 在不同国家顺利开展业务。举例来说，Lime 非常重视与本地的法律法规及政策制定者合作。[④] 与国内有些公司前期井喷式的发展不同，Lime 考虑得更长远，不会选择刚到一个城市就大量投放车辆，而后再处理负面影响。

（3）本土化运营

Lime 真正做到了本土化、主流化发展，根据不同市场的特点开展本土化运营。例如，Lime 在美国市场部署了较多的车辆，并且在西雅图拥有超过 60%的市场份额。这使得 Lime 能真正地理解文化差异，并且在相互的比照中，找出最适合自己的一条道路，尽量少吃几堑、多长几智。

---

① 《Uber 支持的电动自行车初创公司 Lime 计划全球扩张》，金十数据，2024 年 4 月 8 日。

② 《美版“ofo”，如何做到风靡全球?》，搜狐网，2019 年 8 月 24 日。

③ 《对话 Lime CEO 孙维耀：国内共享单车纷纷遇困，这家出海公司却估值 24 亿美元》，网易，2019 年 5 月 7 日。

④ 《获 Uber 等巨头投资，Lime 海外扩张总结摩拜、ofo 教训》，第一财经，2019 年 4 月 12 日。

（4）多元化产品线

Lime 提供多样化无桩共享出行产品，包括电动自行车、电动滑板车等，进一步丰富产品线，还新增电动轻便摩托车，满足城市短途出行需求。根据美国居民消费水平，Lime 设定了较高的单次骑行费用，通过高客单价策略获得稳定收入，以减少对补贴的依赖。同时，通过发放周边产品如头盔吸引用户，增强用户黏性，提升使用频率和满意度。Lime 的多样化服务和高客单价策略满足了不同的城市和用户需求，有利于提高市场占有率和盈利能力。国内企业出海时可借鉴 Lime 的经验，发挥数据处理和技术开发优势，提升竞争力。

2. Hello Ride

Hello Ride 是共享单车公司哈啰旗下的品牌之一。2022 年哈啰单车先后投放新加坡、澳大利亚等市场，使用 Hello Ride 品牌名。

Hello Ride 于 2022 年进入新加坡市场，获得政府认可。同年 7 月，LTA 为其颁发许可证，允许其运营 1000 辆共享单车，一年后扩大至 1 万辆。Hello Ride 注重宣传，推出“Captain Hello”等线上推广活动，并积极参与“Blue Charity Cycling Team”和“Cycle and Clean”等公益活动，以增强品牌影响力和社会责任感。

Hello Ride 的新加坡运营策略为，初期在东海岸公园、滨海湾金沙等热点地区部署共享单车，随着车辆规模扩大至 1 万辆，注重培养本地用户的通勤习惯，重点在住宅区和地铁站等人流密集区域投放车辆。Hello Ride 实行一级定价策略，30 分钟内计 1 美元，之后每增加 10 分钟按 0.50 美元计，这对于短途用户具有吸引力，但对长途用户而言政策不够灵活。公司提供免押金骑行服务，用户绑定支付方式后即可开锁，骑行结束后再支付费用。此外，Hello Ride 建立了信用分制度，通过加分和扣分机制鼓励用户文明骑行。

2023 年 Hello Ride 在悉尼开启澳大利亚首个服务站点，首批在悉尼市区和邦迪海滩投放 400 辆电单车。这些电单车为哈啰单车最新款式，配备力矩传感器，能识别骑行人踏力，轻踏即获得助力，易于操控，最高速度为 25km/h，满足市民骑行需求。Hello Ride 骑行无需押金，采取先绑卡后付费模式，用户可选择单次付费或购买骑行卡享受多次骑行的便利。

业态篇

B.4
2023年中国网络预约出租汽车发展形势分析与展望

顾大松　刘 浩　范越甲*

摘　要：　本报告主要对2023年我国网约车市场发展情况进行了分析。2023年我国网约车市场规模实现较快增长，订单量同比增长30.8%。从供需结构看，网约车用户规模有所增长，同时大量新增运力涌入市场，网约车驾驶员证和车辆运输证的年度增量创新高，多地发布运力饱和预警。从行业格局看，自营平台与聚合平台的规模均保持稳定增长，行业生态更加复杂多样。从监管态势看，多地放宽平台许可和驾驶员许可政策，部分城市实施新能源车辆准入政策，将聚合平台纳入交通运输新业态监管。展望未来，网约车市场规模仍将稳定增长，下沉市场或成新的增长点，司机权益受到高度重视。

* 顾大松，东南大学交通法治与发展研究中心执行主任，中国城市公共交通协会网约车分会会长，主要研究方向为交通法等；刘浩，滴滴出行行业研究总监，主要研究方向为交通运输政策等；范越甲，石家庄市道路运输行业协会专家委员会出行新业态组组长，主要研究方向为网约车行业等。

关键词： 网约车 聚合平台 巡网融合

一 网约车行业发展总体情况

（一）全年网约车订单91.14亿单

2023 年 1~12 月，我国网约车监管信息交互平台累计订单约 91.14 亿单，全年日均订单量 2497 万单，同比增长 30.8%。全年订单量低开高走，整体保持增长态势，并于 2023 年 12 月达到日均 2884 万单的规模，为自 2020 年 10 月公开数据以来历史最高值。

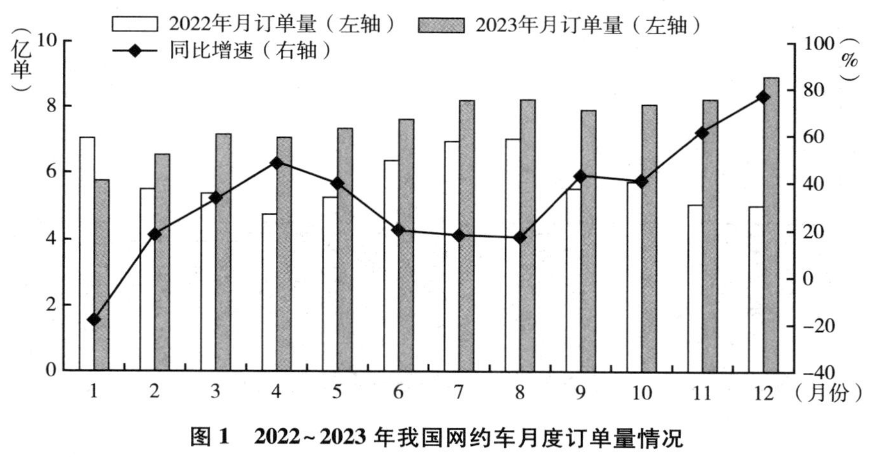

图 1 2022~2023 年我国网约车月度订单量情况

从省份的订单量排名来看，2023 年订单量排名前五的省份分别为广东、浙江、四川、江苏、山东，其中广东省月订单量超过 1 亿单。中心城市订单量排名前五的城市分别为成都、杭州、深圳、重庆、北京。2023 年月度订单成交额过亿元的城市有 38 个，其中单车月均流水最高的五个城市分别是厦门、杭州、深圳、福州、青岛。①

① 《2023 中国网约车市场发展报告》，国交信息股份有限公司，2024 年 4 月。

（二）全年新增39家网约车平台

截至 2023 年底，全国共有 337 家网约车平台公司取得平台证，全年新增 39 家网约车平台公司，与 2022 年的平台新增量（40 家）基本接近。逐月来看，各月的新增平台为 1~5 家，平均每月新增约 3 家。

截至 2023 年底，全国共有 61 家网约车平台累计 180 天未向网约车监管信息交互平台传输数据，占比 18.1%。

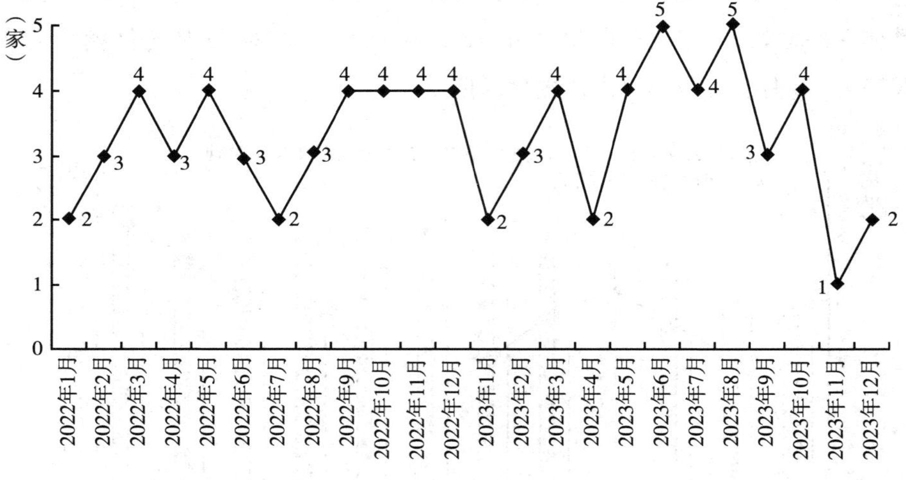

图 2　2022 年 1 月至 2023 年 12 月我国网约车平台许可月度增长情况

（三）网约车驾驶员证增量创新高

截至 2023 年 12 月底，全国各地共发放网络预约出租汽车驾驶员证（以下简称“人证”）657.2 万本，同比增长 29.1%。全年新增人证 148.2 万本，比 2022 年人证增量多 34 万本，创网约车监管信息交互平台数据公布（2020 年 10 月）以来的新高，表明网约车行业合规从业人员数量增长加快。

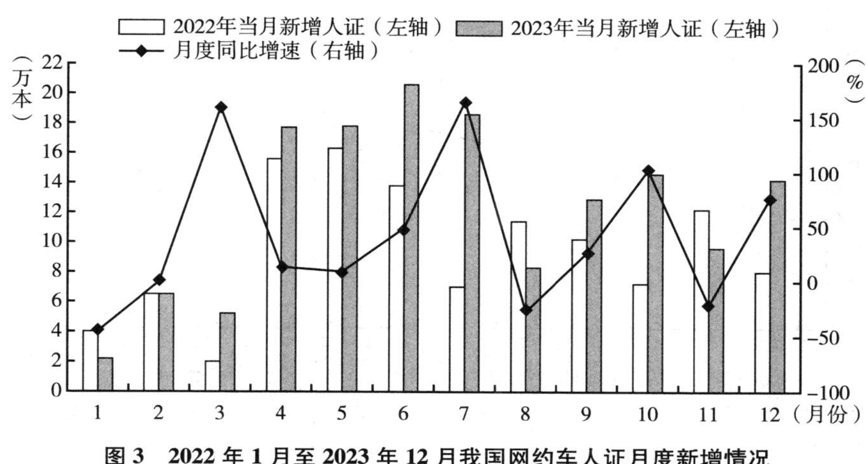

图3　2022年1月至2023年12月我国网约车人证月度新增情况

（四）网约车运输证增量创新高

截至2023年12月底，全国各地共发放网络预约出租汽车运输证（以下简称“车证”）279.2万本，同比增长31.8%，约是巡游车的2倍。① 全年新增车证67.4万本，比2022年车证增量多11.4万本，创网约车监管信息交互平台数据公布（2020年10月）以来的新高，表明网约车行业合规化力度加大。

自2020年10月网约车监管信息交互平台数据公布以来，车证由105.9万张增长至2023年底的279.2万张。对各月车证数据进行拟合，可发现较明显的线性增长趋势，表明近年来网约车合规化进程稳步推进。

2023年1~12月月度人车比②为2.30~2.39，人车比较2022年进一步下降，表明行业的专职化从业特征进一步凸显。

① 根据《中国城市客运发展报告（2022）》，截至2022年底我国拥有巡游车136.2万辆。

② 人车比，即全国发放的网约车人证与车证之比。根据行业经验，专职司机通常办理人证、车证，兼职司机通常只办理人证，因此可用人车比反映网约车行业的专/兼职从业特征。

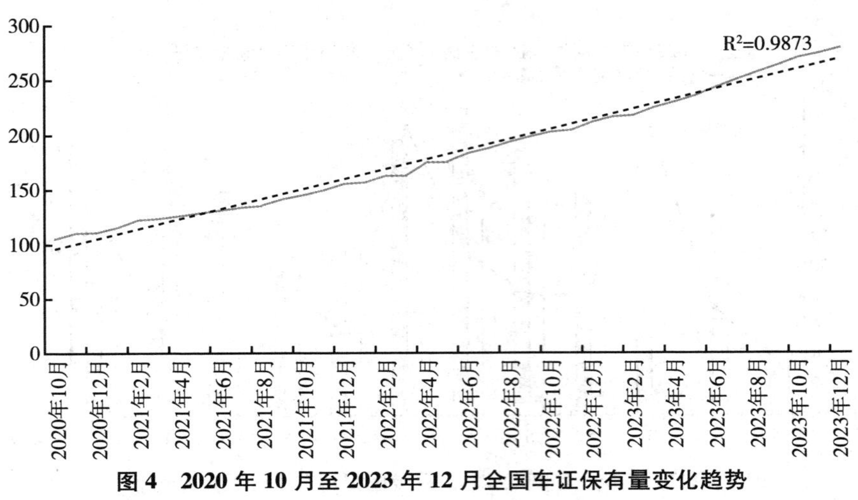

图 4　2020 年 10 月至 2023 年 12 月全国车证保有量变化趋势

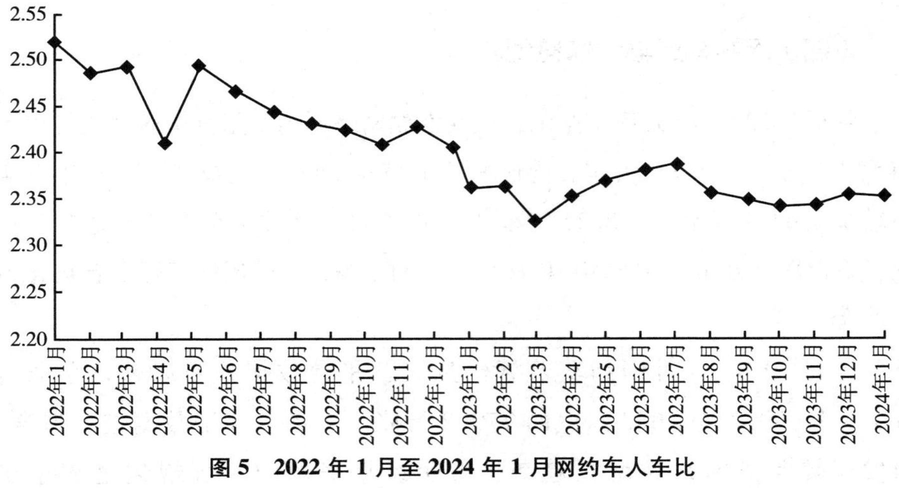

图 5　2022 年 1 月至 2024 年 1 月网约车人车比

（五）网约车的新能源渗透率创新高

据乘联会数据，2023 年，我国出租汽车（包括巡游车和网约车，下同）新车销量达 84.8 万辆，其中，新能源汽车为 74 万辆。据此推算，2023 年出租汽车的新能源渗透率达 87.2%，比社会新能源汽车渗透率高 51.5 个百分点。

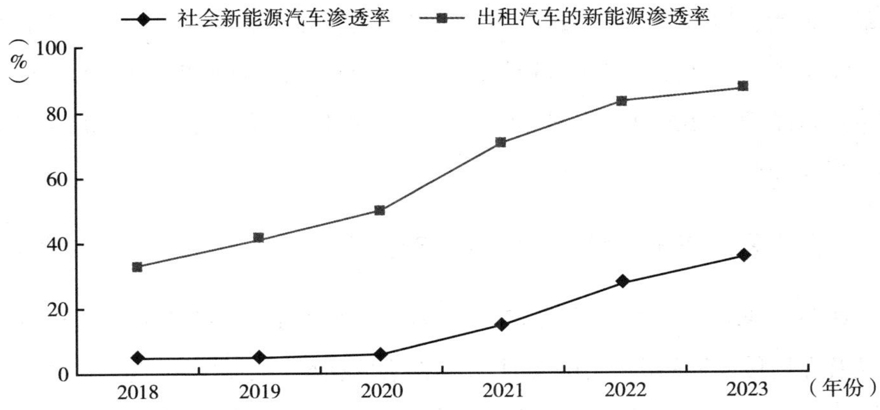

图 6　2018~2023 年社会新能源汽车渗透率和出租汽车的新能源渗透率

从 2023 年出租汽车新车的销售品牌看，排名前十的品牌分别为埃安、比亚迪、北汽、丰田、红旗、风神、几何、别克、起亚、荣威，前十大品牌的新车销量占总销量的比例达 81%。

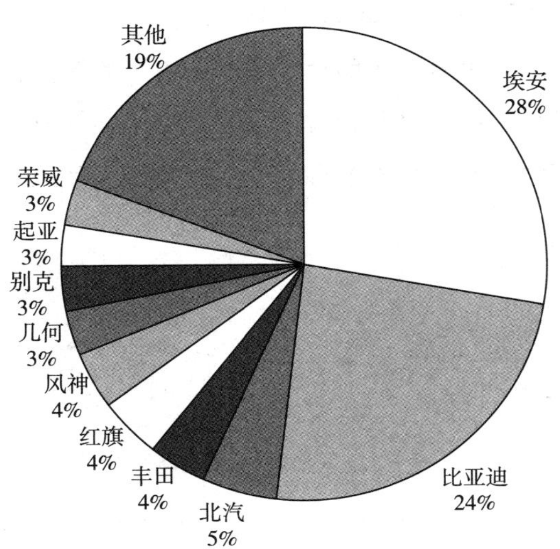

图 7　2023 年出租汽车新车的销售品牌分布

从十大品牌的地域销量分布来看，东北地区主流销售品牌为红旗、起亚和比亚迪，京津沪地区主流销售品牌为北汽、荣威和丰田，华北地区主流销售品牌为比亚迪、埃安和丰田，华东地区主流销售品牌为埃安、比亚迪和几何，华南地区和西南地区主流销售品牌均为埃安、比亚迪和北汽，西北地区主流销售品牌为比亚迪、起亚和埃安，中部地区主流销售品牌分别为比亚迪、埃安和风神。

（六）网约车车辆租金和出租率波动明显

2023 年初，主要城市的网约车发展形势趋于向好。各地网约车租赁公司经营性租赁车辆的出租率明显上升，车辆的租金价格比较稳定。中国公共交通协会网约车分会以南京、广州、深圳、长沙、成都、重庆等重点城市为例，通过典型调查的方式选取部分规模化程度较高的租赁公司作为调查样本。调查结果显示，一年期新车租金保持在 3700~4500 元。国庆节后，网约车市场开始进入淡季，各抽样城市经营性租赁市场行情呈下降趋势，新车出租率明显降低，新车租金普遍下调至 300~500 元/月，5 万公里内的准新车出租率上升，一年期租金为 3000~3200 元。

2023 年 12 月，订单量、客单价下降，导致大批驾驶员有退租意向，样本企业的车辆租赁业务出现下行趋势，鉴于统计时间的滞后性，表现为 2024 年 1 月出租率相较于 2023 年 12 月环比呈现 5 个百分点的较大降幅。

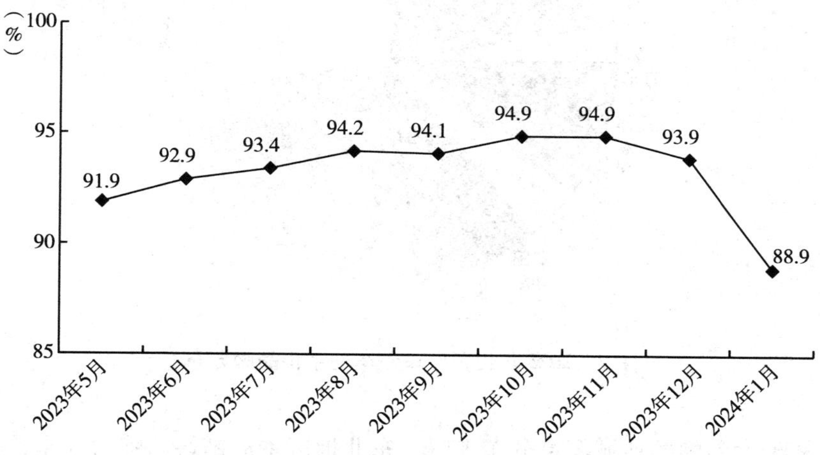

图 8　样本企业车辆月度平均出租率

（七）网约车司机每小时收入前高后低

网约车司机每小时收入（IPH）为网约车司机扣除平台抽成及信息费后所得，能较好地反映网约车司机收入情况，是影响网约车司机特别是全职网约车司机劳动时长的重要因素，也是影响网约车租赁公司市场决策的重要因素。中国公共交通协会网约车分会在近 20 个城市的抽样调查数据显示，2023 年网约车司机的平均 IPH 为 31.1 元/小时。①

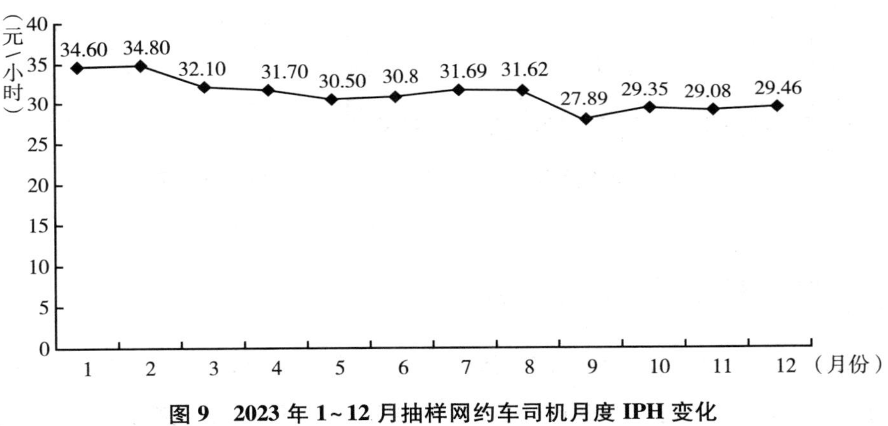

图 9　2023 年 1~12 月抽样网约车司机月度 IPH 变化

二　2023年网约车市场发展特点

（一）网约车用户规模扩大

2016 年以来，我国网约车用户规模及使用率整体呈增长态势。根据中国互联网络信息中心（CNNIC）发布的第 53 次《中国互联网络发展状况统

① 司机 IPH 数据主要是抽样单位旗下快车类司机单位小时流水数据，是全国近 20 个城市的平均数（2023 年部分城市如北京、上海快车类网约车司机的 IPH 均值为 45 元/小时左右），具有一定的局限性。

计报告》，截至2023年12月，我国网约车用户规模达5.28亿，较2022年12月增加9057万，占网民整体的48.3%，网约车用户规模进一步扩大。

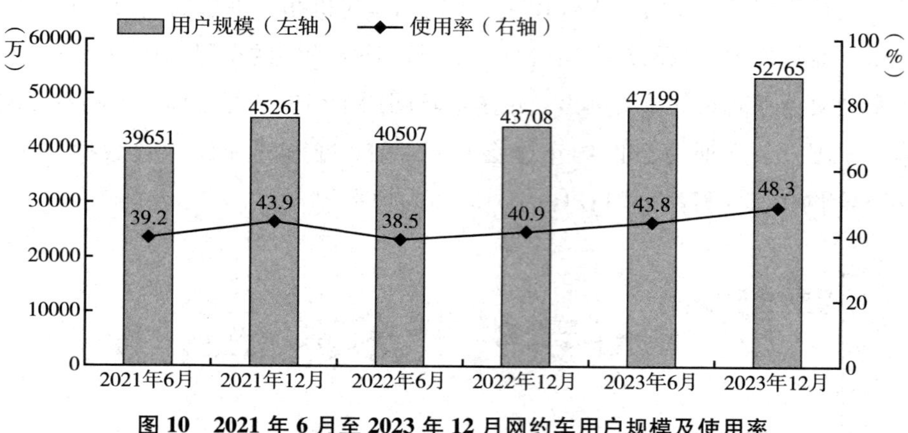

图10　2021年6月至2023年12月网约车用户规模及使用率

（二）多地网约车运力供给过剩

2023年，重庆市、深圳市、济南市、长沙市、贵阳市、南宁市、珠海市、东莞市、德阳市、烟台市、日照市、枣庄市、临沂市、遵义市、大理白族自治州、普洱市、玉溪市、遂宁市、儋州市、文山州、宜昌市、宁国市、鹰潭市、淮安市、宿迁市等20多个城市相继发布网约车行业风险预警，提示本地网约车市场运力过剩，警示投资者与从业者关注市场风险，甚至已有部分城市按下网约车运输证新增业务“暂停键”。

（三）部分城市运价下降

2023年，我国居民消费价格指数（CPI）比上年上涨0.2%，其中，交通通信价格下降2.3%，表明交通通信领域整体价格水平有所下降。在网约车出行领域，根据深圳和广州2022~2023年发布的市场运行监测指标，2023年深圳和广州的网约车价格水平均呈现不同程度的降低。

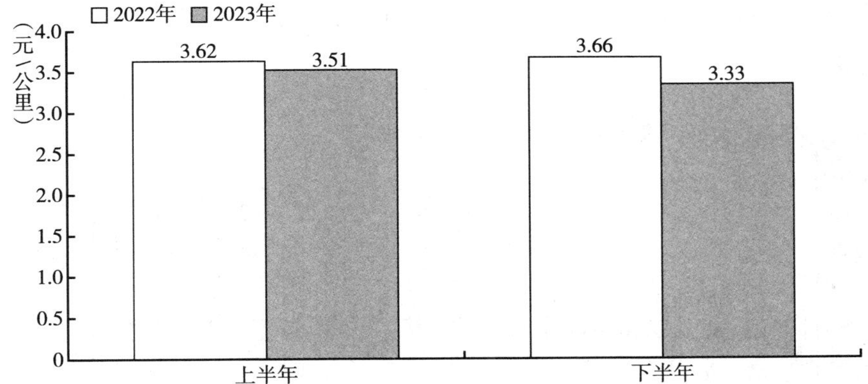

图 11　2022~2023 年深圳市网约车单公里运价
（每天完成订单量≥10 单的网约车）

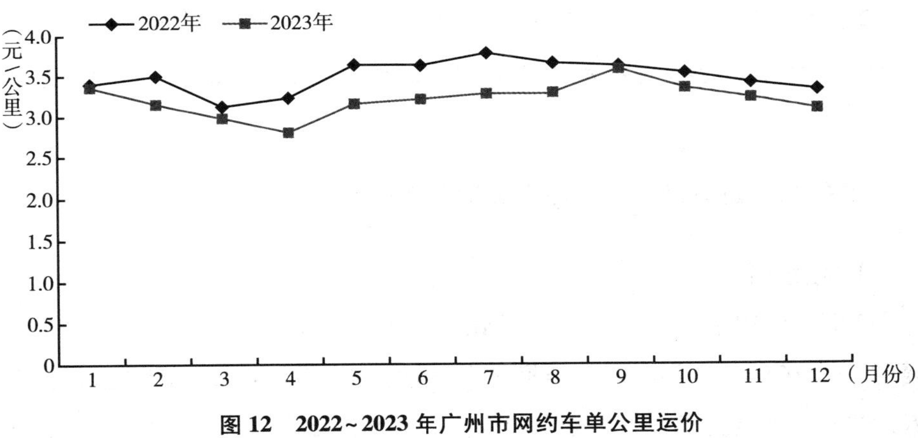

图 12　2022~2023 年广州市网约车单公里运价

（四）聚合平台订单规模持续增长

2023 年，聚合平台订单量保持增长态势，全年累计完成 25.19 亿单，日均 690.1 万单，聚合订单市场份额占比全年均值为 27.6%。2023 年 12 月份，聚合平台日均订单量首次突破 800 万单，达到 832 万单，聚合订单市场份额占比达 28.9%，创有数据公布以来的最高值。

从聚合平台市场主体看，高德、百度、腾讯、携程、滴滴等聚合平台均接入几十家网约车平台，其中高德接入的平台最多，聚合了106家网约车平台公司。①

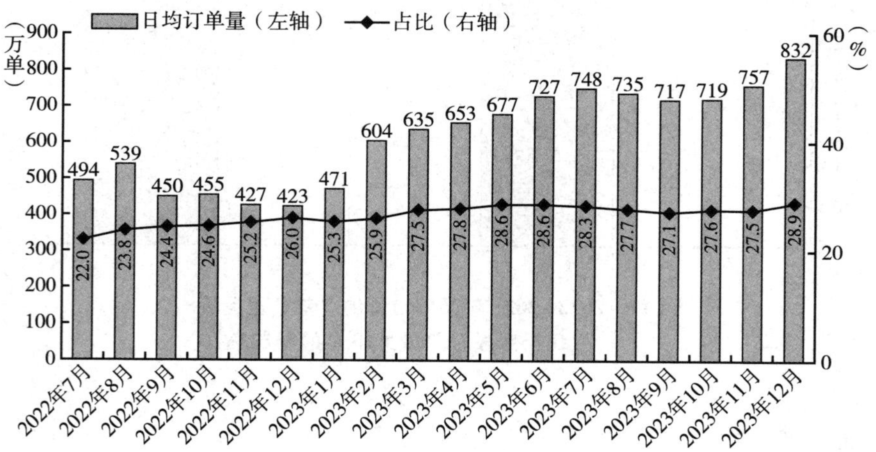

图13　2022年7月至2023年12月全国网约车聚合平台日均订单量及其份额变化

（五）主要自营平台订单规模显著增长

1. 滴滴出行

2023年国内主要自营平台增长强劲。滴滴恢复新用户注册，订单量恢复增长。2023年1月16日，经报网络安全审查办公室同意，滴滴出行恢复新用户注册。受益于App重新上架等因素，滴滴2023年的国内出行业务恢复增长。滴滴2023年第四季度财报显示，2023年，滴滴中国出行业务（包含中国网约车、出租车、代驾、顺风车）订单量为108.09亿单，同比增长39.8%。

2. T3出行

2023年T3出行业绩显著增长，累计订单量同比增长160%。从月度订单量分布来看，夏冬为传统旺季，特别是5月、11月订单量大幅超过2022

① 《中国网约车业电动化发展现状与趋势》，国交信息股份有限公司，2024年4月。

年同期水平。整个暑期 T3 出行用户整体打车需求同比增长近 120%，峰值需求同比增速超 220%，国庆长假同比增幅则为 90.7%。①

3. 曹操出行

2023 年，曹操出行网约车累计订单量为 4.48 亿单，同比增长 16.8%；月活用户量 1920 万名，同比增长 42.2%；月活司机数量 29.72 万名，同比增长 27.2%。2023 年，在经营策略上曹操加大与聚合平台合作力度，全年有 73.2%的 GTV 来自聚合平台，较 2022 年提高 23.3 个百分点。

4. 享道出行

2023 年，享道出行持续完善全国运营网络体系，相继在中山、柳州、潍坊、沈阳、大连、乌鲁木齐、福州、厦门、海口及天津等城市启动运营。据网约车监管信息交互平台公布的数据，2023 年 10~12 月，享道出行月度订单量同比连续保持两位数增长，第四季度的日均订单量较前三季度实现翻倍增长。

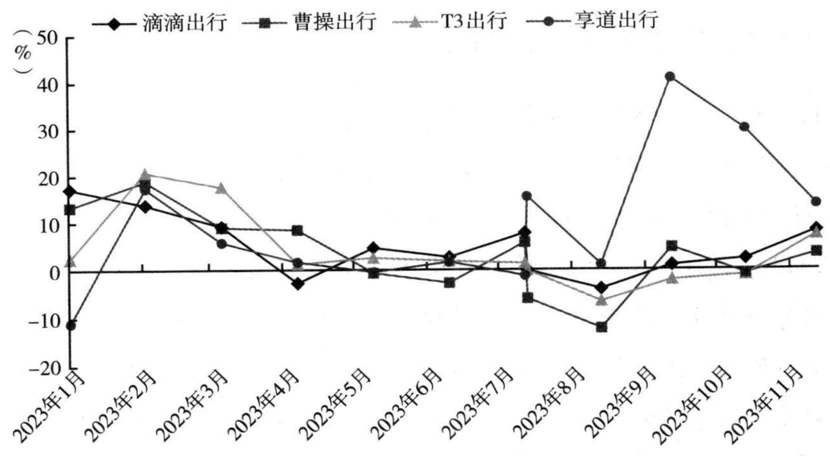

图 14　部分网约车平台 2023 年各月订单量同比增速

① T3 出行：《2023 年度出行消费报告》，2023 年 12 月。

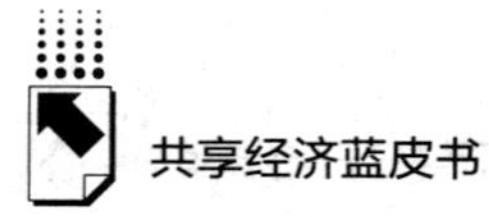

5. 如祺出行

2023 年，如祺出行网约车累计订单量为 9730 万单，同比增长 47.4%，其中，广州市作为如祺出行单量最高的城市，2023 年订单量达 4080 万单，占订单总量的比重超 40%。2023 年，如祺出行月均活跃用户 99.7 万名，同比下降 14.1%；月均活跃司机 3.68 万名，同比增长 97.8%。其中，活跃用户数量下降的主要原因是如祺出行在 2023 年承接了更多聚合平台订单，全年来自聚合平台的订单达 5700 万单，是 2022 年的 3 倍。①

6. 美团打车

2023 年 3 月，美团打车放弃自营网约车业务，全面转向聚合模式。据网约车监管信息交互平台公布的数据，美团打车自营业务订单量 3 月和 4 月分别同比下降 26% 和 58%，并于 5 月掉出订单量前十名榜单。与此同时，美团打车的聚合业务订单量同比增速在 3~6 月保持在两位数，反映出美团打车通过 4 个月左右的时间基本完成了网约车自营业务向聚合业务的切换。

（六）多款定制网约车陆续发布

近年来，中国汽车市场竞争日趋激烈，越来越多的车企开始关注网约车市场。2023 年，多家车企上市了面向网约车市场的车型，如曹操汽车、比亚迪 e2 出行版、红旗 E-QM5 基础出行版、丰田 BZ3 出行版等。

2023 年 3 月，曹操出行推出共享出行定制车品牌——曹操汽车，并发布了其品牌首款车型“吉利 · 曹操 60”。曹操汽车由吉利集团负责整车开发，而曹操出行则负责产品定义和智能开发的新品牌。针对网约车司机的需求，该车型的续航里程为 415 公里，可实现 60 秒换电。目前，曹操已在全国 10 余个城市陆续投放“吉利 · 曹操 60”，从车辆销售量和用户服务口碑看，初步获得市场的肯定。②

2023 年，智行盒子与海马汽车联手，共同发布了 B 端出行定制车型

---

① 如祺出行招股书。

② https：//www.caocaokeji.cn/news.html？id=154.

“海马 EX00”。在空间利用上，该车型拥有 A 级车的车长（4500mm）、C 级车的轴距（2850mm），并针对打车出行场景特点，采用无副驾的“1+1+3”座椅布局，将司机和乘客行李分区，提升司乘便捷性。①

（七）Robotaxi 商业化落地步伐加速

自动驾驶是人工智能领域的重要应用场景之一，也是未来十年交通出行变革的最大趋势。对于网约车行业而言，Robotaxi（自动驾驶出租车）的量产和规模化应用对行业发展具有里程碑意义。2023 年 6 月，文远知行取得北京市高级别自动驾驶示范区“无人化车外远程阶段”示范应用许可，旗下 Robotaxi 可在京开展纯无人示范应用；8 月，广汽丰田与丰田中国、小马智行三方签订协议，计划于年内成立 Robotaxi 相关合资公司，推进 L4 级自动驾驶的无人化、规模化、商业化应用；同月，百度 Apollo 自动驾驶出行服务平台“萝卜快跑”落地武汉东西湖区，面向市民提供自动驾驶出行服务，实现了跨区通行、全无人驾驶夜间运营的突破；9 月，小马智行获得深圳市级首个无人化示范应用许可，近 150 个自动驾驶无人化出行服务站点覆盖多处高频出行目的地，运营时间涵盖早晚高峰期；②2024 年 4 月，滴滴和广汽埃安成立合资公司，宣布将在 2025 年推出量产的 L4 级 Robotaxi。

三 2023年网约车行业监管特点

（一）加强平台抽成监管

2023 年 4 月，交通运输部办公厅发布《2023 年推动交通运输新业态平台企业降低过高抽成工作方案》，推动网约车和道路货运新业态平台公司下

① https：//www. itbox. cn/injoy. html.

② https：//www. gd. chinanews. com. cn/2023/2023-09-25/430680. shtml.

调抽成上限并向社会公布。2023 年交通运输新业态平台下调抽成比例幅度在 1~3 个百分点，司机权益得到进一步保障。

（二）多地放宽平台许可政策

2023 年，全国共有 49 个城市修订网约车实施细则。其中，有 18 个城市在修订地方实施细则的同时调整了平台证政策，除了贵阳市和荆门市收紧平台证政策外，福州市、沈阳市、赣州市、盐城市、红河哈尼族彝族自治州、德阳市、曲靖市、三亚市、沧州市、呼和浩特市、宿迁市、永州市、枣庄市、长治市、天门市、鄂州市等 16 个城市均不同程度放宽了平台许可政策。福州市、沈阳市、呼和浩特市、德阳市、三亚市等地取消了本地纳税要求；曲靖市、天门市、鄂州市等地取消了本地营业执照要求；盐城市、沧州市、宿迁市、永州市、枣庄市等地取消了本地工商注册登记要求。

（三）多地取消驾驶员户籍或居住证要求

自全国人大常委会法工委提出部分城市的出租汽车行业存在本地户籍限制问题以来，多地相继取消对司机的户籍或居住证限制要求。2023 年修订网约车实施细则的 49 个城市中，有 30 个城市不同程度地放宽了人证政策。其中，苏州、福州、太原、沈阳、海口、湖州、赣州、乐山、盐城、曲靖、漳州、茂名、西宁、沧州、达州、宿迁、内江、永州、郴州、德州、临汾、长治、文昌、鄂州、晋城等 25 个城市取消了人证的本地户籍或居住证限制；万宁将本市户籍或居住证放宽至海南省户籍或居住证；神农架林区取消了本地户籍限制；杭州、济南和湖州将司机年龄上限提高至 65 岁，乐山将女性司机年龄上限由 55 岁调整至 60 岁；红河取消司机须具备初中及以上文化程度的要求。

（四）部分城市鼓励新能源车辆准入

各地对网约车车辆的准入条件主要有车龄、车价、燃料类型、轴距、排量、续航等参数，通过对 2023 年修订网约车实施细则的 49 个城市进行对比，可以发现：①政策修订前后，车龄并未发生明显调整，主流的车龄要求仍然为 3 年以内；②对车价的要求放宽，江门市、沈阳市、烟台市、莆田市、贵阳市、盐城市、三亚市、宿迁市、枣庄市、文昌市、天门市等 11 个城市取消了对车价的要求；③部分城市实施新能源车辆准入，天津市、太原市、江门市、沈阳市、烟台市、莆田市、贵阳市、乐山市、曲靖市、漳州市、普洱市、长治市、晋城市等 13 个城市要求新增网约车须为新能源汽车；

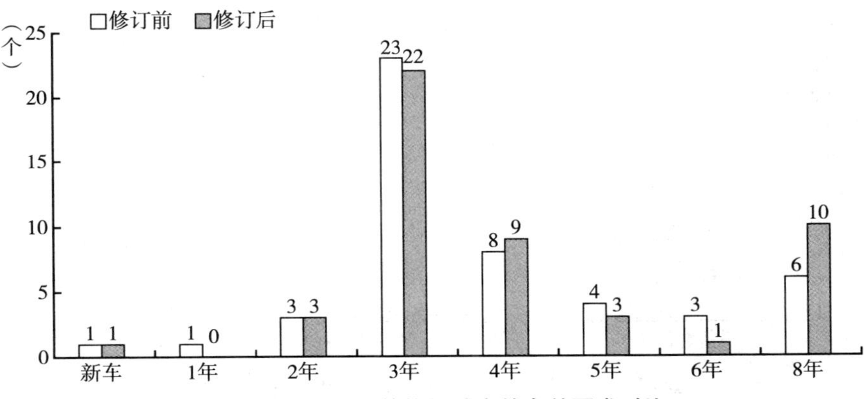

图 15　2023 年政策修订城市的车龄要求对比

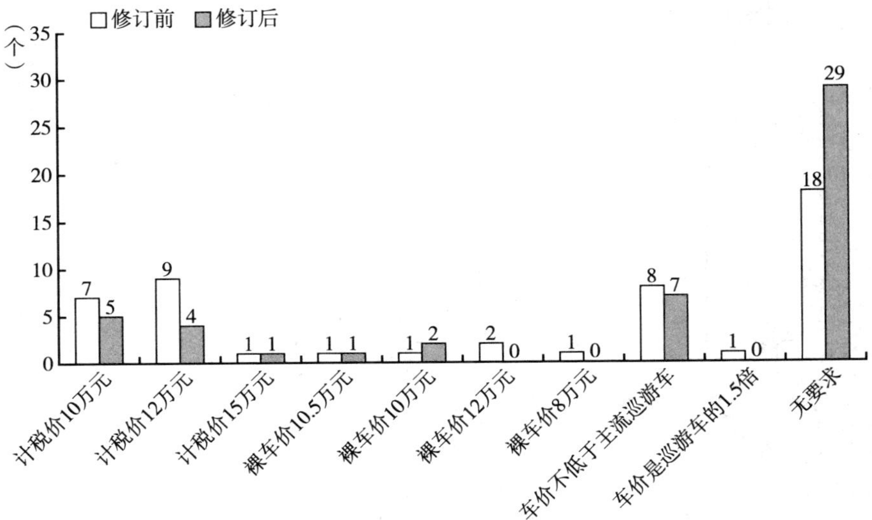

图 16　2023 年政策修订城市的车价要求对比

④随着“双碳”战略落实和新能源汽车发展，对燃油车提出排量要求的城市持续减少，49 个城市中仅有 13 个城市保留对燃油车排量的要求；⑤燃油车轴距要求的中位值维持不变（2650 毫米以上），新能源车轴距要求的中位值由 2600 毫米以上提升到 2610 毫米以上；⑥新能源车续航里程要求的中位值由 250km 以上提升至 300km 以上。

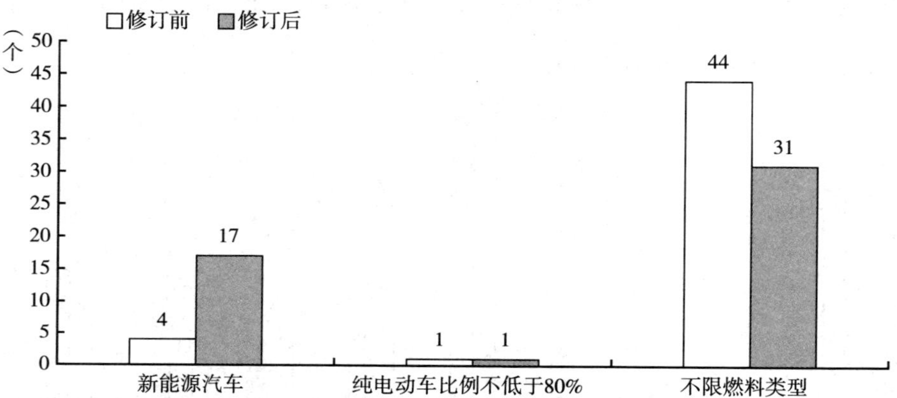

图 17　2023 年政策修订城市的燃料类型要求对比

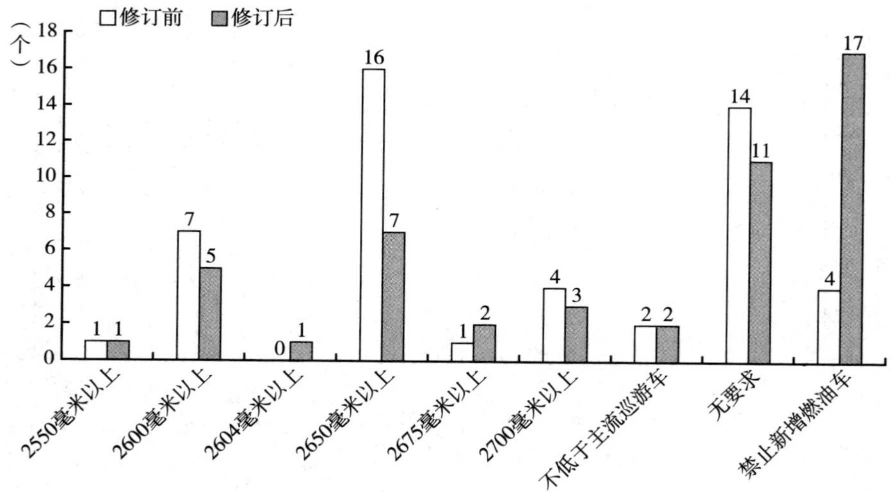

图 18　2023 年政策修订城市的燃油车轴距要求对比

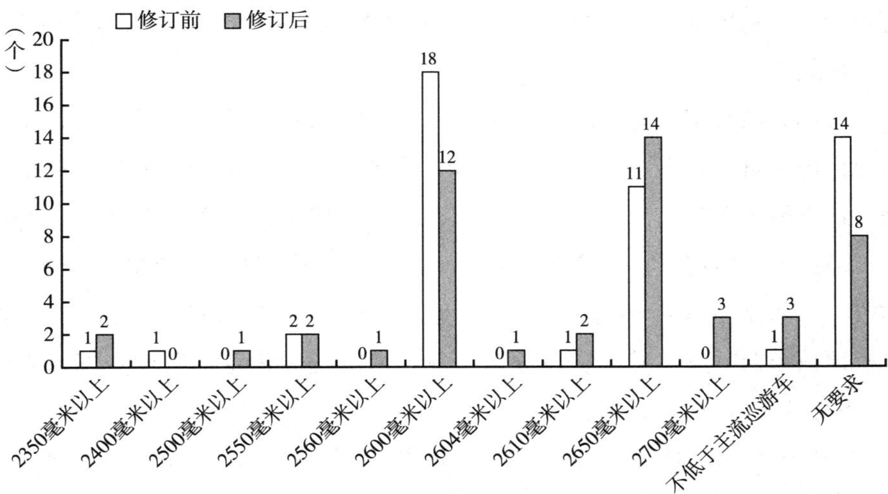

图 19　2023 年政策修订城市的新能源车轴距要求对比

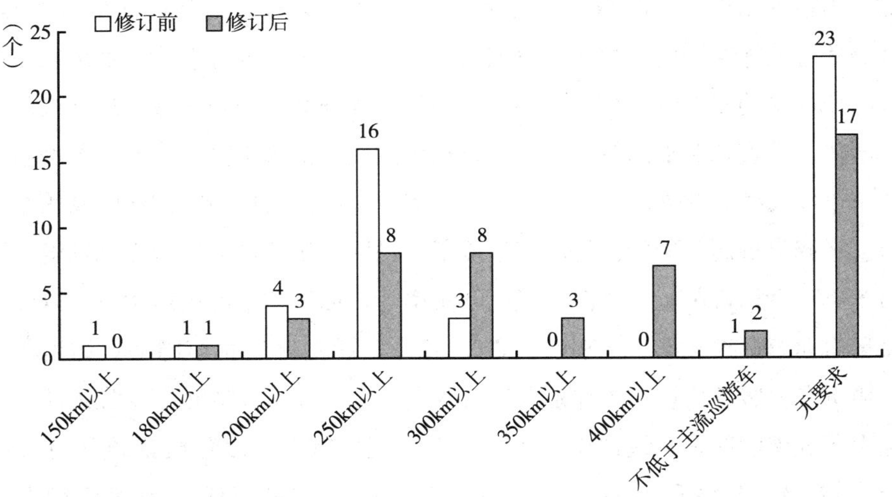

图 20　2023 年政策修订城市的新能源续航要求对比

（五）部分城市对网约车运力采取管控措施

面对网约车运力普遍供给过剩的情况，地方监管部门采取了不同的运力管控措施。总体来看，网约车运力规模的管控机制主要分为市场调节和总量调控两大类。

大部分城市实行运力市场调节。目前，大多数城市将网约车运力供给规模交由市场自主调节，2023 年，杭州、宁德、郴州、天门、鄂州等城市在修订地方网约车实施细则时，进一步在政策中明确网约车数量实行市场调节，通过市场经济杠杆调节网约车规模。此外，部分城市定期发布车辆运营和收入动态监测信息与风险预警，帮助拟从事网约车行业的企业和人员理性分析评估经营收益，避免盲目进入市场，通过提高信息透明度更好地发挥“看不见的手”的调节作用。

少部分城市实施运力总量调控。2023 年以来，三亚、长沙、上海、淮安、贵阳、济南等地先后暂停受理网约车车辆运输证核发业务。总量调控机制主要基于城市人口数量、经济发展水平、公共交通发展水平、交通拥堵状况、出租汽车里程利用率、司机收入水平等多种因素，确定网约车在城市综合交通运输体系中的分担率，以城市出租汽车发展规划等形式，确定未来一段时期内网约车总量规模上限阈值。一旦在规划期内网约车数量达到或超过该阈值，政府相关部门就会采取停止核发网约车证等举措，以此控制城市网约车市场规模。此外，深圳和南京等城市也正在探索更为精细化的网约车运力动态调整机制。例如，深圳市拟探索通过网约车日均订单量变化幅度、网约车单车日均订单量、巡游车里程利用率等指标评估市场供需状态，以此作为运力动态调控基准。南京市于 2023 年 2 月印发《南京市网络预约出租车车辆所有人服务质量等级评定办法（试行）》，从经营制度、经营条件、安全生产等维度展开等级评定，将网约车车辆所有人的服务质量划分为 AAA 级、AA 级、A 级和 B 级四个等级，并以服务质量等级作为车证增发的依据。

（六）市监、工会等部门加强司乘权益保障

为维护司乘对平台价格调整的知情权，2023 年 1 月，山西省市场监督管理局发布《关于规范网约车平台公司市场价格行为的提醒告诫书》，对网

约车（聚合）平台公司的定价、标价、调价等价格行为作出提醒告诫。2023 年 8 月，某网约车平台因存在违规调整网约车平台计价规则被武汉市青山区市场监督管理局处以罚款 37 万元，市监部门进一步强化对网约车运价的监管，保障司乘合法权益。

为维护租车司机的合法权益，2023 年至今，在广州、深圳、成都、长沙、绵阳、南充、德阳、遂宁、广元等地的总工会和交通主管部门指导下，由当地工会联合会和行业协会等单位联合制定网约车行业汽车租赁合同范本，通过明确的合同条款，保护出租方和承租方合法权益，致力于减少租车司机和租赁公司之间的矛盾，化解行业“退车难、不退押金、随意扣罚押金”等问题，维护公正有序的行业环境。

（七）聚合平台被纳入交通运输新业态监管

2023 年 4 月，交通运输部办公厅、工业和信息化部办公厅、公安部办公厅、国家市场监督管理总局办公厅、国家互联网信息办公室秘书局联合发布《关于切实做好网约车聚合平台规范管理有关工作的通知》（以下简称《通知》），将网约车聚合平台明确纳入交通运输新业态监管体系，并就聚合平台的概念、责任、负面行为等提出了监管总体方向，特别是在行业合规、司乘权益保障、维护公平竞争市场秩序等方面，提出了聚合平台普适性底线要求，如聚合平台应对网约车平台公司的许可资质进行核验并确保人、车合规，不得干预网约车平台公司价格行为，不得直接参与车辆调度和驾驶员管理。同时，《通知》还提出各地要结合当地实际，研究探索规范网约车聚合平台管理的政策措施。

标准建设层面，东南大学交通法治与发展研究中心联合中国城市公共交通协会网约车分会、山西省网约车行业协会、广东省汽车租赁行业协会、成都市网络预约出租汽车协会、重庆市出租汽车暨租赁汽车网约车分会、济南市道路运输协会汽车租赁行业分会，组织滴滴出行、北京鸿易博、携程用车等网约车平台与聚合平台企业于 2023 年 9 月发布了《网络预约出租汽车聚合平台运营服务规范》团体标准。作为国内首份聚合平台相关标准，该标准明确了网约车聚合平台的基本条件，进而对其设立条件、日常运营要求、相关方管理、乘客服务、服务能力、投诉处理等方面作了具体要求，特别是在聚合平台基本能力、入驻商准入准出、价格公示、安全应急保障、投诉处理分工等方面作了特别细化的规定，有利于推动行业高质量发展。

（八）深入推进新老业态融合发展

运价作为出租汽车深化改革的关键点，2023 年多地持续推进巡游车"一车两价"[①] 改革，使巡游车线上订单运价与网约车运价相融合。自 2022 年《浙江省道路运输条例》修订发布后，嘉兴、金华、温州、衢州、台州、舟山等城市相继落地实行巡游车"一车两价"政策。2023 年，济南、苏州、莆田、汕头等城市也通过地方法规或规范性文件明确巡游车"一车两价"相关要求。2024 年 1 月，江苏省第十四届人大常委会审议《江苏省道路运输条例（修订草案）》，拟实施巡游车"一车两价"政策。

少部分未发布网约车实施细则的城市也在探索巡网融合实现模式，内蒙古制定了新的实施方案。2023 年，内蒙古交通运输厅确定鄂尔多斯市、乌海市、兴安盟和满洲里市为"巡网融合"工作试点城市，以促进巡游出租车行业转型升级。鄂尔多斯市、乌海市和满洲里市均发布了巡游出租汽车和网络预约出租汽车融合经营服务实施细则，明确巡游车在办理网约车运输证后可在网约车平台接单，平台在办理网约车平台证后可向车辆派单，并按平台计价规则收费。

（九）进一步明确平台安全责任

2023 年 9 月，交通运输部办公厅发布《道路运输企业和城市客运企业安全生产重大事故隐患判定标准（试行）》，明确了出租汽车、公交、城轨、货

---

① "一车两价"即巡游车可通过网络预约方式揽客，按照计价器显示金额或网约车计价规则收取运费。

运等领域的企业安全生产重大事故隐患判定标准，提出六项网约车平台安全生产重大事故隐患判定标准，如无平台证或超出有效期运营、使用不符合国家规定的车辆开展运营、司机和车辆存在长期“三超一疲劳”且行程中未及时提醒纠正（行程后一个月内未严肃处理）、极端天气等不具备安全通行条件时未执行政府停运指令、线上线下人车不一致、App“一键报警”未设置在显著位置或无法正常使用等。对于企业被判定为重大事故隐患的，按照《中华人民共和国安全生产法》予以相应处罚，严重的，吊销营业执照。

四　市场和监管趋势展望

（一）市场规模保持稳定增长

2024 年第一季度各个经济运行主要指标持续恢复。网约车所属的服务消费板块的零售额第一季度同比增长 10%，比商品零售增速高 6 个百分点，反映我国居民的服务消费需求稳步增长。同时，结合部分平台公司披露的 2024 年增长目标，综合判断网约车市场规模全年将保持 10%以上的增速。

（二）行业运价总体低位运行

运力供给方面，全国办理人证的网约车司机超 650 万名，按照交通运输部 2024 年人证发放数量至少增长 15%的目标，预计 2024 年合规司机规模将增长至 750 万名左右，全国运力供给增速明显超过需求增速。运力成本方面，考虑国内汽车市场 2024 年出现“降价潮”，加之新能源汽车比例持续增长，运力供给侧综合能耗成本将降低，故运力供给和运营成本将进一步下降。综合判断 2024 年网约车运价仍保持低位运行态势。

（三）下沉市场成为新增长点

目前，我国网约车市场主要集中在一、二线城市，但随着越来越多的一、二线城市发布市场饱和预警，一、二线城市的网约车市场已进入存量竞争阶段，而三线及以下城市存在庞大的人口基数和巨大的打车出行需求增长潜力。随着城市化进程的推进和互联网技术的不断渗透，下沉市场的潜力正逐渐被挖掘。虽然下沉市场在开拓过程中也面临着用户消费习惯培养、出行价格与体验之间的平衡，以及合规监管的考量等，但不可否认的是，下沉市场将成为网约车行业新的增长点，通过为下沉市场用户创造新的价值，为行业带来更多的机遇和发展动力。

（四）存量市场聚焦精细化运营

随着一、二线城市步入存量竞争阶段，网约车平台将更注重精细化运营，提升用户留存率和用户打车频次。从人群维度来看，各平台将更加深入地挖掘老年人用户、企业用户、学生用户等不同人群的出行需求特征，提供差异化产品和服务；从场景维度来看，各平台也将更重视机场火车站接驳、假期旅游、地铁接驳等细分场景需求，有针对性地制定运营策略以提升平台运行效率。

（五）车辆租金下降，资产持有方运营压力增加

一方面，2024 年车市的“降价潮”会导致新投放的车辆资产更具价格优势，冲击原有的车辆租金体系，拉低行业整体的车辆租金水平；另一方面，随着司机招募、新能源车保险等费用增加，车辆资产持有方的运营成本增加。因此，2024 年可能会出现车辆租金收入与成本基本持平甚至入不敷出的“租金倒挂”现象。面对市场压力，部分高杠杆率、抗风险能力弱的企业面临较大出清风险，部分企业可能会转型为中小网约车平台，接入聚合平台以维持运营；部分实力雄厚的企业可能会逆势操作进行规模化扩张，通过扩大资产规模以获取集采优势和金融优势，从而获得更低的运营成本。

（六）北京、上海网约车司机户籍限制有望放宽

近年来多地相继取消网约车司机户籍或居住证限制，2023 年底，上海

市修改《上海市出租汽车管理条例》，取消了对出租车驾驶员的户籍要求，对下一步取消网约车司机户籍限制释放了积极信号。因此，预计2024年北京、上海或将对网约车司机户籍限制进一步放宽，也将有更多城市取消对司机的户籍或居住证限制要求。

（七）司机劳动权益得到更多保障

2024年是新就业形态劳动者工会工作三年行动计划的关键一年，网约车作为新业态劳动者的典型代表，各地工会组织也将逐步完善。依托工会组织，网约车司机将得到法律咨询、心理健康服务、职业培训等方面的支持，司机的职业素养和工作能力将进一步提升，归属感和幸福感也将进一步增强。同时，2023年以来，人社部相继发布多项新就业形态劳动者权益保障政策和相关指引指南，各地人社部门也将在2024年逐步落实相关政策，如协商确定连续最长接单时间和每日最长工作时间、建立新就业形态劳动纠纷一站式调解组织、试点司机职业伤害保障措施等，进一步强化网约车司机劳动权益保障。

（八）新老业态进一步融合发展

自《网络预约出租汽车经营服务管理暂行办法》出台以来，新旧业态间的矛盾得到有效缓和。出租汽车未来的发展方向将更加侧重于新老业态高质量融合发展。一方面，进一步探索网约车的合规、司机户籍限制、运力管控等问题和巡游车的定价机制僵化、服务质量管控等问题的解决方案；另一方面，巡游车和网约车在从业资格考试统一、人证互认、线上运价打通等方面仍存在更大的融合空间。因此，2024年有更多的城市在探索巡网融合发展模式，以推进新老业态融合发展迈向更高水平。

B.5 2023年中国顺风车发展形势分析

纪雪洪　费闻鋆　沈立军*

摘　要： 2023年，中国顺风车行业强势复苏，迎来显著增长。顺风车行业的市场集中度较高，哈啰、嘀嗒出行和滴滴出行占主导地位，市场份额超过九成。2023年，顺风车平台多措并举共建平安出行环境，积极探索新服务模式、有效推动碳减排，通过技术创新提升用户体验。顺风车具有实惠、便捷和环保等特点，出行场景日趋多元化。顺风车车主关注订单量和平台服务，"节约资源"和"相互信任"成为重要的发展助力。在未来，平台将持续优化用户体验，顺风车市场仍有巨大的增长潜力。

关键词： 顺风车　私人小客车合乘　共享出行

一　顺风车行业现状

（一）顺风车定义

顺风车，也称为拼车、私人小客车合乘，是一种共享出行方式，由合乘服务提供者（即车主）事先发布出行信息，出行线路相同的人（即乘客）选择乘坐车主的小客车，且车主、乘客双方约定行驶路线、出行时间、乘车地点、费用分摊方式、安全责任等。要求车主是拥有7座及以下乘用车的个

* 纪雪洪，汽车产业创新研究中心主任，教授，主要研究方向为共享出行、汽车产业等；费闻鋆，北方工业大学汽车产业创新研究中心，主要研究方向为工商管理等；沈立军，城市智行信息技术研究院院长，主要研究方向为交通管理等。

人，须取得相应准驾车型驾驶证，且驾龄满 1 年以上。

就性质而言，顺风车采用 C2C 模式，运力归属于私人小客车车主，私人小客车合乘不属于道路运输经营行为，而是车主、乘客双方自愿的民事行为。相关权利、义务及安全责任事故等责任由合乘各方依法、依约自行承担。乘客可分摊部分出行成本，包括车辆燃料成本及通行费等直接费用，分摊费用只能按合乘里程计费，且车主可在全天提供的合成服务有次数限制。

对于搭乘顺风车是否为营运活动的概念区分，可以从订单频次、行驶路线、费用定价等方面综合考量：一是订单频次，可以从单个车主的日均接单频次和阶段时间段判断，一般不超过 4 次。二是行驶路线，可以从单个车主的日常行驶路线判断，顺风车多为通勤或差旅场景产生空置运力资源，且车主的行驶路线相对固定，一般不会为了接单而大幅调整原本的路线。三是费用定价，可以从单笔订单金额与距离的定价综合考虑，应该在分摊部分出行成本的费用区间内，与网约车的盈利营目的有所区别。

顺风车作为一种新型共享出行方式，在缓解交通堵塞、合理利用小客车空置运力、节能减碳等方面都具备明显优势。顺风车的定价相较于网约车更为便宜，佣金抽成仅为 8%～10%，在社会价值方面，可缓解交通拥堵、提升运力资源利用率，从而增加社会效益。表 1 是顺风车与巡游出租车、网约车的比较情况。

表 1　三种主要出行方式比较情况

指标	顺风车	巡游出租车	网约车
模式	C2C	B2C	B2C、C2C
性质	共享互助	盈利	盈利
服务提供者	私人小客车车主	当地传统出租车公司	网约车出行平台
定价	当地出租车价格的 30%～50%	出租车价格	经济型、优质型和豪华型分别为当地出租车价格的 80%、180%～200%、360%～400%
出行平台佣金	订单价的 8%～10%	订单价的 0～10%	订单价的 20%～30%

续表

指标	顺风车	巡游出租车	网约车
主要企业	哈啰、嘀嗒、滴滴等	当地传统出租车公司	滴滴、高德、曹操出行等
合规要求	一般对每日接单数量有限制	车辆运输证、司机驾驶员证	车辆运输证、司机驾驶员证
社会价值	合理使用空置运力资源、绿色减碳	提供固定的就业岗位	提供灵活的就业岗位

资料来源：嘀嗒招股书。

（二）顺风车规模持续增长

2023 年中国共享出行行业重回增长轨道。其中顺风车方面，跨城或长距离出差、旅行等需求大幅增长。顺风车行业不仅在一、二线城市有较大的发展潜力，而且在三、四线城市也呈现出了快速增长的趋势，未来将维持“三足鼎立”的格局，市场机会巨大。2023 年日订单量约为 126 万单。

根据嘀嗒招股书，中国汽车客运行业 2022 年市场规模为 5141 亿元，主要细分为出租车、网约车、顺风车三个领域，2022 年的订单总数约为 121 亿单。中国市场规模庞大，而私人小客车普及率与主要发达国家相比较低，顺风车市场的业务增长点得以显现。

（三）“三足鼎立”市场格局有望延续

目前，顺风车行业的市场集中度较高，按照搭乘次数测算，哈啰、滴滴出行和嘀嗒出行三家公司的市场份额超过 90%，2023 年顺风车市场份额排前三的分别是哈啰、嘀嗒出行和滴滴出行。截至 2023 年底，哈啰拥有注册用户超 6 亿，顺风车业务覆盖城市（含县级市）超 300 个，认证车主逾 3000 万名。2023 年顺风车市场的订单量约 4.6 亿单（按 2022 年搭乘次数计），平均增速为 45.5%。表 2 是中国三大顺风车平台对比情况。

表 2　中国三大顺风车平台对比情况

指标	哈啰	嘀嗒出行	滴滴出行
平台业务范围	平台业务以两轮为主	专业的顺风车平台，包括出租车赋能业务	平台业务以网约车为主，包括两轮车、货运、代驾等
市场份额（%，按 2023 年搭乘次数计）	48.8	28.3	18.3
App 显示	作为 App 的子业务，在众多应用窗格中排在“打车”业务之后	开屏直接显示“顺风车”界面，位于“出租车”业务之前；界面简洁美观，操作简单	作为 App 的子业务，在众多应用窗格中排在“打车”业务之后
司机佣金（%）	90.0	90.4	90.2

资料来源：弗若斯特沙利文报告，企业公开资料整理。

（四）多方利益相关者参与安全体系共建

各顺风车平台在多方面强化安全举措。首先，采取实名认证制度，要求注册用户提供真实有效的身份信息，以减少非法乘车和恶意行为，同时能够对乘客和司机进行身份识别和订单追踪，避免出现匿名乘车问题。其次，要求注册车主上报车辆信息，并进行车辆安全检查，确保车辆处于良好的运营状态，保障乘客出行安全。最后，平台建立了司机评分和实时订单追踪系统。乘客可以对车主的服务进行评价。通过双向评价机制，司机和乘客可以互相了解对方的信息，提高服务质量和安全性。通过实时订单追踪功能，乘客和车主在紧急情况下可以随时向平台报警求助，平台也能够通过 GPS 定位等技术手段及时提供援助。

此外，平台与警方也展开联动，共同发布安全视频、语音播报等安全提醒，并组织线下活动，共同做好运力保障工作。对所有注册车主的交通违法记录进行核查，确保车辆和车主符合相关法律法规的要求，从而减少安全风险。总之，平台持续强化安全意识和责任落实，联动多方共建顺风车安全体系。

（五）减碳理念推动行业可持续发展

各平台积极倡导绿色出行、低碳生活等理念，提升公众环保意识，推动社会形成共同的环保目标。顺风车平台采用智能调度系统，提升车辆运行效率、推广电动汽车等清洁能源车辆、研发节能减排技术等，并设定合理的碳减排目标、制定具体的实施方案。例如，哈啰结合自营业务，探索绿色低碳出行新服务方式，并用数字技术和创新机制来鼓励更多的人践行节能减碳出行。嘀嗒出行推出“Project Blue More 蓝多多计划”，制定“顺风车碳减排方法学算法标准”。

将顺风车合乘中的“独乘”情况，即一次出行只撮合一个合乘订单，设定为基准情形，相应行程的碳排放量则为基准排放量。结合拼车和顺风车的相关行业数据，合乘交通每年贡献的碳减排量约为 350 万吨。①

二　2023年顺风车作业发展特点分析

2023 年顺风车行业发展呈现新特点，本部分主要对平台端、乘客端和车主端进行分析。其中乘客端和车主端的数据主要来自顺风车问卷调查，回收的问卷超过 500 份。

（一）平台端：通过技术创新等提升用户体验

1. 平台通过大数据和 AI 赋能等方案，不断提升用户体验

基于大数据和 AI 技术，顺风车平台可以为用户智能推荐上车点，解决用户寻找合适上车点的困扰，尤其是“最后一百米”问题。顺风车平台利用先进的算法技术，根据乘客和车主的行程信息、时间、地点等要素，进行精准匹配，顺风车司机可以提前发布自己的行程，以便尽早匹配到潜在的乘客。特别是在预计的出行高峰期或热门路线，提前发布行程可显著提升订单

---

① 参见本书《共享出行助力城市交通低碳转型》。

应答速度和应答率。

随着大数据和AI的发展，顺风车企业在服务创新上取得了一系列成果，涉及预测、推荐、匹配、主动安全、推理识别等领域，充分展现了顺风车助力提升顺路空座分享效率和城市交通系统运行效率这一宏观目标在微观层级上的具体举措，助力城市出行挖潜增效。

移动出行的新质算力，不仅体现为数据量更大和质量更高，也在于通过更多高级算法和模型应用，让机器能代替更多的复杂的工作，并且自主学习持续进化迭代。通过大数据与AI算法，用户与车主实现更高效优质的智能匹配。

2. 平台提出高速费分摊协商和违约保证金等举措提升了用户体验

以顺风车出行高速费分摊为例，2024年哈啰顺风车累计调研了数十万用户，邀请车主、乘客、学者开展多方座谈，最终确定了将用户的意愿表达进行产品化和线上化的服务增效方案。此外，为了减少车主乘客纠纷，哈啰顺风车还试点上线违约保证金产品。通过高速费分摊协商、违约保证金等举措，哈啰顺风车的服务体验好评率提升约25%。此外，嘀嗒出行2023年发布顺风车高速费分摊新规则，即乘客下单顺风车业务时，需先明确选择高速费分摊的具体方式，包括平摊、全付或不付三种，车主接单即表明接受该分摊方式。此次高速费分摊新规则由嘀嗒近80万用户共同制定，综合考虑到乘客车主双方诉求，引导和谐友善合乘。

3. 车主、乘客、平台共同创新“顺风”出行

嘀嗒出行邀请用户参与顺风车文化的提炼、创造和践行，与用户共创“加油文化”，赋予顺风车文化更多时代新内涵，如上线“加油顺起来”专属徽章、推出全民“云加油”行动等。嘀嗒出行还通过设置多个开放议题，如车主和乘客的自我身份认同、责任与义务认知、车乘关系等，邀请用户参与讨论和投票，共创能更加准确定义顺风车车主群体的专属称谓，如“先行官”“顺风官”等，以展现其责任感和使命感。这种共同创新的方式不仅加强了用户与平台之间的互动，使每个参与者都认识到碳减排的重要性，也提升了顺风车文化的社会认同感和影响力。

4. 小长假等顺风车需求高峰期

通常在小长假期间，各地尤其是热门旅游城市和景区交通压力会加剧，而顺风车产品有利于平抑小长假的出行需求。顺风车充分利用车主的空闲座位，为有相同出行需求的人提供合乘服务，乘客不仅可以分摊车费，减少出行成本，还能节省时间。以 2024 年春运为例，顺风车出行需求延续从核心省会城市往低线城市迁徙的趋势，300 公里以上出行需求大幅提升。根据哈啰公布的数据，出发地集中在北京、珠三角、江浙沪，热门目的地则集中在湖南、粤西、江西、广西、河南等。

（二）乘客端：实惠、便捷和环保等因素助力乘客选择顺风车

1. 顺风车满足了公共交通和网约车等无法满足的乘客个性化需求

调研结果显示，顺风车出行场景日益多元化，其中通勤两点、场站类为最主要的目的地。相比于公共交通，顺风车的出行时间更加灵活，提供了“点到点”的服务，乘客可以一站直达目的地，无须在多个站点间换乘。这对于前往偏远地区或交通不便的景区的乘客来说尤为重要。

在选择顺风车作为出行工具的原因中，如图 1 所示，“价格便宜实惠”“一站直达，便捷省时”分别以 84.8%、84.4%的占比位居前二，还有乘客选择了“私家车乘坐体验舒适”“绿色低碳出行”“拓展朋友圈”等原因。可见价格具有竞争力是顺风车相较于网约车的优势所在。相较于高铁、公交等其他公共出行方式，顺风车能够提供点对点触及目的地的服务，更加契合乘客的需求，且提供的乘坐体验也更为舒适。

许多人选择将顺风车作为上下班的交通工具，既经济又方便。顺风车在满足人们日常出行需求方面具备广泛的适用性。当乘客需要前往火车站或机场时，顺风车可以提供一种快速、准时的交通方式。随着“返乡探亲”“接待宠物出行”等新场景的涌现，对于需要返乡探亲的人来说，顺风车是一种便捷、经济的交通方式，尤其是在节假日期间，顺风车的需求量往往会大幅增加。

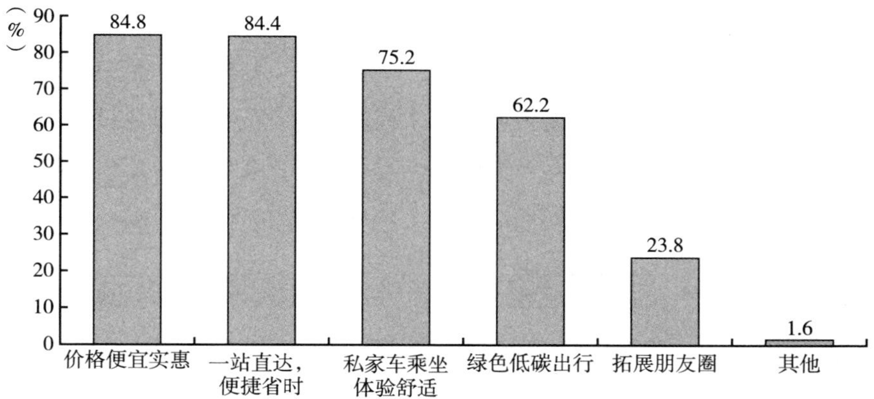

图1　乘客选择顺风车动因统计

2. 出行场景多元化

在使用顺风车场景方面，如图2所示，“去火车站、机场”“上下班通勤”“购物、休闲和娱乐”分别以76.2%、63.8%、63.2%的占比位列前三，“周边游”“因公出差”等场景占比均超过50%，此外还有“返乡探亲”“携带宠物出行”等场景。由此可见，乘坐顺风车通勤、去火车站/机场、购物/休闲/娱乐仍然是乘客群体主要的需求。

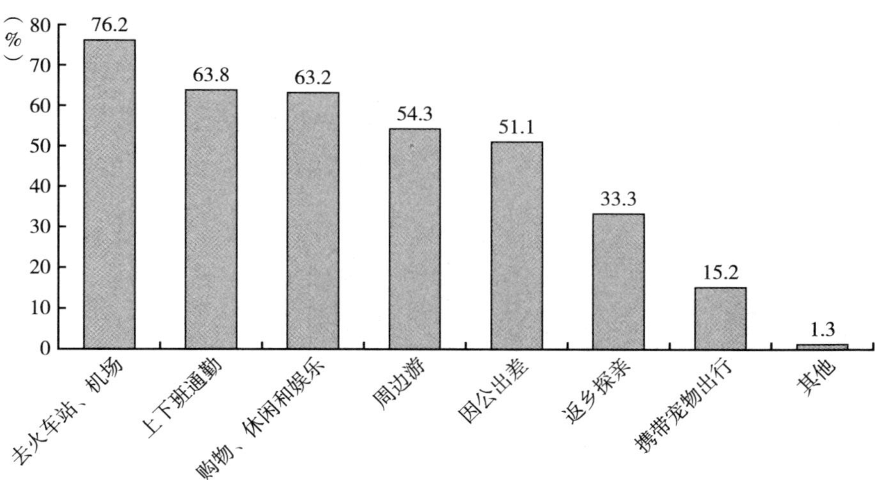

图2　乘客使用顺风车场景统计

在订单备注方面，如图 3 所示，超过九成的乘客选择了“携带行李，需用后备箱”，“需赶航班/火车”次之，超八成；还有乘客备注同行有老人、孕妇、宠物。车主可根据乘客的备注提前预留空间或在出行过程中多加关照、提升乘客的出行体验。主流顺风车平台所提供的固定备注可选项包括了上述所有情况，可见平台更加注重对于乘客个性化需求的满足。

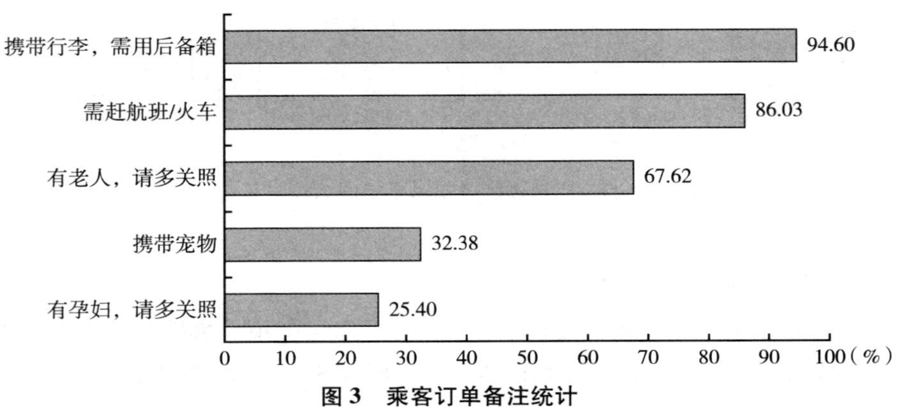

图 3　乘客订单备注统计

3. 准时性和匹配度是乘客关心的主要内容

关于顺风车体验的影响因素，如图 4 所示，“按时出发”“匹配时长”“送达约定地点”是主要影响因素，占比均超过了七成；“订单履约”“友好交流”占比紧随其后。可见乘客最在意的还是订单的准时性、匹配度以及服务质量，平台企业可采取针对性措施提升相关服务质量。

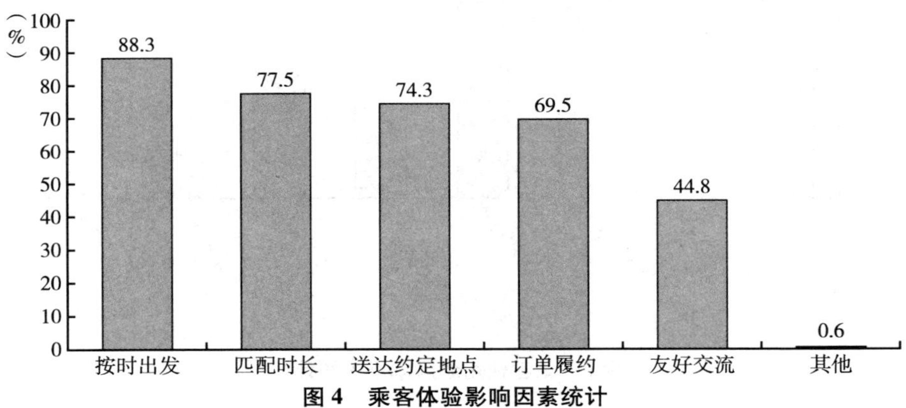

图 4　乘客体验影响因素统计

关于顺风车问题改进方面，如图 5 所示，82. 5%的选择“安全保障”，而“规章制度”“客单价格”“车主与乘客双方信任”的占比次之。可见，安全问题被视为主要的改进方向，此外平台侧的规章制度完善、客单价格调整以及车主与乘客双方信任等也受到关注。

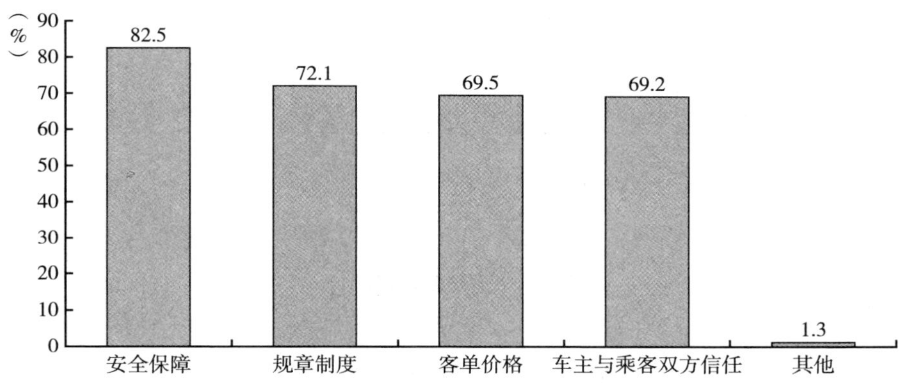

图 5　顺风车问题改进统计

（三）车主端：在通勤和空闲时间段接单，关心订单量

1. 顺风车车主主要在通勤和空闲时间段接单

关于车主接单的主要场景，如图 6 所示，“上下班通勤”“有空闲时间时”“临时性外出”分别以 83%、70%、65%的占比位列前三。顺风车司机在日常工作中，最常见的使用场景是接送通勤乘客。这些乘客通常上下班的时间、路线固定，可为司机提供稳定的收入来源，这也意味着顺风车司机有大量的机会在通勤高峰时段接到订单。

在选择使用顺风车的动因方面，如图 7 所示，超过九成的选择“补贴油费”，其次是“为他人提供便利”占 82. 1%，再次是“绿色低碳”占 70. 5%，还有超过半数样本选择“缓解城市拥堵”“扩大朋友圈”等。车主侧表现出通过顺路载人减少出行成本的倾向，以及对城市降堵、绿色低碳等共享出行理念的践行。通过提供顺风车服务，司机不仅获得了收入，还成为

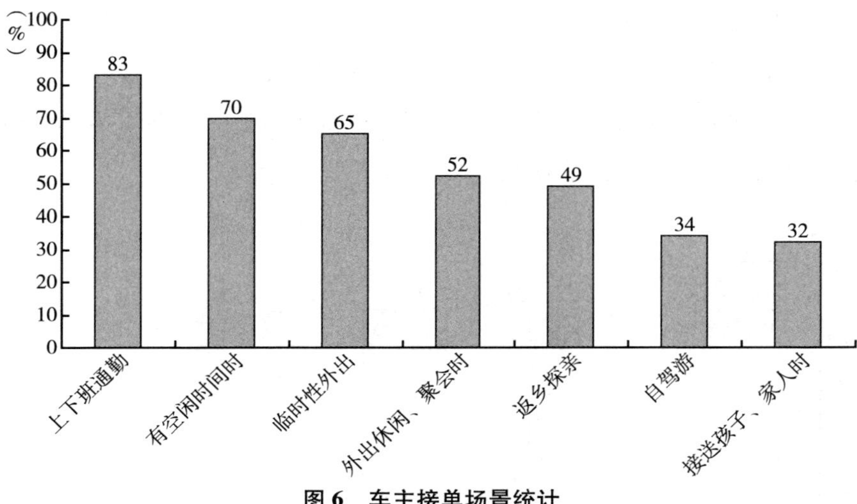

图 6　车主接单场景统计

绿色出行的倡导者。乘客通过顺路合乘的方式，减少了私家车的使用量，从而降低了碳排放和缓解了交通拥堵。

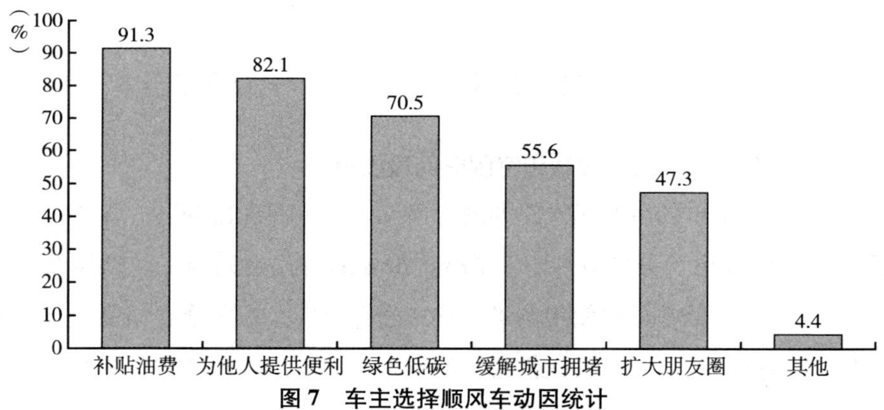

图 7　车主选择顺风车动因统计

2. 车主主要关注订单量和平台服务

在选择平台的原因方面，如图 8 所示，“订单较多”占比 50.7%，“平台服务和保障较好”占比 42.0%，“抽成较少”则占比 6.3%，由此可见，相较于平台佣金抽成，车主更在意平台提供的订单量以及配套的服务和保障措施。订单量大可以保证订单交易额、订单响应速度以及车主可供选择的范围，而配套的附加服务则能够有效保障车主的合法权益，一旦出现纠纷或事故，后续的处理流程会更加规范。

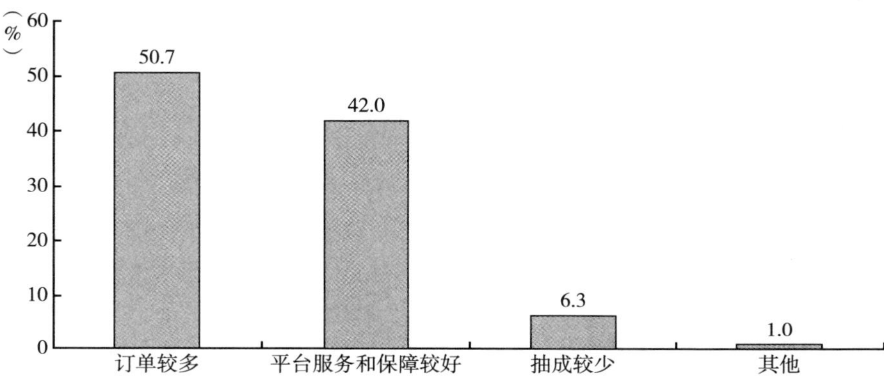

图 8　车主选择平台原因统计

3. 节约资源和相互信任成为顺风车发展的重要助力

从车主看，关于顺风车对社会的积极意义方面，如图 9 所示，车主对“充分利用空座资源，助力构建集约型社会”“为他人提供出行便利”的占比相近，均超过 88%，而“缓解交通拥堵”“增进社会信任”占比分别为 73.4%、50.2%，不论是社会层面的集约资源、帮助他人、增进信任还是环境层面的缓解交通拥堵观念，均是社会发展、思想进步的反映。

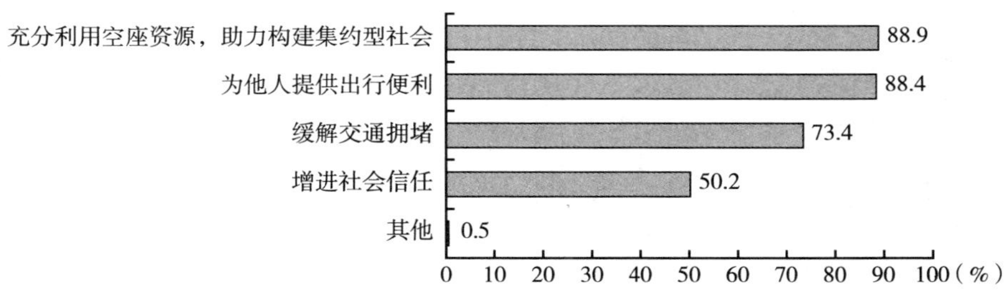

图 9　顺风车社会积极意义统计

关于月均收入方面，如图 10 所示，第一梯队的车主月均收入在 1001~3000 元、501~1000 元，占比分别为 34.8%、30.9%，500 元以内和 3001~

5000 元则位于第二梯队，甚至有 5.3%的车主收入超过 8000 元。顺风车作为补贴出行成本的主要方式，为车主带来了固定工作以外的收入，且无须添置额外的资产，这在一定程度上能够持续吸引私人小客车车主进入。

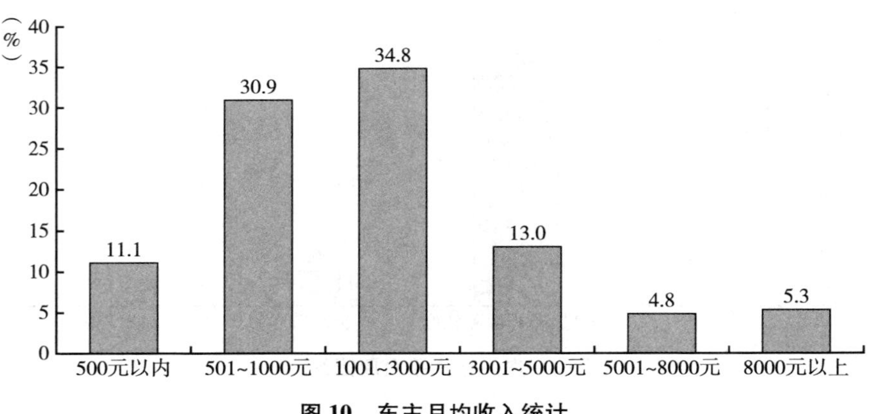

图 10　车主月均收入统计

关于顺风车问题改进方面，如图 11 所示，超过八成的认为“平台抽成”有待改进，“规章制度”“安全保障”“车主与乘客双方信任”分别占比 69.1%、68.1%、64.7%。改进方面主要集中在平台侧，车主期望能够下调佣金抽成以此获得更多的收益，且认为平台作为第三方撮合平台，应完善规章和保障措施，此外，还期望司乘双方能够增进信任，体现了构建和谐社会的美好愿景。

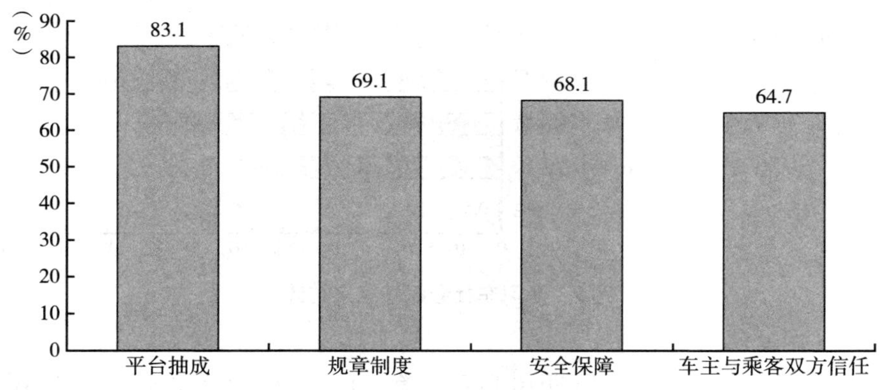

图 11　顺风车问题改进统计

关于成为顺风车车主的推荐度，平均得分为 8.07 分（满分为 10 分），其中 3.4%的得分在 5 分及以下；72.5%的得分在 8 分及以上，如图 12 所示。可见，本次调查结果显示车主对顺风车的推荐度较高。

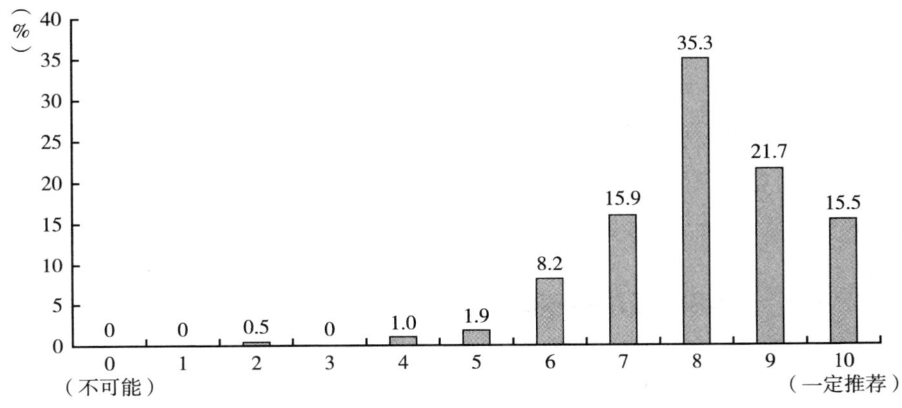

图 12　车主推荐顺风车得分统计

三　2023年顺风车发展政策分析

（一）国家政策明确顺风车的非经营属性

交通运输部、工信部、商务部等部门于 2022 年联合修订并重新发布《网络预约出租车经营服务管理暂行办法》（以下简称《办法》），明确了不得以私人小客车合乘名义提供网约车经营服务，地方行政部门按政策指导思想细化相关措施。

顺风车这一出行方式有助于提高交通资源的利用效率，缓解城市交通拥堵，减少环境污染。

（二）部分城市放宽对顺风车车辆和车牌等限制

从地方来看，各级地方政府不断出台、修订和落实与顺风车相关的政

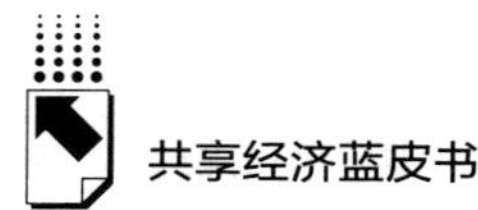

策，反映了在顺风车管理方面的新动向和新思路。部分地区对于顺风车的政策限制呈现放宽的趋势，包括在运营车辆、车牌、管理服务架构、合乘范围等方面，如天津市 2023 年修订了《天津市私人小客车合乘指导意见》（以下简称《指导意见》），并多次向社会公开征求意见。《指导意见》明确了以下内容：取消“仅限非营运车辆的限制”，营运车辆（不含巡游出租车）也可以在注册后接顺风车订单；取消本市车牌的限制，向外地车牌开放；取消在本市设置相应服务机构、管理人员的要求；将合乘范围“仅限本市行政区域”调整为“超出本市行政区域的，起讫点一端应当在本市行政区域内”。

（三）针对不同场景有不同的合乘次数要求

各地对合乘次数的要求不尽相同，如江西省赣州市针对不同场景规定不同的合乘次数，2023 年修订了《赣州市私人小客车合乘出行管理规定》（以下简称《管理规定》），对信息发布规划、分摊费用规则、合乘次数规则等作了进一步完善，其中合乘次数根据不同场景适用于不同规则：①提供市中心城区或县域合乘出行，每车每天不得超过 4 次；②有跨县出行服务的，每天提供合乘出行服务累计不超过 3 次；③有跨市或跨省出行服务的，每天提供合乘出行服务累计不超过 2 次；④免费互助合乘的次数不受限制。珠海等地方发布的政策则对合乘出行次数以及接单平台数量的要求更为严格。因此不同地方政府对顺风车发展的态度有所不同，制定了具有针对性的顺风车管理政策，以适应不同地区的交通需求和出行习惯。

表 3　2023 年顺风车相关政策汇总

发布时间	发布单位	政策文件	政策要点
2023 年 4 月	柳州市交通运输局	关于印发《柳州市交通运输局关于私人小客车合乘指导意见》的通知	明确合乘的定义；明确私人小客车合乘的非营利性特征；明确合乘属于合乘各方自愿的民事行为；完善合乘各方应遵循的规则；强化平台主体责任；明确处置措施

续表

发布时间	发布单位	政策文件	政策要点
2023 年 8 月	广东省珠海市交通运输局	关于重新发布《关于私人小客车合乘出行的指导意见》的通知	分摊出行成本的,驾驶员每天可提供不超过两次合乘出行。免费互助合乘的次数不受限制;通过同一合乘平台实现合乘出行的,每次合乘不得多于两批次乘客。不得同时使用多个平台实现多批乘客合乘
2023 年 10 月	云南省砚山县交通运输局	关于公开征求《砚山县私人小客车合乘管理实施细则》意见的公告	合乘平台应当按照时间、线路基本相同的原则,为发布出行需求的合乘人提供信息查询或选择
2023 年 11 月	天津市交通运输委员会	关于《天津市私人小客车合乘指导意见》(征求意见稿)公开征求意见的通知	取消车辆要求“仅限非营运车辆的限制”,营运车辆(不含巡游出租车)也可以在注册后接顺风车订单;取消本市车牌的限制,向外地车牌开放;取消在本市设置相应服务机构、管理人员的要求;将合乘范围“仅限本市行政区域”调整为“超出本市行政区域的,起讫点一端应当在本市行政区域内”
2023 年 12 月	江西省赣州市人民政府办公室	《关于规范私人小客车合乘的若干规定》	提供市中心城区或县域合乘出行的,每车每天不得超过 4 次;有跨县出行服务的,每天提供合乘出行服务累计不超过 3 次;有跨市或跨省出行服务的,每天提供合乘出行服务累计不超过 2 次;免费互助合乘的次数不受限制

四　顺风车发展展望

（一）顺风车有望保持快速增长

随着人们个性化、便捷化出行需求的增加，以及顺风车相较于网约车更强调互助性，顺风车车主和乘客群体将持续扩大，尤其是年轻一代更倾向于选择这种新型出行方式。总体而言，顺风车行业未来将继续保持快速增长态势，市场规模将不断扩大，日订单量到 2025 年有望突破 200 万单。

（二）平台企业将持续优化用户体验

用户体验的持续优化将成为顺风车平台赢得市场的关键。当前顺风车存在车主服务水平差异较大、车主和乘客因双方沟通不畅而误解和纠纷较多等问题。

平台侧将持续投入研发，利用大数据、人工智能、云计算等先进技术，优化行程匹配算法，提高服务效率；通过引入智能驾驶技术，提升出行的安全性；通过与其他行业的合作，如旅游、餐饮等，为乘客提供一站式服务。

在平台竞争中，具有流量优势的平台企业将保持领先地位，专业化顺风车平台将寻求差异化发展。

（三）政策环境影响顺风车长期发展走向

顺风车并非营运车辆，因此很多城市并未出台专门的顺风车政策文件。部分出台政策文件的城市，在每日合乘服务次数、合乘人分摊总费用标准、合乘范围能否跨市、合乘信息服务平台是否需要备案等上的规定各不相同，因此顺风车在进行跨城出行时往往会面临政策不一致的矛盾。从未来看，政策的“规范程度”将会影响顺风车的发展空间和发展潜力。

B.6

2023年中国汽车短期租赁发展形势分析与展望

郭一麟　刘　震　翟永威*

摘　要： 2023年是新冠疫情防控平稳转段后的第一年，汽车短期租赁行业增长潜力得到进一步释放，强劲的增长势头一直延续至2024年，订单量屡创历史新高，节假日出行高峰期甚至出现“一车难求”的火爆场面，潮汐效应进一步凸显。头部租赁企业、租赁平台进一步发展，带动广大中小租赁企业发展，大型连锁租赁企业增长势头强劲。在短期租赁过程中车辆整洁度、还取车便捷性、客户投诉率等关键服务指标均有所改善。管理部门更加关注行业的健康、规范发展，各地的租赁企业和车辆备案工作取得了不同程度的进展。面向未来，汽车短期租赁行业的主题仍是高质量发展，专注于提升用户体验和保障用户权益是企业取得发展优势的基本条件。

关键词： 短期租赁行业　租赁企业　汽车

一　2023年中国汽车短期租赁行业发展基本情况

（一）发展规模

中国出租汽车暨汽车租赁协会汽车专委会的调研数据显示，2023年末

* 郭一麟，中国交通报社运输中心副主任，主要研究方向为交通运输等；刘震，中国信通院网约出行双化协同发展实验室资深专家，主要研究方向为交通运输等；翟永威，中国交通报社运输中心编辑，主要研究方向为交通运输等。

实际从事租车经营的企业为 33.36 万家，从业人员 139.8 万人，主营收入 1291 亿元，租赁车辆 223 万辆，车均年收入 5890 元。

（二）市场格局

近年来，行业企业规模转换速度加快，租车产业进入快速调整期，行业集中度不断提高。图 1 展示了截至 2023 年底企业类型分布情况。

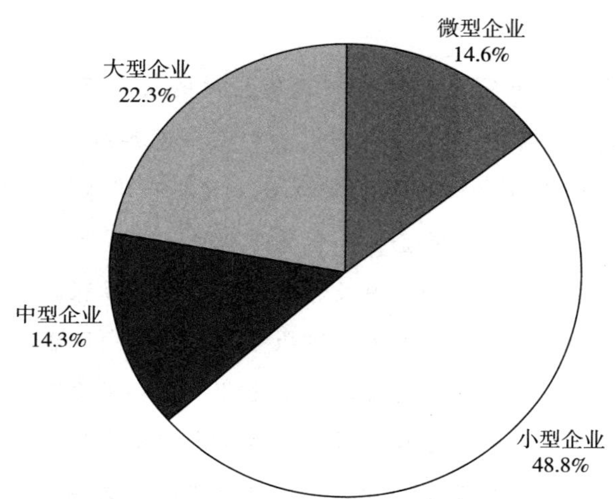

图 1　截至 2023 年底企业类型分布情况

注：大型企业指自有车辆在 1000 辆以上的汽车租赁企业；中型企业的自有车辆在 500~1000 辆；小型企业的自有车辆在 100~500 辆，微型企业的自有车辆在 100 辆以下。

资料来源：中国出租汽车暨汽车租赁协会。

2015~2023 年，大型企业占比从 5%上升至 22%，增加 17 个百分点；小型企业占比从 35%上升至 49%，增加 14 个百分点；微型企业占比从 52%下降至 15%，降低 37 个百分点。

（三）汽车租赁市场快速发展

2023 年以来，租赁市场火爆，汽车租赁成为热门出行方式，主要体现为在春节、“五一”“十一”、暑期等旺季，各大租赁平台和头部租赁企业均实现了订单的大幅增长，返乡、异地出行及跨城旅游等需求叠加，带动了租

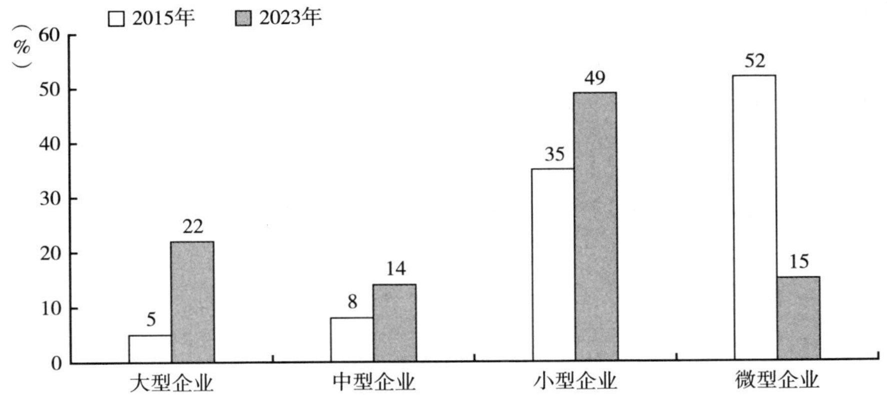

图 2 2015 年与 2023 年汽车租赁企业类型分布对比

资料来源：中国出租汽车暨汽车租赁协会。

车市场整体复苏。

租赁业务受益于节假日和旅游旺季出行需求增加。交通运输部的数据显示，2023 年春运期间，全国营业性客运量约 15.95 亿人次，铁路、民航发送旅客分别同比增长 37.5%、38.7%，相当于 2019 年同期的 85.5%、75.8%。据文化和旅游部数据中心测算，2023 年春节假期国内旅游出游 3.08 亿人次，实现国内旅游收入 3758.43 亿元。

汽车租赁具有很高的舒适性和灵活性。旅客可以根据自身需求和时间自由安排行程，不再受固定班次和路线的限制。

各大平台发布的数据都显示租赁市场火爆。携程租车平台数据显示，2023 年春运期间国内租车订单量对比 2019 年春运期间增长 69%，跨省游订单较 2019 年春运期间增长 7%；神州租车数据显示，2023 年春运期间租车需求全面反超 2019 年春运期间，全国平均出租率近 90%，峰值约 95%。2023 年春运期间一嗨租车订单总量同比 2022 年春运期间增长近 40%，同比 2021 年春运期间增长近 50%。

（四）汽车租赁线上线下深度融合

中国出租汽车暨汽车租赁协会专委会的数据显示，短租旅游出行中通过线上租赁平台租车人群占81%，租车供应商主要是中小微企业，上线车辆101万辆，峰值期达126万辆，占租赁车行业保有量的56%。线上租赁平台也成为中小微租车企业获客的重要渠道。

汽车租赁企业通过融合线上线下渠道的全方位租赁模式获客。以一嗨租车为例，作为首家实现全程电子商务化管理的汽车租赁企业，公司通过线上线下来服务不同场景的用户，App日活持续增加。一嗨智能蜂巢柜，可以利用App实现自助开柜取还车钥匙，无须等待，更智能、便捷。

二 2023年中国汽车短期租赁行业发展新特点

（一）租车群体年轻化

不同出行平台的数据均显示，“80后”“90后”“00后”正在成为主要的租车人群。神州出行数据显示，“90后”“00后”逐渐成为租车出行的主力军，整体用户群体呈现年轻化趋势，其所占比重过半，同比2019年增长超60%。

《2023租车自驾游报告》显示，2023年，“90后”订单占比从2022年的35%提升至39%，是租车自驾游的主力军。“00后”占比增速最快，2023年提升超5个百分点。“90后”和“00后”在租车消费群体中占比过半。

（二）新能源车型受到用户的欢迎

在车型选择上，新能源汽车以科技感加上续航里程、充电基础设施的优化而逐步得到消费者的认可。汽车租赁行业也不断引入新能源汽车，推进新能源汽车的普及，如一嗨租车新能源车型约占车队规模的10%，企业希望能在不同时间、不同地点合理布局新能源车，满足消费者需求。

（三）企业注重全面提升服务质量

租车行业想要实现健康持续发展，关键在于头部租赁企业和各大租赁平台坚持以用户为先原则，注重用户体验、安全，不盲目追求速度。如一嗨租车自 2023 年起全面取消车辆押金，大大降低了用户使用门槛，推动行业进入零押金时代。一嗨租车还支持无人取还车。一嗨租车在 App 中整合了快捷选车租车、违章信用免押、异地还车、送车上门、7×24 小时道路救援等功能。携程租车提供免费送车上门和取车前免费取消服务，可根据用户的需求和时间进行灵活调整。神州租车推出 7×24 小时客服热线和道路救援服务，并配置倒车雷达、ETC 设备、雪地胎等设备。

图 3　一嗨蜂巢柜支持自助取还租赁车辆

资料来源：一嗨租车。

（四）行业持续推动技术创新

头部租赁企业和各大租赁平台通过技术创新提升用户体验，进一步增强用户黏性，如 VR 看车，既节约租客时间，又减少了收车中可能产生的矛盾；推行电子合同，将承租权责落脚在可查询、可追溯、可查证上。

为了更准确地预测一个区域在某个时间段的车辆需求，尽可能地满足大家的出行用车需求，企业采用车辆调度系统，集合大量的实时数据、模型、算法，对用户预订地点、预订时间等数据分析，并结合历史数据、气象天气状况、季节性特征实现实时调整。

根据供需情况自动调整每个地区、每种车型的即时价格，提高车辆的周转率和使用率。研发的定价系统能够根据某一款车在某区域的出租率，自动调节其在这一区域的出租价。

各大租赁平台在通过聚合中小租赁企业使市场竞争更加充分的同时，也注重品牌管理，避免单纯以低价竞争获客而忽视租车用户的使用体验。

（五）自驾旅游助力地方经济增长

近年来，自驾游因旅游体验性更强而备受游客青睐，成为带动汽车租赁和旅游行业增长的新引擎。

2023 年携程租车报告显示，成都、乌鲁木齐、三亚、海口、昆明、大理、贵阳、西安、西宁、广州跻身国内热门自驾游目的地的前十名；举办“大运会”的成都成为暑期自驾游广受好评的目的地之一；海南岛环线、西北大环线、大兴安岭环线、青海小环线、川西大环线是暑期热门的自驾游线路；伊宁、呼伦贝尔、烟台、呼和浩特、威海、无锡、福州、大连、景洪、天津成为十大自驾游新晋“黑马”目的地。

（六）产业链企业加强生态合作

汽车租赁公司已经成为汽车主机厂的重要合作伙伴，汽车租赁公司与上游主机厂合作可以帮助汽车企业消化产能。而且用户在使用租车服务时，能够对不同车型有更真实、更全面的体验，这对于用户了解相关车型、促进产业链上下游的汽车流通均起到了积极作用。

一嗨租车与一汽大众、东风日产、一汽丰田、极狐汽车、小鹏汽车等众多汽车品牌开展战略合作，也与腾讯出行、滴滴出行等科技平台，优车库、易诚拍等金融机构，以及影视、文娱、酒店、航空、公益、公共交通等领域的合作伙伴开展多方位合作，形成“1+1>2”的聚合效应。

小鹏汽车、小灵狗出行和神州租车探索了汽车短时租赁轻资产运营新模式。按照战略合作协议，小鹏汽车提供 P7 车型，小灵狗出行将采买车辆和持有资产，神州租车负责车辆运营。

三　2023年政策推进及监管趋势

（一）中央政策支持汽车租赁行业发展

2023 年 3 月，交通运输部办公厅、文化和旅游部办公厅联合印发《关于加快推进城乡道路客运与旅游融合发展有关工作的通知》，提出“优化完善汽车客运站服务功能，发展汽车租赁、互联网租赁自行车等业务”；8 月，交通运输部等 11 部门联合印发《关于加快推进汽车客运站转型发展的通知》，提出“鼓励具备条件的客运站拓展汽车租赁、机动车驾培等服务”；12 月，国家发展改革委等部门印发《关于加强新能源汽车与电网融合互动的实施意见》，提出“优先打造一批面向公务、租赁、班车、校车、环卫、公交等公共领域车辆的双向充放电示范项目”。种种利好政策，为汽车租赁行业发展提供了保障与支持。

（二）一些地方出台鼓励租赁行业规范发展的政策文件

2023 年以来，为推动租赁行业高质量发展，黑龙江、海南等出台了专门的政策和指导文件。3 月，黑龙江省交通运输厅印发《黑龙江省促进汽车租赁行业发展专班工作方案》，2024 年 2 月，海南省交通运输厅印发《关于开展小微型客车租赁服务提升行动的通知》。促进租赁行业发展的举措主要体现在以下几个方面。

1. 增加汽车租赁服务设施供给

增加可为租赁车提供服务的停车场、停车位、充电站和充电桩，在当地大型公共场所、商业中心、产业园区和星级宾馆酒店、景区景点划设一定数量带充电桩的租赁车专用停车位，并设置明显的“租赁车专用”标识，同步完善租车服务配套的宣传牌、位置图、交通标示线和方向指引牌等。

2. 完善汽车租赁服务网络

在交通枢纽等租车需求旺盛的区域增设租车服务中心；完善机场租车宣

传、导示、指引等配套的服务设施，设置与出租车、网约车类似的交通引导标牌；鼓励租车企业和电商平台稳步增加服务网点、实体门店、自有车辆、停车场地及服务人员配备。

3. 鼓励车辆资源合理流动

结合汽车租赁淡旺季鲜明特点，允许汽车租车企业根据季节变化和市场需求，在旅游旺季时从外省调配车辆，在旅游淡季时支持车辆出省从业，从而提高车辆使用效率。其中，海南给予合规指引，允许省内注册的租车企业从外省调入在外省已备案“租赁”性质的新能源车辆，并到该企业经营所在地交通运输主管部门办理新增租赁车辆的企业变更备案。

4. 鼓励行业服务标准提升

租车企业和电商平台要加强企业、车辆信息公示力度和线上线下明码标价措施，增强租车规则、价格及费用结算透明度，确保线上线下车辆价格一致，采取一次性、清单化收费方式，杜绝隐性收费、额外收费，让用户充分知情、放心消费。大力推广信用免押租车、绑卡免押租车、轻微划痕忽略不计、老旧刮痕免责免赔、消费投诉先行赔付机制。要增加一线服务人员，强化业务培训，加强车辆安全技术检查与维护，不断改进服务方式，提高服务质量。

5. 倡导行业自律

汽车租赁行业协会要充分发挥行业协会的作用，切实加强宣传引导和行业自律，及时宣传贯彻相关政策法规要求，通报有关情况，牵头制定租车服务标准、经营者优质服务承诺书和承租人安全用车承诺书（范本）并推广使用。加大宣传引导力度，提醒消费者理性租车、租合规车，谨防上当受骗，引导督促租车企业、电商平台和从业人员遵章守法、规范经营、优质服务、诚实守信，自觉抵制租车市场乱象和恶性竞争，相互监督举报各种违法违规行为，共同维护租车市场良好的形象。

（三）推进汽车租赁车辆备案工作仍具有挑战

《小微型客车租赁经营服务管理办法》的印发标志着租赁行业进入有法可依的新阶段，实施 4 年多来，各地在落实节奏上仍然存在差异，车辆备案仍是痛点。

车辆备案后车辆性质将改变，导致残值的降低和保费的提升。残值的降低是因为车辆从事过租赁服务，流通到二手车市场就属于营转非车辆，同时车辆报废年限也对残值存在影响。假设二手车市场是透明且信息对称的，从事过租赁服务的车辆可能在估值上就应该比普通的非营运车辆要低一些，但降幅不应该等同于其他类型的营转非车辆（如网约车或道路客运），因为相比于道路运输行业，租赁行业的车辆损耗较低。事实上，关键问题在于如何扭转二手车市场和用户对租赁车辆的偏见。保费问题逻辑相似，需要有与租赁行业更匹配的险种。

中国租赁行业发展数十年，租赁车辆性质转变，的确不能立即落地，而是需要一个循序渐进的过程。无论是租赁企业本身成本快速提升、租赁行业商业模式的转变，还是与行业强相关的二手车、保险、金融等配套，都需要时间，并辅以相关柔性的引导和鼓励措施，从观念到实操层面予以扭转和改变。

四　汽车短期租赁行业展望

（一）行业仍将保持较快发展

我国汽车驾驶员数量与汽车保有量之间仍存在较大缺口，这是汽车租赁行业持续发展的基础。“有证无车”的年轻人有着较大的“周末用车、小长假用车、旅游用车”等出行需求。近年来，我国旅游发展步入快车道，凭借着灵活便捷、方便集体出行等特点，自驾游成为假日出行的热选。考虑到租赁车辆具有便捷还取车优势，加之出行平台能够提供较为优质的租车服务，租车自驾成为许多出游人群的首选。汽车租赁车市场仍有较大的发展空间，行业未来 3 年仍将保持较快增长态势。

（二）“出行+”模式带动经济社会发展

作为“衣食住行”中的重要一环，租车行业将国民生活方式的方方面面串联起来，更因其灵活特性，促进了人与城市、城市与城市的连接。在“出行+”商业模式下，旅游、酒店、航空等领域与租车行业之间的关联性日益增强。

在此基础上，租车企业与旅游、酒店、航空等企业开展“跨服”合作，可以实现资源共享、优势互补，共同拓展市场。这种融合模式不仅有助于提升双方品牌价值和市场竞争力，还能为消费者提供更加个性化的旅游体验。

（三）各方权益保护将成为行业规范健康发展的关键

近年来，汽车租赁行业受到了多方关注，部分问题也逐渐显现。在各方推动下，汽车租赁行业正朝着高质量的方向发展。不重视用户体验和权益保护的租赁企业或平台的生存空间逐渐减小，大型租赁企业和平台通过采取电子协议、依据信客原则解决争议投诉等举措，降低了客诉率，有效保护了承租人权益，扭转了“租车必被坑”的刻板印象。未来，保护承租人权益是行业底线，在此基础上，增强用户与租车行业之间的信任成为其发展的关键。

（四）头部租赁企业和各大租赁平台将持续助力服务水平提升

租车行业的新制度、新模式、新技术、新标准等新事物，将主要由汽车租赁线上平台和头部租赁企业催生。短租、旅游租车等将从“拼价格”转向“比服务”。租客对免押金、自助取还、VR 看车、驾驶安全、儿童出行保障等服务的期待值将持续提升。

（五）新能源汽车占比持续提升

新能源汽车产业是国家重点支持和鼓励的产业，新能源汽车的市场占比持续提升。一方面，新能源购车需求增加，新能源汽车新品牌也不断出现，包括火爆“出圈”的小米 SU7 等品牌车型，用户会更多地选择长期租赁或在租赁试驾后再选择购买；另一方面，地方政策支持新能源汽车产业高质量发展，以海南为例，其要求只有新能源车才可以备案，在“双碳”战略背景下，新能源汽车在租赁市场的占比会持续增加。

B.7

2023年中国共享单车发展形势分析

周锦秀　黄　扬　陶晨亮*

摘　要：　近年来，中国共享单车行业经历了一系列变革。哈啰、美团和青桔等主要企业大力开展精细化运营。北京和上海等大城市的共享单车覆盖面广，日均订单量和骑行人次均位居全国前列。北斗技术的引入有利于规范共享单车停放秩序。此外，共享单车也有效满足和开拓了一系列新需求和新场景。目前行业管理主要分为备案和招投标两种方式，并辅以总量调节，结合技术手段以保证运营效率。服务质量考核机制日益完善，考核结果与车辆投放配额相关联，促进了行业规范化发展。但共享单车行业仍面临挑战，包括市场准入方式的合法性和运营服务考核的合理性争议、规范的总量测算依据缺乏等。为此，报告提出的政策建议包括完善国家和地方法规体系，明确市场准入要求；制定总量测算标准，指导地方科学决策；出台运营服务考核指导性文件，规范考核工作。

关键词：　北斗技术　准入管理　考核管理　共享单车

一　2023年我国互联网租赁自行车行业发展整体情况

（一）行业规模整体有所下降

2023 年下半年以来，互联网租赁自行车（即共享单车）行业规模呈现

* 周锦秀，哈啰副总裁；黄扬，哈啰研究院副院长；陶晨亮，哈啰两轮出行事业部行业研究院副主任。

稳中有降的发展趋势，投放车辆数和日均订单数略有下降，日均翻台（车辆使用次数）基本保持不变。

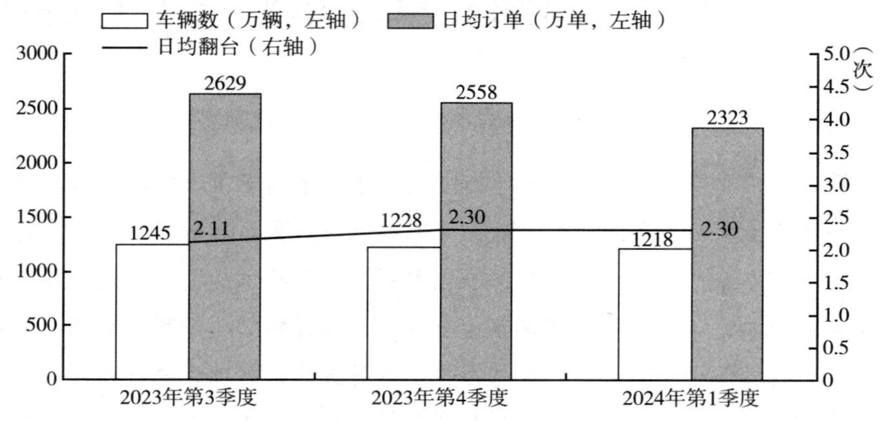

图 1　互联网租赁自行车车辆与日订单数量

根据中国道路运输协会统计，2024 年第 1 季度，哈啰、美团、青桔 3 家互联网租赁自行车企业共在全国 31 个省级行政区域投放运营，总投放运营城市超过 410 个，共投放互联网租赁自行车 1218 万辆，日均完好率为 87%。2024 年第 1 季度，互联网租赁自行车日均订单量为 2323 万单，日均骑行次数为 2. 3 次。

（二）行业格局稳定，主要企业持续深耕精细化运营

从行业格局来看，2014 年互联网租赁自行车行业快速发展，高峰期运营企业超过 25 家。经过近 10 年的市场竞争，行业进入理性发展期，大多数小企业退出市场。2017 年以来，哈啰、美团和青桔三家运营企业形成“三足鼎立”的市场格局，合计市场份额占全国的 95%以上，行业进入精细化运营时期。

近两年来，共享单车运维采用网格化、智慧化的调度方式，每个运营企业按照运营范围划分了若干个运维网格，每个网格配备专门的运维队伍，落实网格化运维管理职责，持续加强动态巡查和定点值守。共享单车运营企业

能够基于站点属性、历史骑行数据、实时天气等因素，通过算法和人工智能对某一点位的车辆供需进行预测。同时基于调度人员的实时位置、运维工具车辆情况生成不同点位的调度任务，为调度人员规划出相对较优的调度路线，实现智能化调度。

（三）行业监管趋严，盈利模式难有新玩家

近年来，城市管理者不断加大对共享单车行业规范管理力度，持续完善行业管理标准。各地相继出台相关管理办法，针对企业运维能力和技术投入提出严格的要求，通过实施常态化考核严格监督企业停放秩序、运营管理和合规运营等。

管理政策趋严、考核与运营成本增加、投入资金量大等，给运营企业带来巨大的考验。收取骑行费用是行业主要的收入来源，但共享单车定价低，运营维护以及持续的损耗等成本投入较大，企业要实现可持续发展难度大。尤其是自 2022 年 11 月起税率较以往大幅上调，全行业税负成本预计超过 10 亿元/年，企业经营压力进一步加大。

共享单车行业经历近 10 年的市场竞争，现已进入理性发展期，大多数小企业由于持续亏损而主动选择退出市场，近两年青桔在济南、廊坊、东莞等地由于单车运营持续多年亏损，也主动选择退出市场，这表明共享单车行业运营成本偏高，整体盈利状况欠佳。

二　2023年共享单车行业发展特点

（一）北京、上海等特大城市共享单车订单占比较高

北京、上海等特大城市由于本身轨道交通发达、公共交通系统相对完善，同时叠加共享电单车市场尚未开放，只有共享单车运营，因此投放数、车辆订单和翻台数等指标都位居全国前列，广州、成都、武汉等也具有类似特点。

以北京为例，2023 年北京的共享单车日均骑行量约为 311.6 万人次，报

备的共享单车车辆规模达到100.1万辆。2023年上海共享单车的日均订单量保持在250万单左右。仅这两个城市的订单量就占全国订单量的20%以上。

（二）北斗技术应用助力停放秩序规范

北斗技术在共享单车上的应用已经取得了显著成效，成为推动该行业发展的关键技术之一。目前，北斗高精度芯片在共享单车上的应用规模已超过500万辆，这不仅反映了北斗技术在大众消费领域的规模化应用，也意味着北斗技术的大众化应用进入了黄金期。通过北斗高精度定位技术，共享单车企业能够实现对车辆停放区域的精准划定和判定，大幅提升了共享单车管理的精细化水平，改善了市民的用车体验。

（三）公共自行车逐渐退出，共享单车有序补位

2023年4月，无锡停止运营公共自行车，是继扬州、淮安之后，江苏省内第三个宣告停止运营公共自行车的城市。此前，北京、广州、武汉、邯郸、厦门、桂林等城市的公共自行车陆续退出运营。

公共自行车曾是政府为了便民而推出的服务项目，大部分城市采取"免押金"和"1小时内限时免费"的政策以吸引市民使用。然而，由于注册过程烦琐、停放点限制过多以及车辆故障频发，用户体验并不理想。特别是还车时对固定桩位的依赖，在高峰时段或设备故障时，用户常面临无法还车的窘境。此外，公共自行车的运维成本高，包括车辆折旧和维护费用，这使得依赖财政补助的运营模式难以为继。

共享单车以灵活、便捷的特点有效填补了公共自行车退出后留下的市场空白。共享单车企业通过技术创新，实行扫码即走、随地可停的服务模式，极大地提升了用户的出行体验感，不仅满足了市民短途出行的高频刚需，而且以良好的体验和合理的收费获得了市场的认可。

（四）碳交易模式初见成效，骑行减碳量进一步体现金融属性

共享单车行业在减碳量交易和认证方面取得了显著进展。多家共享单车企

业已获得官方机构对其碳减排项目的认可，并通过与各城市合作制定了碳普惠方法、融入 MaaS 系统等，为“双碳”目标的实现提供了标准化的核算方法支撑。同时更具有里程碑意义的是，实际的碳交易案例已经出现，共享单车企业通过碳排放权交易系统出售碳减排量，这不仅为企业带来经济收益，也增加了碳市场供给。经过第三方机构核证，哈啰单车 2022 年在深圳的骑行活动实现了 3349 吨的碳减排量。这一成就预示着共享单车项目有望参与碳排放权交易市场。

共享单车的碳减排量还被用于生态环境损害赔偿，展现了其在环境修复方面的潜力。2023 年 8 月哈啰单车完成了一笔用于生态修复的碳交易。深圳市一家公司通过深圳碳排放权现货交易系统购买了哈啰单车 377 吨的深圳骑行碳减排量，用于其造成的环境损害的替代性修复，是广东省首例通过购买碳普惠核证减排量的生态环境损害赔偿案件。

（五）共享单车应用于城市文旅、亲子骑行等新场景

企业在运营中发现新需求、解锁新场景，通过优化单车造型设计与功能，体现行业的人文关怀、实现用户和城市的互动。

2024 年，美团在成都投放了首批锦江公园定制版单车，精心设计的单车涂装醒目亮眼，融入了成都锦江绿道元素和美团的品牌特色。

（六）共享单车行业整体调价引发讨论

2022 年以来，运营企业多次上调单次骑行卡价格和套餐价格。调价的主要原因是经营成本高，难以实现收支平衡。此外，2022 年 10 月，互联网租赁自行车行业税率提高到 13%，企业的经营成本进一步增加。单车运营企业普遍处于亏损状态，调价成为企业的共同做法。企业调价属于市场行为，并会提前在 App 等公众端进行公示，但由于互联网租赁自行车地域人群覆盖面广，调价话题引发了社会关注。从企业角度看，上调价格有一定合理性。一方面，企业前期靠价格补贴打开市场，在占有一定市场份额后再通过提价以实现盈利，成为共享经济行业普遍的做法；另一方面，原材料价格上涨和运营维护成本增加，也倒逼企业涨价。从消费者角度看，共享单车的性价比优势正在削弱，

如果价格上调后用户体验并没有明显提升，谁都会觉得钱花得不值当。共享单车用户的每次出行，都是一次体验测评。企业的配套服务和保障要跟上，否则，可能面临用户流失的风险，亟须在用户诉求和企业盈利之间找到平衡点。

三　2023年共享单车行业政策分析

（一）国家及地方层面普遍实施总量调节，运用技术手段规范车辆投放

北京、上海、广州、深圳、宁波、武汉、南昌、南宁、青岛、沧州、唐山、嘉兴等城市均已建立了互联网租赁自行车投放机制，实施总量调控，其中，北京、上海、宁波、深圳等地已通过地方人大立法，为互联网租赁自行车实施总量调控提供了法律依据，广州、珠海、武汉、南昌、南宁等城市通过政府规章、相关政策等为总量调控管理提供支撑。中心城市一般通过构建信息化监测平台、发放车辆电子标识等技术手段对运营车辆数量进行监管，如上海完成了全市约 90 万辆互联网租赁自行车电子身份注册工作，有效解决了车辆无序投放问题。深圳市执法人员通过线下扫码抽查车辆是否上牌备案，抽查小程序也对用户开放，鼓励用户扫码核验车辆是否为上牌车辆。同时，深圳市出台地方性法规明确了对超量投放的罚则，《深圳经济特区互联网租赁自行车管理若干规定》指出，经营者将未经备案的互联网租赁自行车投放使用的，由市交通运输部门责令限期收回违法投放的车辆，处五万元以上二十万元以下罚款；情节严重的，三年内不得参与新增车辆配置竞标。《深圳市交通运输行政处罚裁量标准》细化了超投处罚规定，最严重情节为一年内第三次被查处及以上，或单次违法投放车辆超 200 辆的，处二十万元罚款且三年内不得参与新增车辆配置竞标。

广州市将车辆配额分解到每个街道，发动街道抽查检验车辆投放量。对于超量投放行为，《广州市互联网租赁自行车管理办法》规定，投放车辆超过所取得的运营配额数量，或者更新车辆前未回收相应数量旧车的，由交通运

输主管部门责令限期改正，逾期未改正的，处以一万元以上五万元以下罚款。

杭州市采用两种方式核查未备案车辆。一方面，管理部门用浙政钉小程序线下扫码核查车辆是否备案；另一方面，杭州市车辆数据直接传输至管理部门平台，用户扫码后，监管平台收到用车请求时会自动核查车辆是否在平台备案，没有备案的车辆将无法开锁。

（二）市场准入主要分为备案和招投标两种方式

在总量调节前提下，各城市对企业投放车辆配额的初次分配即互联网租赁自行车行业市场准入环节的实施方式基本分为两类。一是实施备案制准入管理的城市，基本上采取尊重历史形成的现存企业的配额比例，对于前期过量投放问题，按比例对企业配额进行调减，如北京、上海、合肥等城市。二是实施招投标管理的城市，一般由政府发布含有车辆数量的招标公告，企业通过竞标获得配额，并以签订合同的方式明确企业投放车辆份额。

综上所述，各地对互联网租赁自行车的市场准入管理主要有备案、招投标（包括政府遴选）两大类方式。全国已投放运营互联网租赁自行车的地级以上城市中，约75%的城市实施备案管理，约25%的城市实施招投标管理。两类方式的具体情况见表1。

表1　互联网租赁自行车市场准入方式

市场准入方式	说明	表现形式	典型城市
备案	主管部门明确通知进入企业需要递交相关材料作为备案，备案后方可投放运营的市场准入形式	政府主管部门通过出台管理办法或组织企业召开管理会议明确要求，通过官方渠道递交书面材料（企业资质、运营方案等）作为备案，该备案作为运营准入的条件	北京、上海
		运营企业需事前向主管部门提交申请报告、备案资料，还需获得主管部门同意进入运营的回函批复、会议纪要等红头文件，明确进入运营的战略合作协议等（备案+批文）	南京、聊城、济源、萍乡、

续表

市场准入方式	说明	表现形式	典型城市
招投标	城市政府或主管部门通过政府采购网站或政府官网发布招投标或遴选通知，主要包括招标公告、中标公告、合同等（政府遴选主要是遴选公告、中选公告、合同或协议），企业获得政府部门认可后进入的形式	事前通过颁布市人民政府令和地方性法规的方式保障管理程序和招投标程序的公正公平；然后开展招投标，在政府采购平台公布招标公告和中标公告	深圳、广州
		直接在政府采购平台发布招投标公告或竞争性遴选公告，开展竞争性谈判	吉安、宜春

1. 备案管理基本程序

实施备案制的城市要求企业进入城市运营前需将营业执照、经营管理制度及投放方案等资料向主管部门报备；有些城市规定企业备案后，还需要持有政府或主管部门同意进入的批文、签订战略合作协议等条件方可经营，如南京、聊城、济源、萍乡等。

2. 招投标管理基本程序

实施招投标的城市一般通过政府采购网站或政府官网发布招标或遴选公告，明确企业数量、车辆需求数量等，企业按公告要求准备标书、投标，政府机构组织人员对企业标书进行评分，根据评分结果，公开发布中标公告、签订合同等。

案例1　深圳市通过地方立法明确互联网租赁自行车实施招标准入

深圳市通过地方性法规明确规定以公开招标作为互联网租赁自行车投放的前置程序。2021年8月1日起施行的《深圳经济特区互联网租赁自行车管理若干规定》明确，市交通运输部门应当通过公开招标等公平竞争的方式确定互联网租赁自行车经营者以及车辆投放数额，并与经营者签订经营服务协议。

2023年5月31日，深圳市交通运输局官方网站发布《深圳市互联网租赁自行车经营者及车辆投放数额招标预公告》，启动“深圳市互联网租赁自行车经营者及车辆投放数额”招标工作。正式招标公告将在预公告发布之日起 14 天后 30 天内，在交通局官网及深圳市公共资源交易公共服务平台同步发布。

（三）考核机制日益完善，结果与配额联动

为规范企业运营行为，提升行业服务质量，截至 2023 年 5 月，全国已有 37 个城市出台了互联网租赁自行车服务质量考核评价办法。各地的服务评价考核办法均明确了评价内容、考核指标、考核方式、考核程序。一般由市级主管部门牵头，根据职责分工，相关部门配合，建立市级、区级和街道三级考核体系，通过现场考核、平台统计、第三方统计等方式进行综合评价。

例如，北京市实行按月评分、季度定级、定期公示、按年进行信用评价的动态考核机制。上海实行月度扫码抽查、现场观察、管理部门集中打分和日常监管、行业信息平台数据监测统计等评价方式；评价周期为每半年组织实施一次定期评价，结合重大活动或基于行业经营状况发生重大变化实施按季度或按月临时评价。广州、深圳、武汉等城市按季度进行考核评价，并对企业考核评分结果在主管部门网站进行公示。南昌等城市考核工作贯穿于日常企业运营，将日常考核分值进行累计，每年奖惩一次。

各地通过服务质量考核评价结果与车辆投放配额联动机制督促企业增强线上线下服务能力和运行维护保障能力，提高运营服务水平，对于考核不达标的，有序引导其退出市场经营，基本建立了行业事中、事后监管制度；对于评价考核分值排名靠前的，在总量控制的前提下，按照一定的原则，进行适当车辆投放配额奖励。

四　共享单车行业面临的挑战

目前，国家层面仅出台政策性文件即指导意见与行政规范性文件即资金

管理办法，涉及发展定位、总量调节、押金和预付金管理等内容，没有明确规定市场准入、服务质量考核，以及互联网租赁电动自行车发展顶层设计等涉及行业规范发展的核心问题，且文件法律层级不高，因此，对地方行业主管部门制定行业监管政策、规范行业发展不能起到足够的引导作用和支撑作用。

（一）市场准入方式尚未明确

目前，国家层面尚未明确行业准入方式和准入条件的法律依据，地方行业主管部门实施行业监管难度大。部分城市采取“备案+批文”的方式，事实上是在备案程序中加入了行政审批，属于非行政许可审批。总体来讲，“备案+批文”与招投标准入管理形式面临准入许可和运营资质审核无法律依据的问题；部分地方行业主管部门直接或间接与企业签订战略合作协议或备忘录，涉嫌滥用行政权力排除、限制市场竞争。按照国家发展改革委、商务部联合印发的《市场准入负面清单（2022 年版）》，互联网租赁自行车行业不属于市场准入负面清单范围，不得设置行政许可。根据《中华人民共和国行政许可法》（2019 年 4 月），除法律、行政法规、地方性法规或省、自治区、直辖市人民政府规章外，其他规范性文件一律不得设定行政许可。当前，除深圳通过地方立法形式保障了招投标准入方式的合法性外，其余城市均缺乏设置依据，存在违规违法风险。从地方实践经验来看，若不设置必要的准入要求，行业将无序发展，居民出行服务质量无法得到保障，城市运行秩序也会受到严重影响。

（二）总量规模缺乏规范的测算依据

目前，行业尚没有统一的测算标准和方法，无法指导全国城市规范设置投放总量。部分城市制定的车辆容量测算指标体系不完善、没有充分考虑行业发展的影响因素和与城市交通系统其他交通方式的协调性、测算结果无法准确反映城市居民实际的出行需求等问题较为突出，科学性、合理性有待加强，不利于建立合理的投放机制和提升行业精细化管理水平。

（三）运营服务考核合理性有待提升

目前，国家层面尚未出台具有约束效力的统一的服务标准和管理标准，企业在没有服务标准的情况下不会主动提供高质量的服务，地方管理部门只能通过服务质量考核来加强对企业服务质量的管理。从各地出台的考核评价管理办法来看，不同城市对互联网租赁自行车的运营服务考核评价规则、评价内容各不相同，个别城市存在服务质量考核标准不明晰、考核频率过密、考核指标不合理等问题。

1. 考核目标不明晰

部分城市没有充分考虑到不同企业经营效率的差异，强制要求企业加大车辆运维人员投入，设置过高的人车比考核指标。从实际运营来看，100 辆车产生的营业额约为 80 元/天，而运维人员人工成本为 200～300 元/天，远超经营收入，加上车辆硬件成本、取扣车成本、软件开发成本等，导致企业生存压力巨大，行业难以实现可持续发展。

2. 考核标准不统一

烟台市的莱山区、芝罘区对车辆停放管理采用不同的硬件要求，用户还车很不方便；重庆各个市辖区的考核规则各不相同，高新区每年考核 1 次，两江新区随机考核，南岸区目前还没有考核，市级层面尚未建立客观、统一的考核标准。

3. 考核频率过密

部分城市考核执行的频率过密且对骑行受淡季影响等缺乏统筹考虑，有的每月都实施考核和份额调整，有的每年考核 8 次，有的北方城市冬季仍在执行严格考核。

4. 考核权重划分和指标设置不合理

部分城市在考核时缺少对用户需求的考虑，在车辆停放秩序方面考核评分权重过大，过度强调停放的精准性，加剧了单车“不好停”的消费体验，使共享失去了便利性，行业低迷。部分城市设立与企业运营服务质量无关的非必要考核类目，包括产业落地、缴税情况、就业贡献、省部级表彰等。

五　对共享单车行业的政策建议

（一）完善国家地方性法规体系，明确市场准入要求

按照《国务院关于实行市场准入负面清单制度的意见》和《国务院办公厅关于全面实行行政许可事项清单管理的通知》文件精神，以及国家发展改革委、商务部联合印发的《市场准入负面清单（2022 年版）》等文件要求，互联网租赁自行车企业可依法平等开展运营，各地不得设置行政许可等准入条件。

互联网租赁自行车发展至今，经历了由放松管制向总量调节的监管历程。各地实践经验充分显示，若不从经营资质、服务质量、运营维护等方面设置必要的准入条件，行业将无序发展，居民出行服务质量无法得到保障，城市运行秩序也会受到严重影响。因此，为削减行业发展带来的负外部性，建议如下。

一是明确行业市场准入方式。结合城市交通管理条例等立法工作，明确互联网租赁自行车行业市场准入采取总量控制前提下的“备案”方式或以提升服务质量为目标的招投标方式，明确地方行业主管部门可根据实际，设置以服务质量为导向的市场准入方式及准入条件。二是适时研究制定行业管理部门规章。跟踪关注各地相关法规制定和实施情况，充分吸收各地行业立法经验，适时研究制定互联网租赁自行车经营服务管理规定，建立全国统一的行业基本管理制度。三是指导各地尽快开展地方性法规的制修订工作。积极鼓励具备条件的地方结合实际，制修订相关地方性法规，为行业规范管理提供法律依据。

（二）制定总量测算标准规范，指导地方科学决策

出台互联网租赁自行车总量规模测算指南，完善互联网租赁自行车总量测算指标体系，提升总量测算的科学性和合理性。在此基础上，结合合理、

合法的市场进入制度，指导城市建立相对科学、合理的投放机制，建立与城市空间承载能力、停放设施资源、公众出行需求相适应的车辆投放机制，引导运营企业合理有序地投放车辆。

（三）规范运营服务考核，优化指标考核体系，平衡运行秩序与效率、用户体验的关系

建议以政策性规范文件或行业标准等，规范行业经营服务考核标准，针对企业基本情况、车辆投放秩序、运营维护、人员管理、停放秩序、投诉处理、安全措施与紧急情况处置等明确统一的规范要求，并对服务质量评价规则、评价内容、评价指标、评价分级等做出原则性统一要求，为管理部门加强运营企业监管提供支撑，全面提升行业服务质量。

优化城市的服务考核指标体系，提升用户骑行体验类指标的权重，从注重车辆的停放秩序逐步向重视用户骑行体验转变。针对考核频次过密的城市，建议适当降低运营淡季的考核频次，如北方城市的冬季，以及旅游城市的旅游淡季等时段，鼓励企业投入更多资源来改善用户骑行体验。避免设置考核目标不相关的类目，包括产业落地、缴税情况、就业贡献、省部级表彰等，使相关考核类目紧密围绕企业服务质量、运营秩序和用户体验。

建议对企业实施考核时平衡好秩序与效率之间的关系。针对当前只有三家头部企业在运营共享单车以及行业本身盈利难、准公共产品属性，从鼓励绿色出行和共享经济新业态发展的角度出发，营造更加宽松的发展环境，避免设立过分严苛的考核评分标准，更加关注共享单车用户便捷出行体验，建立更加合理的考核管理制度。政企双方各司其职、各尽其责，强化沟通交流和动态协同，合力找到使用效率和公共秩序的最大公约数。

（四）鼓励企业产品创新，满足用户多样化定制化出行需求

鼓励企业产品创新，支持企业投放亲子车、文旅 IP 车等新型车辆，营造“city ride”氛围，拉动文旅经济发展。建议将亲子车、景区旅游车等新型车型份额与城市总量配比分开考虑，满足特殊人群的定制化需求。特殊人

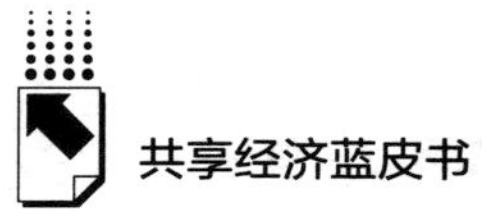

群的需求，具有集中式、车型定制化、特殊停放、特别管理（亲子车还涉及妇联单位管理）等特点，与城市一般运营模式有所区别，运营成本较高，如果要满足这些定制化需求，最好与城市总量配比分开考虑，鼓励企业有更强的动力尝试服务创新和优化，促进行业差异化发展。

B.8
2023年中国互联网租赁电动自行车发展情况分析

周锦秀　黄　扬　刘　芳　曹　柯*

摘　要： 2023年中国共享电单车行业规模保持稳定，市场集中度有所下降，小品牌在小城市的发展较为迅速。2024年行业的一大变化是，一线城市如北京开始试点开放共享电单车运营。实践中，共享电单车对城市管理而言是更安全、更具效率且普惠的出行工具。政策方面，各地越来越倾向于规范发展共享电单车，不少城市都出台了法规或管理办法，强调企业主体责任，要求配备安全头盔、加强车辆检测和规范停放秩序等。一些地方开始探索推进与共享电单车行业配套的换电柜行业的发展，以构建完整的城市补能网络。为此，建议科学评估共享电单车发展带来的影响，明确其发展定位，并制定相应的管理政策。同时，从全局最优角度出发，科学测算共享两轮车与公交资源的最优匹配值，以实现城市交通资源的高效利用。

关键词： 共享电单车　绿色出行　补能网络

一　2023年共享电单车行业发展整体情况

（一）行业规模稳中有降

据中国道路运输协会统计，截至2023年12月底，7家互联网租赁电动

---

* 周锦秀，哈啰副总裁；黄扬，哈啰研究院副院长；刘芳，哈啰两轮出行事业部行业研究院院长；曹柯，哈啰两轮出行事业部行业研究院。

自行车（以下简称“共享电单车”）企业共在全国 30 个省级行政区域投放运营，总投放运营城市超过 700 个。共享电单车共投放 694.6 万辆，环比减少 0.9%，同比增加 0.4%；日均完好率为 92.7%。2023 年第 4 季度，互联网租赁电动自行车日均订单量为 2517 万单，环比减少 8.7%，同比减少 18.4%。日均骑行次数约为 3.46 次，环比减少 20%，同比减少 22.4%；日均骑行时长为 1.29 小时，环比减少 8%；日均骑行里程为 13.1 公里，环比减少 7.1%，同比减少 11.8%。

2023 年第 4 季度由于天气寒冷，除日均订单和日均翻台均有所下降外，整体变化不大，车均翻台维持在较高水平（同期共享单车日均翻台在 2.3 次左右）。

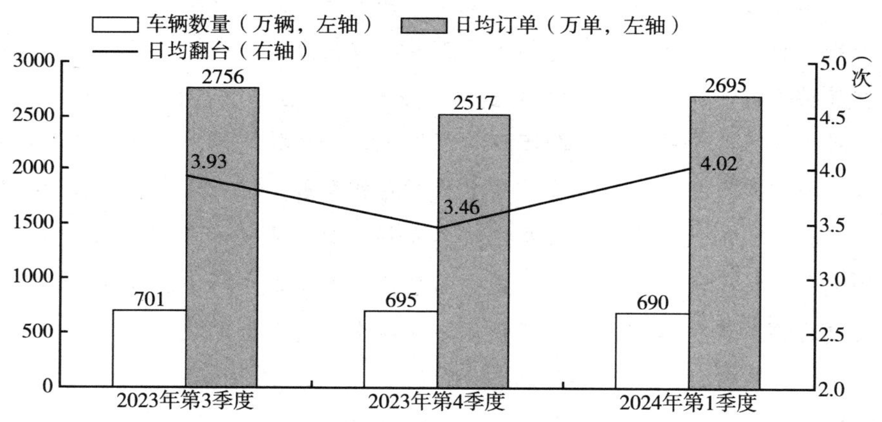

图 1　共享电单车的车辆数量与日均订单情况

根据中国道路运输协会统计，2024 年第 1 季度为数据统计期，互联网租赁电动自行车共投放 690.2 万辆，环比减少 0.6%，同比减少 8.5%；日均完好率为 94.3%。7 家互联网租赁电动自行车企业共在全国 30 个省级行政区域投放运营，总投放运营城市超过 700 个。日均订单量为 2694.82 万单，环比增加 7.1%，同比减少 16.8%；日均骑行次数约为 4.02 次，环比增加 16.2%，同比减少 4.3%；日均骑行时长为 1.08 小时，环比减少 16.3%，同比减少 30.5%；日均骑行里程为 12.3 公里，环比减少 6.3%，同比减少 18.7%。

互联网租赁电动自行车规模略有回调的主要原因包括：一是企业众多，

随着行业发展进入优胜劣汰期，部分小企业的车辆投放和运营规模逐步萎缩；二是疫情影响消退，公交、地铁和网约车等的恢复发展，满足了一些潜在的互联网租赁电动自行车的出行需求。

（二）市场竞争激烈，下沉市场为主

从行业格局看，共享电单车行业集中度远低于共享单车行业。在共享电单车市场有上百个大大小小的品牌。其中，哈啰、美团、青桔位居行业头部；紧随其后的松果、人民、小溜占据腰部位置；喵走、小呗出行、芒果电单车、闲驴出行、北源出行、青马骑、蜜果出行、筋斗云、车多多、大哈出行、悟空单车、享骑、拜米出行等分羹其余市场份额。从投放车辆数来看，美团、哈啰和青桔 3 家企业市场份额约占全国的 40%，小遛、人民出行、松果、喵走等中型企业约占 30%，其他小微品牌占比超过 20%。

造成这一局面的原因在于：一是由于市场准入方式不明确、行业监管难度较大等，行业企业面临“开城难”现状；二是部分城市政府主管部门在引入互联网租赁电动自行车时，为规避准入不合规、经营垄断等问题，采取创立地方品牌、支持当地运营及相关企业扩大业务范围等方式，导致运营企业数量增加但是规模偏小。2023 年以来，不少企业入局，市场竞争日趋激烈。

（三）一线城市开始试点共享电动车

2024 年 5 月，北京经济技术开发区（以下简称“经开区”）发布《互联网租赁电动自行车试点运营公告》。为研究论证发展互联网租赁电动自行车的必要性、可行性，利用社会资源为市民提供安全、便利的出行服务，自 2024 年 5 月 30 日起在北京经济技术开发区行政管理区域范围内开展共享电单车试点。试点区域内既有共享单车按一定比例置换为共享电单车，并计划分阶段投放 6000 辆。

2022 年 11 月，广州市公安局发布《广州市互联网租赁电动自行车管理办法（征求意见稿）》，提出不鼓励发展共享电单车，但根据不同区域的公共交通基础设施建设情况以及市民实际需求，允许企业适度投放共享电单车。广州市公安局后续在更新征求意见稿时，删除了与共享电单车有关表述。

2024 年 6 月，中国城市公共交通协会在北京召开了“共享（电）单车城市运营安全与治理研究”课题启动会，希望通过发展共享模式，满足居民用车需求，减少私人电单车不合规使用行为，降低火灾发生率。加快形成科学有效、可落地实施的共享（电）单车治理模式，实现地方共享（电）单车运营整洁有序、实时监管。

二　2023~2024年共享电单车行业发展新特点

（一）共享模式对于私人电动车替代的可能性受到广泛关注

全国私人电单车的保有量超过 3.5 亿辆，多地发生由电单车引发的火灾事故，引发社会广泛关注。北京、广东、江苏等地政府已着手整治电单车乱象，加强电单车的安全使用和规范管理势在必行。在国内数亿辆电单车的背景下，将引入集中管理、数据驱动、平台监管的共享电单车作为一种补充或替代的方案，通过统一、规范的管理和维护，降低火灾隐患；同时抑制私人电单车快速增长，减轻私人电单车监管压力；提高整体的交通效率和使用安全性。共享模式在提升电单车行业整体安全水平方面具有潜在优势。

共享电单车企业可以利用平台运营手段规范市民骑行行为。为了积极响应电单车骑行要佩戴头盔的要求，共享电单车平台向政府开放精准数据提取、属地定制服务、头盔佩戴识别等功能，在属地交管部门的要求下头盔佩戴率在 95%以上。此外，共享电单车通过搭载载重识别芯片，能够防止多人骑行车辆行为，通过手机人脸识别方式，有效防止 16 周岁以下未成年人骑行共享电单车，避免未成年人骑行事故发生。这些都需要运营企业的软硬件技术相结合以达到监管的效果。

不少地方考虑适量投放共享电单车，抑制私人电单车的快速增长。从一些城市投放前后的数据来看，共享电单车的适度投放，能抑制私人电单车的增长，给城市管理留出时间和空间。根据能源基金会发布的《共享电单车对城市居民生活方式的影响以及对城市绿色出行的作用研究——以昆明为例》，昆明在投放共享电单车后，42.29%的私人电单车车主不再或减少使用个人电单车，转而做出出售、置换或闲置个人电单车的决策，市民购买电单车的意愿下降，同时也监测到城市私人电单车增速放缓。[①] 同时，共享模式也提升了电单车的效率，即一辆车服务更多人次的出行，提升城市绿色出行比例。根据《2020年绿色出行发展报告——共享两轮车篇》，用户从小汽车出行转向共享两轮车出行的比例为21.7%，因使用共享两轮车而放弃购买小汽车的比例为10.5%，因使用共享两轮车而放弃购买电单车的比例为14.4%。

（二）小企业车辆进入集中汰换期，安全隐患集中显现

共享电单车发展最迅速的是三、四线及以下城市，并且以“小品牌+小城市”的绑定模式最为典型。比如，某品牌共享电单车，由于行业没有明确的准入规定，早期跟很多地区签订了独家协议，占据了众多小城市的市场份额，但由于是独家运营，在定价收费、运营维护、安全监管和风险管控上都存在一定问题，影响用户体验，也给城市管理带来挑战。例如，小品牌投放的共享电单车均要求先充值后用车，充值最低额度为5元，起步10分钟内价格为2.5~3元，超过10分钟后，有的是每5分钟收取1元，有的是每1分钟收取1元。2020年涌现出的很多小品牌的车辆基本到了汰换期，但是由于汰换成本较高，不少损耗车辆没有得到有效维护，且运营周期延长，安全隐患问题突出。

（三）地方国资平台尝试入局共享电单车市场

以公交为代表的本地企业也尝试进入共享电单车市场。如南昌、银川等的本地公交公司试图通过实施共享电单车项目，破解发展困境。部分地方政府从盘活低效资产、减轻财政负担、促进社会稳定大局等角度考虑，也出台了政策鼓励公共企业提供其他社会服务，探索跨业融合经营新模式。

① 《共享电单车对城市居民生活方式的影响以及对城市绿色出行的作用研究——以昆明为例》，北京城市象限科技有限公司，2023年4月。

1. 南昌

2021 年 9 月，吉兔公司与南昌公交以 BTO 模式合作运营，提出“两轮公交”概念，把共享电单车归并到大公交的行列，构建了“公交到站，两轮公交到家”的全新服务模式。由南昌市政府准入、南昌公交投资、吉兔公司负责项目的运营服务，运营期间所有资金归南昌公交账户，南昌公交根据收益按日车均收益（车效）考核后，支付吉兔公司运营管理费用。

2. 银川

2024 年 4 月，银川公交推出“公交+微公交共享电单车”的数字化出行模式，试运行期间内投放 500 辆“微公交”共享电单车，车被摆放在商业街区、公交站点等客流量较大的地方，前 20 分钟内为 2 元，而后每超过 10 分钟加收 1 元。市民只需在银川“微公交”微信小程序完成注册认证，便可在全市共享电单车停车点位进行扫码骑行。

此外，制造两轮电动车的整车厂也初步尝试入局平台或运营。雅迪入局共享平台，乐迪出行于 2023 年 3 月宣布上线，已服务超过 30 家共享投放客户。新日、绿源入局运营，与部分合作方联合投放。

（四）共享电单车赋能低碳城市建设

共享电单车在推动低碳城市建设方面发挥着重要作用。共享电单车的出行范围比共享单车广，一般在 3~8 公里，因而对小汽车出行的替代效应更为显著，又因小巧灵活，能够有效缓解城市交通拥堵，提高道路使用效率，减少因交通拥堵而造成的能源浪费。共享电单车的普及还有利于加强与城市公共交通系统，如地铁的接驳，形成更加高效和绿色的交通体系。根据能源基金会发布的《共享电单车对城市居民生活方式的影响以及对城市绿色出行的作用研究——以昆明为例》,① 2021 年昆明共享电单车（哈啰共享电单车）减碳量可达到 468. 37 吨，属于城市的绿色出行方式。超过一半的受访

① 《共享电单车对城市居民生活方式的影响以及对城市绿色出行的作用研究——以昆明为例》，北京城市象限科技有限公司，2023 年 4 月。

者认同共享电单车比其他交通工具更加低碳环保，也认同共享电单车对提升环保意识有促进作用。

在电池循环领域，共享电单车有更广阔的应用空间。运营企业普遍采用的是具有绿色环保、寿命长、重量轻等优势的工业级磷酸铁锂电池，并严格按照国家环保相关规定制定了废旧电池报废、回收和处置程序，并与工信部发布的白名单内的专业动力电池回收企业合作，安全有序地拆解回收电池，进一步实现电池的梯次利用。在处理报废退役电池的循环上，共享电单车回收有集约化优势，效率大大高于私人电动车电池。

（五）带动换电柜行业发展，构建完整的城市补能网络

近年来，随着电单车市场规模的迅速扩大，对其充电和补能的需求也催生了换电柜行业。电动两轮车的充电安全问题一直备受关注，电动车进楼、家中充电、飞线拉电等引起的火灾、安全隐患一度成为社会热点，而“以换代充”模式符合国家政策导向，由专业企业来运营也更便于监管，被认为是更安全的、具有推广意义的补能方式。

换电柜行业的竞争日趋激烈。据艾瑞咨询报告，国内换电企业超过 300 家，其中规模较大的有 30 多家，包括铁塔换电、小哈换电、e 换电等。用户层面，以外卖、快递等 B 端客户为主要客群，C 端用户占比依然较小，这也与更换电模式尚未覆盖社区，以及 C 端用户对价格更为敏感有关。

（六）拓展休旅骑行场景，助力城市文旅经济发展

共享电单车在省力、提效方面具有比较优势，是游客和市民重要的交通工具。共享骑行不仅显著提升了游客出行的灵活性、便捷性，并且在提供以慢行为特色的旅游体验、协助旅游资源推广引流、打造城市文化 IP 等方面发挥着重要作用。以淄博为例，中国城市规划设计研究院联合滴滴共同发布的《2023 年度中国主要城市共享单车/电单车骑行报告》显示，共享电单车备受外地游客青睐，是淄博旅游交通的有益补充。2023 年“五一”期间淄博市共享电单车日均订单量是 3 月周末的 10 倍，其中 82%的订单来自外地

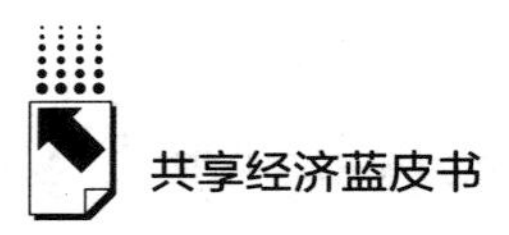

游客。共享电单车可满足全场景旅游出行需求。松果出行发布的2023年长假骑行“大数据”也显示，中秋国庆长假期间，共享电单车骑行量环比假期前一周增长45%，同比增长33%。相关调研还显示，一些游客在体验共享电单车服务的同时，对城市的好感度也会提高。

2024年“五一”假期期间，兰州黄河景区投放了一批哈啰景区游玩电动车，为绿色、低碳畅游黄河沿岸提供了新的骑行观光方式，获得游客广泛好评。

（七）大规模采用北斗定位技术

国内共享电单车的智能锁中都嵌入了北斗定位芯片，这是城市使用数字化手段管理车辆的关键。目前，共享电单车企业陆续将定位系统切换为以双北斗定位为主的兼容模式，一方面用于实时、准确地掌握车辆位置信息；另一方面也能有效规范车辆停放秩序。

共享电单车的运营企业根据车辆回传数据建立调度后台，匹配车辆供需以及规范停放秩序。同样地，城市管理部门建设的监管平台也已经非常成熟。监管平台只需要接入各家运营企业的数据，就能实现对全市范围内互联网租赁电动自行车的实时动态监控和运营监督。平台企业利用北斗定位形成的大数据可用于车辆供需预测，以增强对路面车辆管理、用户骑行和停放行为的干预能力。用户可以通过北斗高精度导航定位更准确、便捷地找车还车，提升骑行体验。城市监管部门也可以通过监管平台对企业运维服务、线下运维调度、现场秩序管理等方面进行考核。北京、深圳、厦门、珠海等城市建设了基于北斗高精度导航定位技术的电子围栏，实现禁停区、热点停放区的车辆规范化、科学化管理。目前，围绕城市内电子围栏的采集、施划和线上管理已形成规范的操作流程，高精度电子围栏框内的还车成功率达95%，框外还车失败率达95%。

（八）多地探索氢能源试点与应用

2023年以来，攀业氢能、永安行、协氢新能源、捷氢科技等10余家燃料电池及两轮车厂商积极布局氢能两轮车市场，应用场景主要有共享出行和外卖配送两大领域。从投放数量来看，2023 年至今已投放氢能两轮车超过 2000 辆，2024 年有望实现万辆级市场运营。其中，协氢新能源拟于 2024 年在国内 6 个城市启动氢能两轮车的投放应用，并计划 1～2 年内将氢能两轮车的规模提升至 10 万辆以上。2024 年 2 月，氢兰科技在肇庆市端州区试点投放 1 万辆氢能两轮车。中农国建（江苏）农业发展投资有限公司与乌兰察布市集宁区人民政府签署氢能源—共享电单车项目投资协议，获批可投放氢能源两轮车 15000 辆，投放期为 15 年，运营维护委托乌兰察布市公交公司实施。同年 4 月，山西省吕梁市孝义市首批 3000 辆氢电两轮车投运。

但由于技术的不稳定与运营效果欠佳等，氢能两轮车体验感不高，收费标准相对偏高，0～15 分钟内收费 2. 5 元，之后每 10 分钟收费 1. 5 元。

三　2023年共享电单车行业政策分析

（一）准入的公平竞争审查机制与负面清单制度

共享电动车的市场准入对行业发展有非常大的影响。2018 年 12 月，经中共中央、国务院批准，国家发展改革委、商务部发布《市场准入负面清单（2018 年版）》，标志着我国全面实施市场准入负面清单制度，负面清单以外的行业、领域、业务等，各类市场主体皆可依法平等进入。此后，国家发展改革委和商务部每两年对负面清单开展全面修订，现行的《市场准入负面清单（2022 年版）》显示，共享电单车并不在清单禁止之列。该制度推行后，成为相关企业进行车辆投放运营的依据。

2021 年，市场监管总局等五部门印发《公平竞争审查制度实施细则》，规定在制定市场准入和退出规章、规范性文件、其他政策性文件时，应当进行公平竞争审查，评估对市场竞争的影响，防止排除、限制市场竞争。

（二）地方出台“规范发展”共享电单车的管理条例和指导意见

各地逐步施行“规范发展”共享电单车管理条例。省级层面，已有 13

个省区市在立法层面将共享电单车纳入管理，其中9个省区市出台了管理条例/指导意见，对互联网租赁电动自行车进行了规范，另外还有4个省区市在征求意见阶段。

表1　近年来主要省区市关于共享电单车的有关法规政策

省份	文件	政策法规	发布时间	共享电单车管理规定
浙江	浙江省电动自行车管理条例	地方性法规	2020年5月	快递、外卖等服务企业和互联网租赁电动自行车企业应当加强安全生产教育和管理，落实安全生产主体责任，依法参加工伤保险，可以通过购买第三者责任险、驾驶人员人身意外伤害险等方式提高企业偿付能力 设区的市、县（市、区）人民政府应当组织交通运输、住房城乡建设、公安机关交通管理等部门，根据当地道路交通、公众出行等因素，制定互联网电动自行车的投放政策，明确允许的投放范围、数量和相关管理要求，并向社会公布 互联网租赁电动自行车企业应当履行企业主体责任，配备必要的管理人员，按照要求设置电子围栏，随车提供安全头盔，加强车辆检测、维护和停放秩序管理，并将车辆投放和租用等信息按照规定接入互联网电动自行车行业监管服务平台
湖南	湖南省电动自行车管理办法	地方性法规	2020年12月	互联网租赁电动自行车企业应当履行企业主体责任，配备必要的管理人员，加强车辆检测、维护和停放秩序管理，随车提供安全头盔，不得为不符合电动自行车驾驶条件的人员提供电动自行车租赁服务
海南	海南省电动自行车管理条例	地方性法规	2021年6月	鼓励快递、物流、外卖等服务企业和互联网租赁电动自行车企业购买第三者责任险、驾驶人员人身意外伤害险等保险产品 互联网租赁电动自行车企业应当履行企业主体责任，配备必要的管理人员，按照要求设置电子围栏，随车提供安全头盔，加强车辆检测、维护和停放秩序管理，并将车辆投放和租用等信息按照规定报送有关主管部门备案

续表

省份	文件	政策法规	发布时间	共享电单车管理规定
广西	广西壮族自治区电动自行车机动轮椅车管理办法	地方性法规	2021 年 10 月	互联网租赁电动自行车企业应当运用电子地图、电子围栏等现代信息技术平台，通过客户端有效告知驾驶人允许停放、禁止停放区域以及有关惩戒措施，规范停放管理，及时清理占用道路、公交站点、绿地等公共场所的车辆和损坏、废弃车辆；为电动自行车租用人随车提供安全头盔 电动自行车租用人应当按照道路交通安全法律法规合规驾驶和停放，自觉维护道路交通安全和市容环境。租用人在驾驶和停放过程中发生违法行为的，有关部门可以依法要求互联网租赁电动自行车企业提供违法行为发生时的相关信息
河北	河北省电动自行车管理条例	地方性法规	2021 年 11 月	使用电动自行车从事快递、外卖的经营单位和互联网租赁电动自行车经营单位应当落实安全生产主体责任，将电动自行车安全管理纳入单位内部安全生产规章制度，明确安全责任人 互联网租赁电动自行车经营单位应当遵守以下规定：投放电动自行车数量不得超过当地有关行政主管部门确定的区域数量限制要求；投放的电动自行车符合强制性国家标准；随车配备安全头盔；运用现代信息技术手段规范承租人停放电动自行车行为；配置必要人员对投放的电动自行车进行管理、维护
山东	山东省电动自行车管理办法	地方性法规	2022 年 5 月	设区的市人民政府可以根据国家有关规定，结合本地实际情况，制定本行政区域内互联网租赁电动自行车投放、管理等措施 互联网租赁电动自行车企业应当履行安全生产主体责任，配备专门的管理人员，加强车辆检测、维护和停放秩序管理
安徽	安徽省电动自行车管理条例	地方性法规	2022 年 12 月	从事互联网租赁电动自行车业务的企业，应当落实主体责任，按照当地人民政府确定的投放区域、数量并采用技术手段进行定点投放；随车提供安全头盔，定期消毒、维护、增补，保障其安全使用；根据需要为所属电动自行车购买第三者责任险、驾驶人员人身意外伤害险等相应的保险；配备必要的管理人员，做好电动自行车的规范投放和有序停放工作

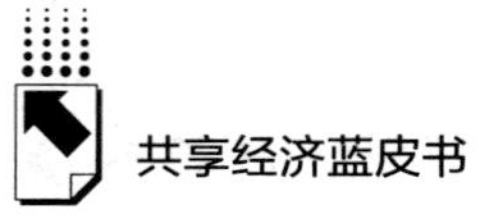

续表

省份	文件	政策法规	发布时间	共享电单车管理规定
黑龙江	黑龙江省电动自行车管理条例	地方性法规	2022 年 12 月	互联网租赁电动自行车企业应当遵守以下规定:投放的电动自行车符合强制性国家标准;随车配备安全头盔;运用电子地图、电子围栏等现代技术手段进行运营维护和停放秩序管理;加强日常调度,平衡区域供需,及时清理严重挤占人行道、车行道、绿化带的电动自行车;制定车辆与驾驶人识别制度,配合公安机关交通管理部门依法管理
辽宁	辽宁省电动自行车管理办法(草案征求意见稿)	地方性法规	2021 年 10 月	市、县人民政府应当组织交通运输、住房城乡建设、公安机关交通管理等部门,根据当地道路交通、公众出行等因素,制定电动自行车的投放政策,明确允许的投放范围、数量和相关管理要求,并向社会公布 互联网租赁电动自行车企业应当履行企业主体责任,配备必要的管理人员,按照要求设置电子围栏,随车提供安全头盔,加强车辆检测、维护和停放秩序管理,并将车辆投放和租用等信息按照规定报送有关主管部门备案
湖北	湖北省电动自行车管理办法(征求意见稿)	地方性法规	2021 年 9 月	设区的市、县(市、区)人民政府应当组织交通运输、城乡建设、公安机关交通管理等部门,根据当地交通、公众出行等因素,制定共享电动自行车的投放政策,明确允许的投放范围、数量和相关管理要求,并向社会公布 互联网租赁电动自行车企业应当依法规范经营,履行企业主体责任,配备必要的管理人员,按照要求设置电子围栏,随车提供安全头盔,加强车辆检测、维护和停放秩序管理 互联网租赁电动自行车企业未配备安全头盔的,由公安机关交通管理部门责令改正,处以警告,可以并处 2000 元以上 2 万元以下罚款
河南	河南省驾乘电动自行车佩戴头盔规定(草案)	地方性法规	2023 年 2 月	快递、物流、外卖等企业应当为从业人员配备安全头盔,并督促其规范佩戴。互联网租赁电动自行车经营单位应当随车配备安全头盔 电动自行车驾驶人或者乘坐人未按照规定佩戴安全头盔的,由公安机关交通管理部门处警告;拒不改正的,处 20 元罚款

续表

省份	文件	政策法规	发布时间	共享电单车管理规定
宁夏	宁夏回族自治区电动自行车管理规定（草案征求意见稿）	地方性法规	2024 年 3 月	佩戴安全头盔要求：互联网租赁电动自行车企业应当随车配备符合相关质量标准的智能安全头盔，并以技术控制手段保证安全头盔佩戴后方可骑行 互联网租赁电动自行车企业要求：互联网租赁电动自行车企业应当落实主体责任，按照当地人民政府确定的投放区域、数量采用技术手段开展运营维护和停放秩序管理；根据需要为所属电动自行车购买第三者责任险、驾驶人员人身意外伤害险等相应的保险；配备必要的管理人员，做好电动自行车的规范投放和有序停放工作。互联网租赁电动自行车企业应当加强车辆日常安全检测维护，对随车配备的安全头盔定期消毒、维护、增补，保障其安全使用；及时维修破损车辆、回收废弃车辆；加强停放秩序管理，及时对挤占人行道、车行道、绿化道等道路、区域停放的车辆进行清理，维护道路安全通畅 互联网租赁电动自行车企业违法的法律责任：互联网租赁电动自行车企业未履行本规定义务的，由有关行政主管部门责令改正；拒不改正的，处 2000 元以上 2 万元以下罚款
云南	关于鼓励和规范互联网租赁自行车发展的实施意见	行政指导文件	2023 年 5 月	营造良好的发展环境：引导用户文明用车。不满 16 岁的未成年人，不得租赁和使用互联网租赁电动自行车等 规范运营企业行为：规范企业运营服务。强化企业落实车辆注册登记制度，若运营企业投放的车辆为电动自行车的，所投放车辆须符合《电动自行车安全技术规范》要求，在属地公安交管部门注册登记后方可进行投放；运营企业要加强对互联网租赁电动自行车投放、转运、维修等环节的规范管理和安全操作

城市层面，在 138 个表明发展共享电单车态度的地级城市中，52.9%的城市确定了“规范发展”的管理基调，越来越多的城市将共享电单车纳入统一监管，形成“总量控制、规范管理”的思路。

（三）地方探索换电柜行业的发展

政策层面对换电柜行业发展较为鼓励，2024 年以来，深圳、南京、上海等城市发布了相关规范。上海市规划资源局于 2024 年发布《关于印发〈关于本市电动自行车停放场所和充电设施规划资源实施意见〉的通知》，从空间治理的角度，形成了指引规划。

四　共享电单车行业面临的挑战

（一）国家层面缺乏对共享电单车的确定性指导文件

近年来，共享电单车在各地陆续投放运营，逐步成为居民经常选择的出行方式。部分地方出台了一些规范行业发展的法规与政策，在互联网租赁电动自行车“指导意见”或“实施意见”中，一些城市将共享电单车纳入互联网租赁自行车范畴，无论是共享单车还是共享电单车，政策引导方向均为“规范有序发展”。但地方相关文件是基于当地情况制定的，不具有普遍指导性。总体来说，需要国家层面就互联网租赁电动自行车发展制定清晰的指导政策。

（二）准入面临负面清单和合规维度的极大挑战

截至 2023 年 11 月，国家发展改革委已发布 6 期通报共 105 个案例。其中，涉及共享两轮车运营权授予有 30 个，占比达 28.6%，属于高发领域。从地域分布来看，30 起案例中有 11 起发生在云南，6 起发生在福建，5 起发生在山东，3 起发生在广东，2 起发生在广西，湖北、江西和湖南各有 1 起。目前，将共享电动车纳入违背市场准入负面清单案例通报的典型案例大致划分为变相设置行政许可和滥用行政权力、排除限制竞争两大类。

通过实行负面清单制度，行业准入、乱收费现象得到有效整改，但也面临一些新问题。例如，尚没有上位法规定准入合规操作方式，导致共享电车企业在新城市的准入或已有城市的行业续签成为棘手的问题。

（三）共享电单车与公共交通的竞合关系存在争议

有观点认为共享电单车和共享单车的发展分流了公共交通的客流，导致公交公司陷入经营困境，但这一说法尚未有全面的数据支撑；相反，有一些研究认为共享电单车弥补了公共交通不足，避免更大的资源投入。

比如，2022 年中山大学与美团联合发布的《县城共享电单车出行报告》指出，共享电单车在县城对公共交通的补充效应远大于替代效应，尤其是在公共交通系统不完善的县城，如广西合山市共享电单车使用者途经的空间范围内公交系统的空间覆盖率约等于 0。

2023 年，能源基金会发布的《共享电单车对城市居民生活方式的影响以及对城市绿色出行作用研究——以昆明为例》显示，2019~2021 年共享电单车单日骑行次数逐年增加，覆盖区域更广，且接驳地铁的趋势明显。就交通结构来看，共享电单车增加了轨道交通的客运量，略微减少了常规公交客运量。

因此，关于共享电单车与城市公共交通的替代和互补关系还需要进一步讨论。

小品牌企业在多个城市存在违规投放行为，既没有上牌管理，也没有配备头盔来保障骑行安全，同时还产生“瘀滞”等资金监管问题。各地实践经验充分表明，若不从经营资质、服务质量、运营维护等方面设置必要的准入条件，行业将陷入无序混乱发展，居民出行服务质量难以得到保障，城市运行秩序受到严重影响。

五　发展趋势与展望

（一）共享电动车平台模式对两轮车的安全性价值将被更多管理者所认可

目前，全国电动自行车安全隐患全链条整治工作正在紧锣密鼓地开展。

相较于全国超大体量私人电动自行车的日常化规范管理，对共享电单车企业的监管则更为可控、有效。因此，共享电单车的平台运营模式在提升两轮车行业整体安全水平方面具有的潜在优势将受到更多的管理者广泛关注和认可。

共享电单车从产品设计、充电运营到应急处置，能够实现全流程安全可控，企业在车辆产品、充换电模式、用户引导等多维度提供的安全解决方案，也有助于为更广大群体提供更安全的服务，同时可以充分发挥平台运营优势，建立全流程管理体系，保障城市电动车安全水平提升。与此同时，相关调查研究表明，共享模式可以显著减缓私人电单车的增速，从源头上杜绝超速、超重行驶、充电不当等安全风险。越来越多的城市管理者认识到共享电单车是加快汰换非标车、缓解个人高需求与管理矛盾的新业态，有望成为提升电动自行车行业安全水平的新模式。

（二）大城市或将释放出更多市场空间

交通运输部科学研究院发布的《共享两轮车出行效率研究报告》显示，27.3%的私人电动自行车用户认为共享电动自行车可以替代私人电动自行车，38.1%的共享两轮车用户认为共享电动自行车可以替代私人电动自行车，而认为可以替代的主要原因是可以随用随停、出行需要换乘、私人电动自行车需要自己充电等。在满足居民出行需求方面，一辆共享电动自行车可以替代 1.7 辆私人电动自行车，使城市空间利用率提高 41%。

2024 年，北京率先成为一线城市中首个明确表态计划发展共享电动车的，5 月经开区发布《互联网租赁电动自行车试点运营公告》。北京开了一线城市试点共享电单车的先河，是城市出行方式的创新，不仅提供了更加便捷、环保的出行方式，为市民带来全新的出行体验，还有助于解决电动自行车管理不善、停放无序等问题。此举无疑对其他城市发展共享电单车的态度产生影响，共享电单车有望在大城市获得更多的市场发展空间。

（三）监管水平与行业技术将同步大幅提升

随着越来越多的城市推广共享电单车，“政府监管+企业运营”的共享电单车运营模式将持续完善，以应对新业态发展过程中不断涌现的各类问题，保障行业健康可持续发展。

近两年 AI 停车技术、氢能源电单车、单北斗应用、信用分机制等新技术、新模式从试点阶段逐步过渡到推广阶段，政府监管平台一站式技术、总量控制算法也不断优化，一方面竞争促进企业应用新技术，另一方面政府不断更新监管手段，促使企业应用新的技术以达到监管要求，最终两股力量共同促进行业发展更加智能化、安全化、科技化。

B.9

2023年中国需求响应公交服务发展形势分析与展望

巫威眺　练文海*

摘　要： 需求响应公交服务以定制化的出行服务模式，提升了公交服务的灵活性，优化乘客的出行体验。2023年，城市公共交通出行结构发生了深刻变革，在城市公共交通多网融合不断深入的背景下，需求响应公交服务在全国范围内被持续推广，各地在运营场景、服务模式等方面进一步创新。本文对需求响应公交服务现状进行分析，总结需求响应公交在运行灵活性及营收方面存在的问题，研判其定制化、小型化的发展趋势，并从宏观政府与微观企业两个层面提出推动碳交易、发挥市场激励作用、提升线网覆盖能力、实现合规“数字营收”等发展建议。

关键词： 需求响应公交　多网融合　公交新业态

一　需求响应公交

需求响应公交考虑乘客的交通出行需求，从需求侧出发优化交通运力资源的分配和运营调度，在提升乘客出行体验的同时解决运力资源供需不平衡问题。需求响应接驳客运作为一种泛需求响应公交模式，在出行即服务（Mobility as a Service，MaaS）理念的指导下，通过“班车+其他”多

* 巫威眺，华南理工大学土木与交通学院副教授，主要研究方向为交通运输工程等；练文海，华南理工大学土木与交通学院，主要研究方向为交通运输工程等。

种交通方式提供市域内接驳服务，提升了城际班车客运对城际出行乘客的吸引力。

（一）发展历程

1976 年，需求响应公交的前身——灵活型公交服务系统首次出现在 Flusberg 撰文介绍的“Merrill-Go-Round”系统中。1984 年，Daganzo 首次提出需求响应公交概念，并证明其能够在出行需求较低的区域提供较传统公交更优质的服务。1990 年，根据《美国残疾人法案》定义了需求响应系统，需求响应公交作为一种辅助公共交通服务出现在大众的视野里。2004 年，美国业内对需求响应公交有了更为清晰的界定和分类，美国公共交通合作研究计划（Transit Cooperative Research Program，TCR）报告“Operational Experience with Flexible Transit Services：a Synthesis of Transit Practice”中将需求响应公交分为下列 6 类：线路可变公交服务、车站可变公交服务、需求响应接驳式服务、响应式车站服务、区段需求响应公交服务和区域需求响应公交服务。至今，欧美地区已经积累了丰富的发展经验，如美国威斯康星州的 Merrill-Go-Round 系统、欧盟的“先进的公共交通运营系统”（System for Advanced Management of Public Transport Operations，SAMPO）以及波兰的“Tele Bus”需求响应公交系统。需求响应公交早期主要是为满足老弱病残等特殊群体的出行需求或人口低密度地区的乘客出行需求，后期逐渐转向更加具体的服务场景，如城市外围区、广大农村偏远地区以及公共交通服务不完善区域等。

在中国，随着新基建等技术的广泛应用，需求响应模式正在成为未来城市交通发展的趋势之一。为推动该运营模式的发展，各地在服务模式、应用场景、配套政策等方面进行了一系列创新与实践，旨在形成自给自足、良性循环的可持续发展新业态，同时减轻财政负担。此外，现代公共交通正在不断变革与发展，包括推动需求响应公交服务，这表明城市公共交通系统正在逐步兼顾集约化和个性化。

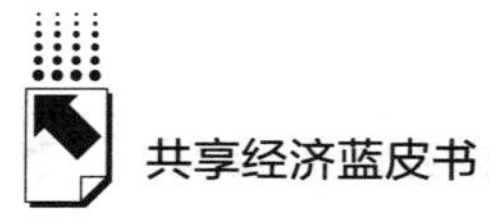

（二）运营模式分类

需求响应公交的特征是“依需而供”，调度方案根据乘客需求而定，由于不同场景和地区的客流特征差异较大，全国各地纷纷推出了不同类型的需求响应公交服务，主要包括定制专线、场站疏散、线路巡游、半灵活式需求响应公交以及全灵活式需求响应公交。在城际出行班车客运领域，也效仿推出了需求响应型定制客运。

1. 定制专线模式

定制专线模式以定站、定线、定时刻的方式运营，主要服务于有固定出行时空特性的乘客群体，上班族、学生族是该类群体的代表。因此，公交公司可以预留固定的运力资源以提供定制专线业务服务，专门满足这类群体的出行需求，乘客提前与公交公司商定出行计划。此外，公交公司还提供专项服务，满足举办婚礼、组团出游等单次集聚的出行需求，公交公司也推出了特殊的定制专线服务。

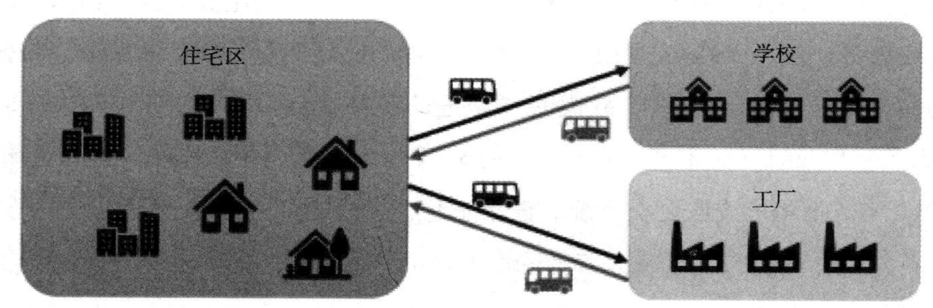

图 1　定制专线模式

实践案例：截至 2023 年，南通公交集团已开通 112 条厂企定制公交线路，覆盖南通开发区、苏锡通园区、老港闸区内近 30 家企业，年运送乘客达到 260 万人次；合肥公交第五巴士开通合肥七中紫蓬校区助学专线；乌鲁木齐市开通多条定制公交服务，包括“公交+校园”的上学专线、夏季前往南山的运营公交专线、冬季滑雪专线，以及服务于高新技术产业开发区（新市区）北区工业园区的“公交+通勤”定制公交；乌市公交集团为

2023~2024 赛季中国男子篮球职业联赛（CBA）开通 6 条天山明月城定制公交，投入 24 辆公交车，分别在 6 个点位发车，解决市民直达天山明月城出行不便的难题；杭州公交开设高校内部穿梭专线，以需求响应模式提升校内师生的出行体验，提高校园出行效率；福州长乐闽运公交推出定制婚车服务；北京通学公交、通医公交、通游专线等多样化公交线路已有 1000 余条。

2. 场站疏散模式

场站疏散模式以不定站、不定线、不定时刻的方式运营，主要服务于枢纽场站到站乘客，为乘客提供从场站到家的“最后一公里”服务。其具有较强的韧性，能有效满足节假日等高峰时段场站集聚的乘客的出行需求。此外，对于轨道交通枢纽而言，场站疏散模式能较好地满足大量在轨道交通枢纽处换乘的乘客出行需求。

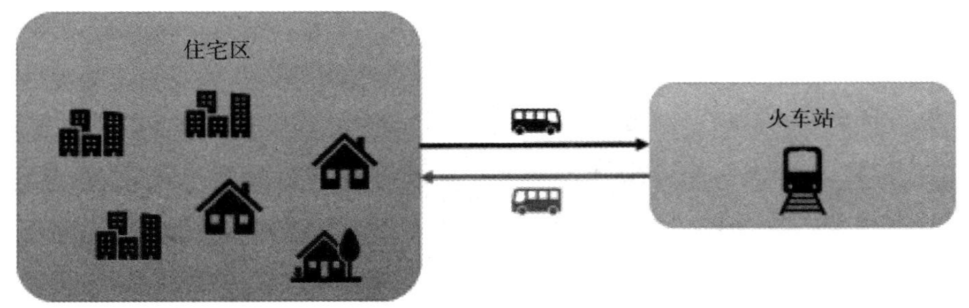

图 2　场站疏散模式

实践案例：深圳巴士集团联合深圳市公路客货运输服务中心有限公司在深圳北站和深圳机场上线“蓝海豚送到家”服务，提升夜间抵深旅客的出行体验。

3. 线路巡游模式

线路巡游模式以定站、定线、不定时刻的方式运营，主要服务于不同交通枢纽之间换乘的乘客。

实践案例：2023 年 3 月，赣州黄金机场往返赣州西站的 320 公交专线开通；6 月，兰州市秦王川站至兰州中川国际机场区间的双向“摆渡大巴”

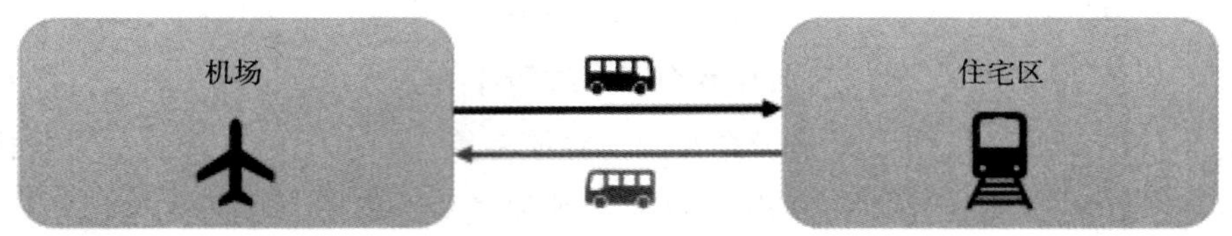

图 3　线路巡游模式

正式开通运营。

4. 半灵活式需求响应公交模式

半灵活式需求响应公交模式以不定站、定线、不定时刻的方式运营，主要服务于出行需求较为集中、出行距离较为固定、起讫点均位于运营区域内的场景，通俗来说，即“区域巡游车”。

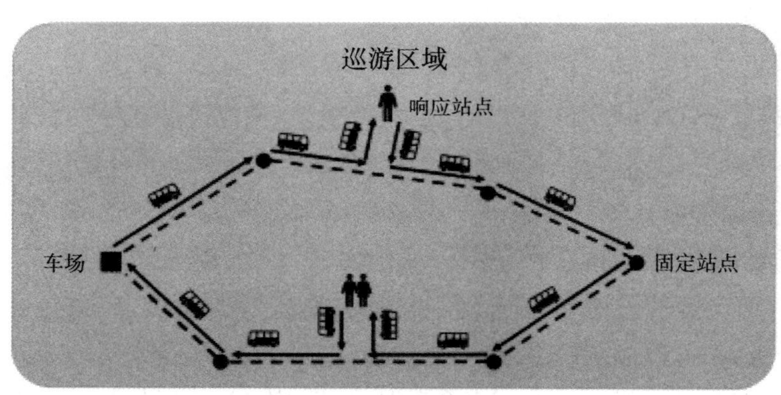

图 4　半灵活式需求响应公交模式

实践案例：亳州公交开通了亳芜产业区“招手即停”循环专线；北京按照“定站不定线，按需派车”的方式，针对鲁谷地区新开巡游定制公交，增设衙府泰园小区、衙府业园小区、衙门口路东口、重聚园小区、重聚路、地铁八宝山站 6 个站位，为区域内市民提供巡游定制公交出行服务；贵阳公交开设“黔爽微巴”二戈寨巡游专线，13 台“红墩墩”新能源纯电动公交车正式上线，服务周边群众。

5. 全灵活式需求响应公交模式

全灵活式需求响应公交模式以不定站、不定线、不定时刻的方式运营，完全根据乘客的出行需求调度运力资源，乘客通过手机端 App 购票，运营商实时响应。该模式对互联网技术要求较高，需要乘客与车辆信息实时协同，并且需要实时优化车辆运行策略，是需求响应公交发展的理想模式。

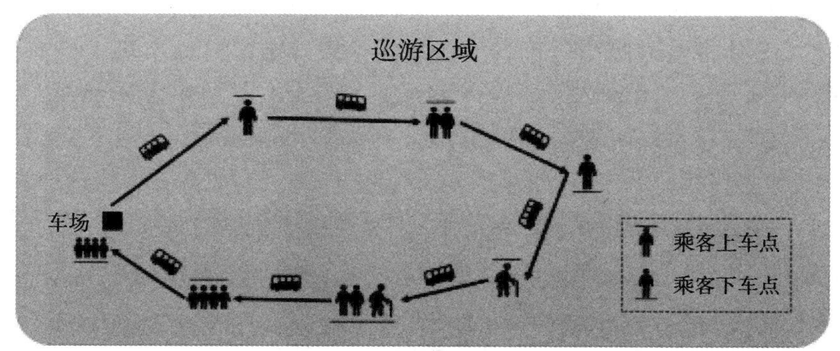

图 5　全灵活式需求响应公交模式

当前，响应式网约公交是全灵活式需求响应公交模式的典型，从部分试点城市公交企业运营效果来看，其特别适用的主要场景有：一是低密度、OD 分散、常规固定线路运行入不敷出问题显著但人民群众又有出行需求的地区；二是客流密度大、运力资源供不应求而乘客又有相对高品质出行需求的场景；三是适用于城市内部短期旅游出行的场景。

实践案例：2023 年江苏公交群起“响应”，6 月 14 日南京公交集团在江心洲的 486 公交线路试点推出手机呼叫“响应式公交”服务，7 月 6 日常州公交针对 40 条公交线路提供“响应式停靠”服务，7 月 10 日苏州将“外河头”等 22 对站点调整为响应式公交停靠站；浙江杭州掀起“云公交”风潮，8 月 15 日滨江区开启“云公交”，8 月 18 日钱塘区一键直达的“云公交”正式上线；深圳公交陆续开启“响应式停靠”服务，至今已有 22 条线路实行了“响应式停靠”运营模式；东莞推行了“小青鸟”网约巴士，乘客可根据定位选择电召下单或招手即停的方式下单，佛山、中山、仁寿也推出了这种模式；

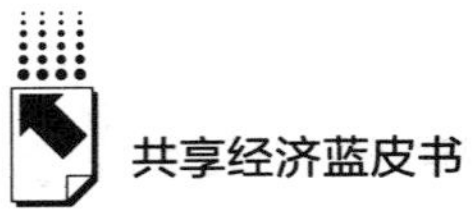

嘉兴海宁公交采用了7座商务车巡游方式推出响应式网约公交服务。

6. 定制客运模式

定制客运模式指已经取得道路客运班线经营许可的经营者依托电子商务平台发布道路客运班线起讫地等信息开展线上售票，按照旅客需求灵活确定发车时间、上下旅客地点并提供运输服务的班车客运运营方式。它属于一种泛需求响应公交模式，是需求响应公交在班车客运服务领域的拓展，其中定制服务主要体现在城际出行场景中的城内接驳环节。目前市场上已有“城际约租”等灵活、快速、小批量的道路客运定制服务，也存在利用大巴车提供城际定制客运的服务场景。

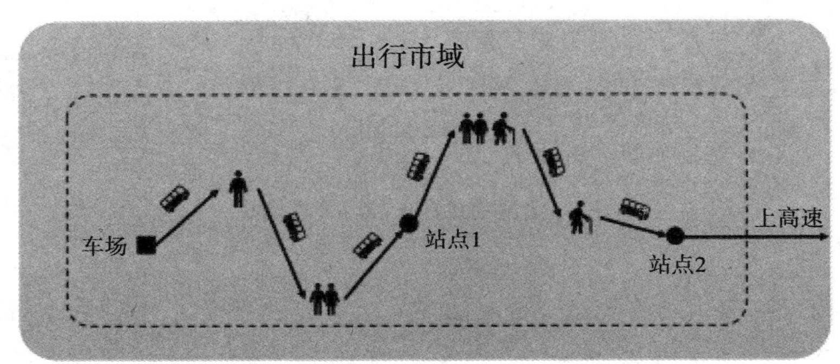

图6　定制客运模式

实践案例：武汉安陆涢安的城际快线出行；河北的冀约出行；广州市车盈网公司提供城际出行场景中“首一公里”的网约车接驳服务。

综上所述，需求响应公交各类运营模式的特点与适用场景如表1所示。

表1　需求响应公交运营模式分类

运营模式	运营特点	适用场景
定制专线模式	多点集客，集中散客	适用于有相同出行目的的固定群体的出行场景，如上班、上学群体等
场站疏散模式	单点集客，多点散客	适用于客流大规模集中的场景，如节假日的高铁站等

续表

运营模式	运营特点	适用场景
线路巡游模式	单点集客,单点散客	适用于出行轨迹固定、出行时间随机的出行场景,如交通枢纽之间的换乘场景等
半灵活式需求响应公交模式	多点集客,多点散客	适用于中小范围内的灵活出行场景,如商业区、园区、大学城等
全灵活式需求响应公交模式	全灵活集散客	适用于低密度客流区域的出行场景,如郊区等
定制客运模式	多点接驳,集中跨域	适用于城际出行的城内接驳出行场景

现阶段，我国需求响应公交主要服务于定制化出行场景，对有特定出行目的、出行特征的乘客出行进行集中规划；在相对较小的运营范围内，半灵活式需求响应公交模式能够较好地响应乘客的订单，而对于全灵活式需求响应公交模式，为实现高效响应动态需求，调度平台对决策优化算法等具有较高的要求。共享经济和移动互联技术催生了出行需求的个性化和碎片化，客流分布呈现随机性、非均衡性和时空相关性等多重特征，随着人工智能和大数据等技术的进步，该运营模式将展现出强大的发展潜力。

二　需求响应公交服务发展现状

我国需求响应公交服务正逐渐融入人们的日常生活。为实现长远发展，应厘清需求响应公交在城市交通系统中面临的机遇和挑战，或许只有尝试跳出“需求响应公交”，从公交行业发展的宏观角度去看待问题、避免定式思维，才能自上而下、更好地看清需求响应公交发展的关键。

（一）当前城市交通发展状况

如今社会经济飞速发展，城市公共交通出行结构发生了深刻的变革，公共交通系统正以前所未有的速度发生变化。在当前环境下，传统公交公司的运营模式和机制还能维持原状吗？

1. 城市公共交通系统发展现状

当前，综合立体交通网是一种全新的交通发展模式，强调通过多种交通方式的有机组合及有序衔接，形成一个高效、便捷、环保的交通运输体系，体现了交通发展的全面性和立体性。中共中央、国务院印发的《国家综合立体交通网规划纲要》和《"十四五"现代综合交通运输体系发展规划》为构建现代化高质量国家综合立体交通网做出明确规划和详尽指导。在城市公共交通系统中，多网融合旨在整合多种交通方式，实现多种交通方式之间的互通互联，从而优化出行服务，是综合立体交通网在城市公共交通系统中的规划尝试和落实体现。地面公交作为城市公共交通系统的重要组成部分，其良好的发展对实现城市公共交通多网融合、优化城市综合交通体系具有重要意义。

地面公交是我国城市公共交通发展早期的主要出行方式。现阶段，随着城市轨道交通线网不断拓展，以及网约车、共享单车、共享自动驾驶车辆等共享出行方式的兴起，我国城市综合交通系统结构发生深刻变革，城市地面公交面临着前所未有的挑战。如图 7 所示，自 2010 年起，我国地铁客运量逐步增长而公交客运量呈下滑趋势，2020 年公交客运量相比于地铁降幅更大。随着高速铁路建设不断加快，城际班车客运也面临着同样的问题。

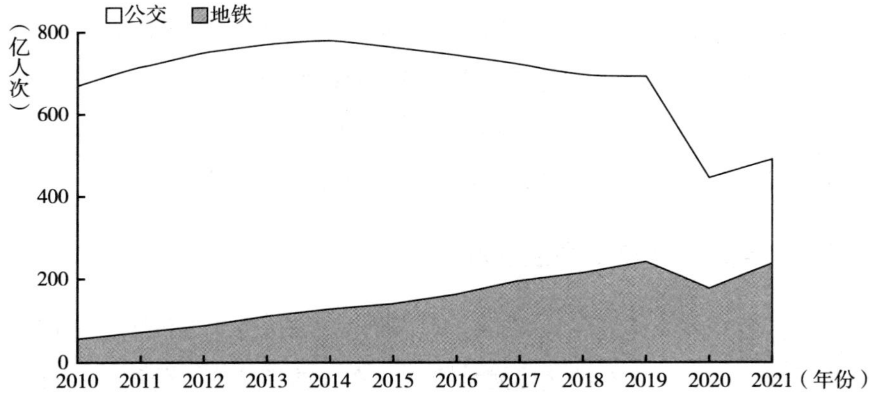

图 7　2010~2021 年公共交通（公交、地铁）客运量变化

2014~2024 年我国城市轨道交通的客运分担率提升 17%，但地面公交的客运分担率却下降 13%，大量公交乘客转向选择轨道交通及其他出行方式，城市公交运力资源冗余情况日益严重，前期粗放式发展导致的问题日趋凸显。由于早期地面公交的“扩张式”发展，我国大多城市普遍存在市中心区公交线网重复度高的问题，广州、深圳、厦门、南京线网重复系数分别高达 9. 42、8. 27、6. 43、6. 02，远超 1. 8~2. 5 的健康水平；而在城市新区，公交服务又相对薄弱。此外，对于城际班车来说，我国大多数的城际班车客运存在运营模式单一、站点设置不合理、市场需求碎片化、交易成本高等问题，例如，在北京市 2024 年历时 40 天的春运期间，铁路客运量占城际交通客运总量的 34. 5%，而城际客运只占 0. 5%。

2014 年前后，网约车和共享单车等共享出行方式横空出世，为传统地面公交的“没落”按下了快捷键。共享单车作为一种新兴的出行方式，其凭借便利性和灵活性吸引了部分乘客从公共交通系统转向使用共享单车，这不仅影响了城市的交通流量，还导致公共交通系统的客流量下降，进而影响地面公交的运营状况。相关研究表明，虽然共享单车提升了公共交通的整体出行量，但其与地面公交在吸引客流方面存在竞争关系。网约车平台通过提供快车和顺风车服务，尝试渗透传统的城市地面公交以及城际出行领域。滴滴自动驾驶计划宣称 2025 年量产无人车接入滴滴网络，提供全天候、规模化的混合服务，共享自动驾驶车辆也即将“登场”。

可见，相较于其他出行方式，在新型的复合式城市公共交通出行模式中，面对多样化的出行需求，传统公交模式对乘客的吸引力正逐渐减弱。

2. 公交公司发展现状

各地公交公司的盈利情况差异较大。南京公交 2024 年第一季度客运量同比增长 11%、营业收入同比增长 5%、利润同比减亏 19%，实现高质量起跑，反映出部分地区公交公司盈利状况逐渐好转。然而，多数地区的公交公司仍面临严重的盈利问题，如天津公交集团 2022 年的营业收入降至 5. 9 亿元，净利润亏损额增加至近 7 亿元，资产负债率上升至 100. 38%；保定市公交公司 2022 年上半年净利润亏损 6600 多万元；2023 年，辽宁省葫芦岛市

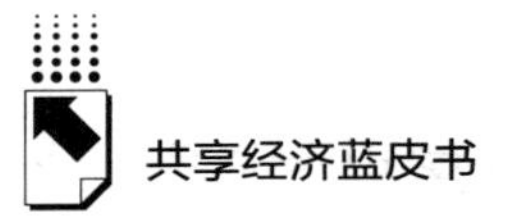

建昌县瑞通公交公司、漠河公交公司，以及广州市番禺区、河南郸城县、河南商丘市等多地部分公交线路均因亏损严重而停运。

归根结底，营收情况决定了公司能否持续运营。从整体来看，我国城市公交公司依旧面临着挑战，大多数公交公司的经济效益不尽如人意、发展受挫等。因此，如何解眼下“营运亏损”的燃眉之急是大多数公交公司面临的最现实、最迫切的问题。

3. 需求响应公交服务

需求响应公交的出现，源于公交公司为改善营收状况而做出的战略调整，其本质是提升公司的自我造血能力，即增强公交对乘客的吸引力，而若要真正捕获乘客的“芳心”，就必须更深层次地了解乘客的出行需求。需求响应公交根据乘客的实际出行需求提供相应的出行服务，实现从需求端的出行需求到供给端的服务响应匹配。只有从真正意义上满足乘客的出行需求进而吸引更多的乘客，才能达到提升公司营收水平的目的。

随着生活水平的不断提高，人民群众的“一段式”出行需求愈发强烈，而需求响应公交提供的“门到门”出行服务正契合了乘客出行需求特征；从城市公共交通多网融合大环境来看，多网融合本质上就是加强各类交通方式之间的“合作”，强化彼此之间的衔接；相对于传统的常规公交，需求响应公交总体上车型更为小巧、线路灵活性更高，更有利于与地铁或其他出行方式之间的协同，推动城市公共交通多网融合。由此可见，无论是乘客出行需求端还是城市公共交通供给端，都反映出需求响应公交的发展方向。

目前，地面公交需要重新定位，由传统中长途出行服务场景转向中短途出行服务场景，优化与轨道交通的竞合关系，着力完善城市公共交通末梢网络，切实解决“最先一公里”和“最后一公里”问题，提供真正意义上的“门到门”“需求响应”出行服务。相较于网约车，需求响应公交作为一种公共交通工具，其出行成本相对更低；相较于共享单车，在阴雨天等较为恶劣的天气环境下，需求响应公交能更好地满足乘客出行的“最先一公里”和“最后一公里”需求，广州的羊城小巴、重庆的小巷公交是当下需求响应公交的典型案例。在城际出行场景下，定制客运是一种泛需求响应公交模式，其运营模式类似于需求响应公交，但由于出行乘客空间分布更为分散，仅用城际班车进行市域内“需求响应”接驳常会出现班车线路过于曲折、绕远的情况。但融合 MaaS 理念的定制客运通过“班车+其他”多种交通方式进行城内接驳，在实现“需求响应”接驳的同时又能平衡好运营商的运营成本和服务质量，河北的冀约城际出行、广州的车盈网是定制客运的典型。

（二）相关政策规范

近些年需求响应公交服务是发展的热点，国务院、交通运输部颁布相关的政策文件引导和支持需求响应公交、定制出行、共享出行等个性化出行的发展。2020 年末，交通运输部发布《城市定制公交服务规范》，明确定制公交服务的运营主体以及运营模式等相关标准。作为泛需求响应公交模式的定制客运亦是如此。2020 年 9 月，交通运输部修订发布新客规，新增“班车客运定制服务”内容，鼓励定制客运发展；2022 年 8 月，发布《班车客运定制服务操作指南》，进一步规范班车客运定制服务的发展。

在地方层面，四川省 2020 年发布《四川省道路旅客运输管理办法》，在全国率先将“定制客运”纳入地方性规章，鼓励客运企业提供“点到点”“门到门”服务；同年，《广东省公共交通条例（征求意见稿）》将需求响应公交等新型公交服务纳入其中，提出进一步丰富公共交通服务形式；2021 年，浙江省出台《关于规范发展班车客运定制服务的实施意见》，优化客运管理模式，提高乘客出行便利性；2024 年，浙江省公路与运输管理中心发布《浙江省微循环公交建设指南》，通过微循环公交的形式提升公交在出行末端的服务能力；同年，交通运输部科学研究院发布《城市出行即服务（MaaS）平台建设指南》，提出基于公交优先、数字经济等发展战略，将 MaaS 平台应用于实际的出行运营中，推动定制公交、定制客运等泛需求响应公交模式向需求响应公交模式转变。

无论是从宏观角度还是微观角度，发展需求响应公交均是城市交通发展的方向，公交优先、共享出行、绿色出行依旧是当前城市交通发展的根本逻辑，优化城市交通结构对减少碳排放、实现“双碳”目标具有重要意义。从政策导向可以看出，除了城内定制公交服务，城际出行的定制客运服务同样备受关注，二者运营模式具有相同的内在机理，其在运营主体、运营模式方面可能会出现趋同的情况。

（三）试点案例

自2023年起，北京、宁波、西安、天津、贵阳、海口、广州、重庆、青岛、武汉、淄博、自贡等积极探索和发展需求响应公交，结合各自地域特色与乘客需求，因地制宜，创新公交服务模式，优化资源配置，本部分对其中几个经典案例展开分析。

1. 北京需求响应公交

2023年，北京公交集团推出需求响应公交，尤其是巡游需求响应公交业务，采取灵活的“定站不定线，按需派车”运营模式，在鲁谷地区新增多个站点，为区域内市民提供更加智能化、精准化和高效化的公共交通服务。北京发布“2024年交通综合治理行动计划”，强调推进轨道和公交两网融合，明确指出优化调整二环路公交线和站点设置并推动车辆小型化发展，在轨道大客流车站开行大站快车和“点对点”快车，进一步强化需求响应公交的接驳职能，在服务向定制化发展的同时，车辆也向小型化转变。

2. 武汉需求响应公交

武汉市公共交通集团有限责任公司为满足市民多样化、差异化的出行需求，推出精准公交服务模式，基于“提出需求—规划线路—事先预约—集中乘坐”的运作流程，灵活规划线路并就近调度车辆，确保乘客能够直接到达目的地，减少换乘次数和冗余行程，实现高效、节能、舒适的出行。

截至2024年2月，武汉公交集团已开通定制公交线路256条，其中线上购票线路16条、通勤线路128条、通学线路107条、就医线路1条、旅游线路4条（季节性开通）。其中，定制婚车服务因新颖且低碳环保特点突出而受到市场热捧，红色公交车成为一种喜庆而时尚的婚车选择；定制医疗公交专线如D601极大地方便了市民就医，尤其是为沿线小区居民提供了直达医院的便利服务，并与地铁网络实现无缝衔接；定制通学公交有效解决了学生上下学的安全问题，还特别配备坐垫和安全带以增强安全保障；定制通勤专线是专门针对产业园区员工上下班需求而设计的，如603路“良品专线”，其因经济实惠和安全可靠而深受企业和员工的好评。此外，定制旅游公交在节假日为游客提供直达各大景点的服务，不仅提升了出行效率，也优化了游客体验。

3. 重庆“响应式下客公交”

2023年4月，重庆公交首次推出了“响应式下客公交”服务运行模式，首批共推出6条线路，涉及运力43辆、站点77个。其允许乘客在到达标有“响应式”字样的公交站点时，通过提前按铃或告知驾驶员的方式，请求车辆在该站停靠，从而实现更加灵活、便捷地乘车。此外，北碚区交通局联合北部公交在蔡家岗街道向家岗、曹家湾片区开行两条响应公交线路——3560、3561，进一步丰富市民的出行选择，市民可以通过手机程序预约公交车，出行的便利性明显提高。重庆市首批“响应式下客公交”的乘客认可率达到96.99%，受到沿线市民的广泛好评。

4. 广州羊城小巴需求响应公交

广州羊城小巴作为一种新型的公共交通服务，旨在满足市民出行需求。它采用小型纯电动巴士，首批共有20辆车，在广州塔1号线和金沙洲1号线上运营，高峰期发班间隔不超过5分钟，提供站内扬手即停、高效的响应式停靠服务。羊城小巴车身涂装和站牌设计融入了广州地标建筑元素，体现了广州的文化特色。同时广州巴士集团计划利用移动互联网技术提供出行预约服务，满足不同群体的出行需求，为市民提供个性化的线路运行方案，成为广州市民更加便捷、高效的出行选择，响应市民个性化、便捷化、可预期的出行需求。

5. 青岛定制婚车

青岛城运西海岸交通发展集团开展“高质量发展百日行动”，西海岸温馨巴士持续拓展公交市场的广度和深度，充分利用运力资源，结合年轻人在婚车选择上追求喜庆、新颖、浪漫的特点，策划推出“520路公交婚车”定制公

a.羊城小巴车队

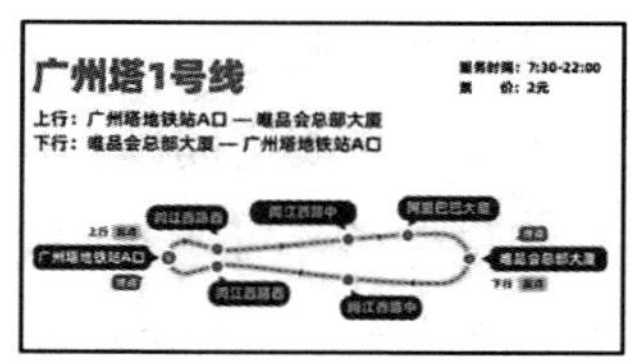

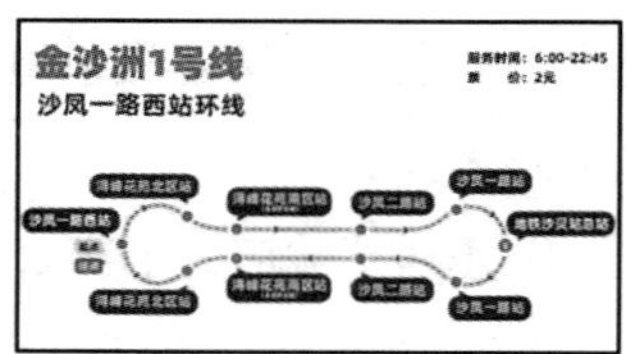

b.羊城小巴班次线路

图 8　广州羊城小巴需求响应公交

交业务，成为很多追求创意的年轻小夫妻婚车的不二之选。该业务既是需求响应公交在商业应用上的一大创新，也有效地消化了公交公司冗余的运力资源。

6. 广州车盈网需求响应客运

车盈网作为一家位于广东省的智慧交通信息化服务公司，通过自主研发的 SaaS 系统构建客运行业的交易平台，建立复合型大巴 B2B2C 平台，整合 80 多家车企、5000 多台车辆，覆盖广东区域提供客运服务。车盈网不仅提供技术支持，还提供运营方案支持，为客运企业转型升级提供助力。此外，车盈网提供多种产品和服务，包括信息化系统、在线售票系统、在线包车系统等，以及 GPS、车辆定位提醒、便捷购票验票等服务，为用户出行提供优质的服务。在春运期间，车盈网基于客户需求和大数据技术，调整发车数量，最大化满足乘客需求，展现出其在应对大规模客流和快速响应客户需求方面的能力。车盈网通过垂直式云平台的多元化服务和产品，为客运企业提供全方位的信息化解决方案，助力提升运营效率和服务质量，同时也为乘客提供更加便捷、安全的出行选择方案。

（四）市场发展现状

2023 年，需求响应公交持续向上向善发展。继北上广深等城市开展试

a.预约界面　　b.支付界面　　c.换乘站点

图 9　广州车盈网需求响应客运

点后，全国开始尝试需求响应公交的城市络绎不绝，“需求响应之风”吹进“千家万户”，各地公交公司纷纷探索新的发展模式，试图打破当前发展困局。

以需求响应为核心的公交运营场景日趋丰富。大多数公交公司已意识到需求响应公交是其实现可持续发展的关键。相较于传统公交的定时定线单一出行服务模式，需求响应公交包含更多的服务职能与应用空间，除了响应接驳零散出行乘客，还可以对包含特定出行需求的出行团体提供定制化服务。因此，各地公交公司因地制宜，了解乘客的出行需求，落地实际场景，创新发展模式。其中交旅融合是一大发展热潮，如深圳交通开通两条直达大鹏的滨海专线；北京公交集团则开通朝阳文旅公交专线，一站式满足游客们的旅行需求；成都公交“赛汇天府”为“2024 成都世园会”交通服务量身制定专项优质服务方案。

以互联网智能技术为关键的公交运营模式不断普及。在需求响应公交运营过程中，乘客与车辆之间的信息协同极大地影响着服务质量。需求响应公交的灵活性越高，对于云计算、物联网、大数据等新一代信息技术的要求就越高。在现实运营场景中，需求响应公交往往被称为“智慧大巴”，成都公交积极响应智慧蓉城建设需要，不断创新公交智慧应用场景，持续优化“1+1+5+N”公交数智体系，并自主研发公交“智慧大脑”BOCC 系统、“成都公交智慧票务平台”以及成都公交 App，为成都公交智慧赋能；乌鲁木齐公交构建了具有当地特色的“智能分段限速”“准点考核自动监管”“DSM 驾驶异常行为检测”三大预警功能以及在各维修点全面推行基于掌上 iPad 应用的移动式维修全流程“数字化”管理新模式，极大地提升了公交安全管控能力和维修效率。

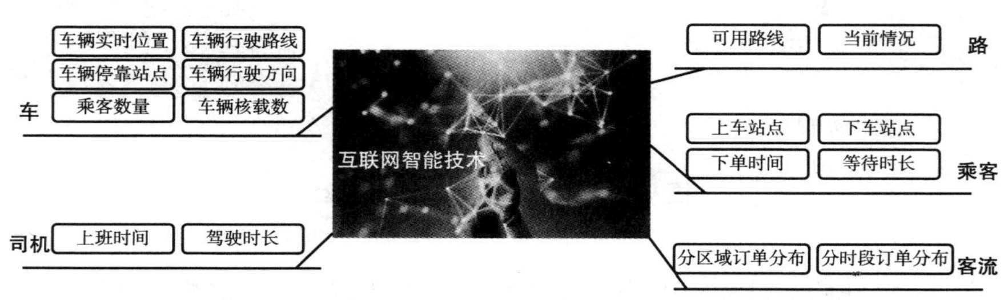

图 10　以互联网智能技术为关键的公交运营场景

以多网融合为主题的公交运营理念逐渐得到强化。随着城市立体交通网的不断完善，城市公共交通系统呈现出全域服务、多网融合的发展态势，各类出行方式之间的竞争合作关系将发生深刻变革，公交与地铁二者也将从“寸步不让”转向“握手言和”。现今，需求响应公交的职能定位一般是提供乘客“首末一公里”的接驳服务，在实际运行模式中表现为社区内的“微循环公交”。南京公交开通“小蓝鲸微循环”升级版动态公交，为栖霞仙林服务区内的乘客提供“网约公交、直接呼叫、一站即达”个性化出行服务；运营数据显示，“小蓝鲸微循环”公交单日最高服务量近 300 单，乘客平均出行距离约 3.07 公里，应答时间约 11 秒、等候时间约 5 分钟。

毋庸置疑，需求响应公交已是当下公交发展的主流，其发展也达到一定的规模，也不乏一些成功的城市试点案例。但在全国范围，无论是从需求响应公交的运营模式还是从公交公司的营收情况来看，需求响应公交都面临许多挑战。

（五）现存的主要问题

实际上，需求响应公交虽发展成效显著，但很多公交公司仍面临挑战，究其根本还是服务模式不够新、服务质量不够好、盈利水平仍不够高，应聚焦优化服务质量和提升营收能力两个方面。在直观上，优化服务质量必将带来成本的增加，而控制成本保证盈利又将影响乘客的出行体验，但事实上，通过优化服务质量、提升乘客出行体验可以进一步增强乘客黏性，从而在营收方面得到正向反馈，需求响应公交的灵活性在很大程度上决定了其服务质量。

1. 需求响应公交灵活性有待加强

2023 年，需求响应公交规模在全国持续扩大，但大多数地区实行的是定站或定线的需求响应公交模式，距离真正意义上的需求响应公交模式仍有一定的差距。需求响应公交的本质就是提升传统公交的灵活性，减少乘客的步行距离和等待时间，可见公交灵活性与其提供的服务质量在一定意义上呈正相关。但需求响应公交的灵活性越高，则意味着更长的绕行距离以及更大的运力资源需求，随之而来的是更高的运营成本，因此，如何在有效控制成本的前提下，尽可能地提升需求响应公交的灵活性，是当前阶段各公交公司所要思考的关键问题。

2. 需求响应公交收效甚微

毋庸置疑，“营收”始终是一家公司的命脉，没有营收则发展就无从谈起，公交公司对于这一点的感触愈发深刻。公交自带的社会公益性在很大程度上限制了其盈利上限，而在公共交通系统的深刻变革下，公交公司迫切需要提升自我造血能力，积极探索需求响应公交。

显然，公交公司推出需求响应公交的动因是通过提升出行服务质量来增强核心竞争力，从而增强乘客黏性。可实际情况往往不尽如人意，究其原因，一方面，诚然，每一家公司都存在成本与收益之间的二律背反，现阶段的公交公司更是如此，其致力于自我革新、升级服务以增强自身的盈利能力，但公交的社会公益性需要其承担一定的社会责任，进而难以短时间内大幅提升盈利水平。另一方面，公交的社会公益性针对的是出行服务并不包含其他伴生性服务，而当前需求响应公交更多的是就出行论出行，盈利点单一，自然无法得到显著的盈利效果。因此，如何在提供出行服务的同时拉动伴生性服务的需求，创造更多的盈利点，是未来公交公司转变盈利模式的重点。

三　需求响应公交发展趋势展望与对策

（一）发展趋势

回顾需求响应公交近年来的发展历程，我们已见证其不可抵挡的发展势头。在多网融合的背景下，需求响应公交将保持哪些原有的发展趋势，又将会有哪些新的发展趋势？

1. 定制化、小型化形式进一步拓展

目前需求响应公交的应用场景将进一步细化，定制化属性进一步加强，更具有针对性。随着互联网和移动终端的迭代更新，需求响应公交与乘客的定位精度都得到提升，乘客与车辆之间的信息实现小延误同步，进而优化了人车之间的交互体验，更好地适应乘客出行的时空特性，实现“随时随地”出行。同时，随着人们出行需求的多样化，需求响应公交将渗透至更多的出行场景，青岛运城西海岸温馨巴士推出的定制婚车服务、上海的首条智能网联“医疗线”公交、天津公交集团第二客运公司定制的“护学专线”以及成都的57条巴士定制通学专线均是需求响应公交对于应用场景的创新。无论是从技术供给端还是出行需求端，都反映出需求响应公交定制化发展的方向。

此外，伴随着定制化服务内容的不断拓展，需求响应公交将趋于小型化，主要体现在运营模式和车型两个方面。在运营模式上，需求响应公交开始向“微循环公交”靠拢，支小道路的公交线路逐步加密，畅通城市交通的“毛细血管”，提升人们出行的可达性，如浙江省公路与运输管理中心发布《浙江省微循环公交建设指南》，指出微循环公交线路具有线路短、班次活的营运特点，主要提供接驳补给、社区循环、电线直达三类服务；在车型上，相对于大型公交，小型公交具有更强的灵活性和可达性，更符合需求响应公交的运营特性，需求响应公交车必然向小型化转变，如北京公交优化调整二环路公交线，推动公交车小型化；重庆开通3560路和3561路两条“响应公交”线路，利用小巴实现对乘客的灵活接驳；四川天府新区公园城市建设局推出“天府微巴”创新运营模式，开通“天府微巴”1号线，深入华阳老城区各“支小路”；浙江绍兴投入27辆5.99米的纯电车，通过“大车变小车”优化资源配置，创新推出响应式片区化新型公交等，将小巴、微巴作为主力公交车型；温州交运在瓯江区域投入10辆小巴作为巡游响应式公交车，试行“线上下单+线下招停”模式；池州公交投入4辆10座小巴在县城中心区域巡游。

2. MaaS 理念进一步深化

在城市公共交通系统多网融合的环境下，“万物互联”“多式联运”大行其道。在货物运输领域，基于多式联运的运输方式形成较为完备和成熟的体系；在客运方面，MaaS理念与其有异曲同工之妙，旨在通过聚合多种出行方式来提供可达性更高的出行服务，综合立体交通网和多网融合体系的不断完善为MaaS理念的推广提供了支撑。

图11　出行即服务（Mobility as a Service，MaaS）

随着MaaS理念的不断落地，各类出行方式之间的协同得到增强，需求响应公交与其他出行方式之间的竞合关系将发生变化。需求响应公交在现代出行服务领域已不再是主角，而是成为“补充者”，其中需求响应公交与轨道交通之间的关系转变最为显著。轨道交通有着快速高效、容量大的优势，而需求响应公交凭借其强大的灵活性得以提供“门到门”出行服务。基于二者的优势，北京发布“2024 年交通综合治理行动计划”，致力于构建以轨道交通为骨干、需求响应公交为支撑的公共出行体系，推进轨道和公交“两网融合”；上海久事公交通过乘车通 App 和微信小程序，在陆安线试点预约乘车功能，构建“中运量+骨干线+接驳线+特色线”线网；成都公交深入推进两网融合，坚持“轨道引领、公交优先”，合理优化中心城区公交网络形态及“快干支微特”五级线网层次；郑州开通 101 条社区接驳巴士线路，形成公交地铁“两网融合，一体出行”的服务体系。

在未来，MaaS 出行理念将不断深化，以公交和地铁“两网融合”为代表的多网融合规划工作将持续推进，需求响应公交与地铁等出行方式之间形成良性互补新格局是发展大势。

（二）宏观政府层面发展对策

需求响应公交公司具有社会公益性和市场营利性，政策对于需求响应公交的发展具有引导作用。政府的发展规划有利于引导需求响应公交走得更快；但为了走得更远，公交公司也需发挥主观能动性，实现“政府+企业”共同参与。对于需求响应公交行业，政府在制定前瞻性发展规划的同时，也应把握好对该行业的监管力度，做到“不紧不松”。

1. 加快 MaaS 平台建设，推动碳交易发展

不同公司代表不同的利益主体，每家公司对自身的营收自然是十分敏感的。假如不同公司之间进行协同合作，内部利益分配问题往往难以解决，可见仅靠市场是难以推动 MaaS 理念进一步落实的。政府应推动 MaaS 平台建设，完善相关行业规范，并鼓励公交公司、网约车公司等不同企业参与，探索切实可行的合作发展模式。

2023 年，北京启动 MaaS2.0 建设，坚持“绿色、一体化”发展理念，致力于提供高品质的“门到门”绿色出行一体化服务；为提高出行服务的可预期性，促进出行与生活的融合，不断提升城内、城际一体化出行体验，探索“交通+餐饮”联动、停车等场景预约试点；同时，通过以减碳为核心的多维激励机制，构建可持续发展的MaaS生态系统，力争到2025年，核心场景绿色出行一体化服务体验得到显著提升，碳普惠应用覆盖范围和用户规模大幅增加，MaaS平台每日为超过600万人提供绿色出行服务，绿色出行渗透率达到20%，绿色出行转化率达到3%。此外，2024年5月国务院印发了《2024—2025年节能降碳行动方案》，部署了交通运输领域的节能降碳行动，提出优化交通运输结构，实施城市公共交通优先发展战略。可见，参与碳交易市场、实现碳普惠为大多数城市进一步发展需求响应公交、加快MaaS平台建设提供了新思路。

2. 加强市场营利性，发挥市场激励作用

当前我国公交公司的盈利模式复杂多样。一方面，公交车作为城市公共交通的重要组成部分，其公益性决定票价不可能过高，这直接影响公交公司的盈利能力。尽管一些公交公司通过车身广告等方式创收，但相比于庞大的车辆维护成本和人员工资来说是微不足道的，多地公交公司面临生存困境。另一方面，有些公交公司实现收入增长主要是靠需求响应公交业务，这表明通过调整策略，可改善公司的财务状况。实时公交“车来了”与嘉兴市道路运输管理局合作建立公交大数据分析平台，进行盈利化尝试。这意味着在新的商业模式和技术应用下，公交公司逐步探索市场化营收模式创新。

当前，越来越多的公交公司开设定制班线，摒弃传统定点定线“人等车”的运营模式，转向“车找人”的需求响应服务模式。政府在宏观调控需求响应公交发展政策的同时不妨让需求响应公交公司自主探索具体的发展方向，创新发展模式，提升自我造血功能。目前公众的出行需求呈现多样化态势，而需求响应公交公司要满足乘客各式各样的出行需求，就绝不能“安于现状”。随着行业盈利水平的提高，需求响应公交市场的竞争必将更加激烈，应助力于企业之间形成良性循环。

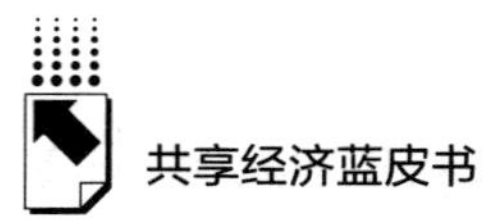

（三）微观企业层面发展对策

需求响应公交企业在政府政策的引导下，要开好头，也要认识到财政补贴并不是长久之计，自主创新能力才是企业永葆青春、永葆活力的内在驱动力。需求响应公交的可持续发展，需要相关企业保持主动性，勇于尝试、勇于创新，共同绘制需求响应公交发展的美好蓝图。

1. 增强公交主动调控，提升线网覆盖能力

在需求响应公交运行过程中，客流需求的时空分布有较强的不确定性，虽然可以通过历史数据进行预测，但在微观上是无法真正落地匹配现实需求的，有限的运力资源很难完全满足多样化的出行需求。因此，需求响应公交需要主动调控，进一步增强线网覆盖能力和需求适配能力。

随着互联网、移动终端技术的革新，在对需求响应公交的研究中过度关注车辆管控调度策略优化，忽视了乘客的可移动性，造成运行线路出现曲折、绕远的情况。针对时空分布较为分散的出行需求，采用人车协同的需求响应公交调度策略能较好地提升运行效率。该调度策略通过协商的方式请求订单乘客适当改变上车点从而简化公交的接驳线路，达到提升运营效率的目的。此外，对于地处较为“偏远”的乘客，可以考虑强化需求响应公交与其他出行方式（如共享单车）的衔接，鼓励乘客向公交“主线路”靠近，从而提升班次的运行效率。

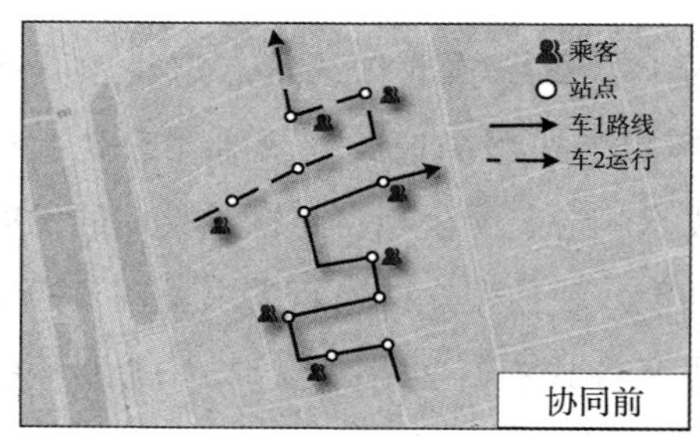

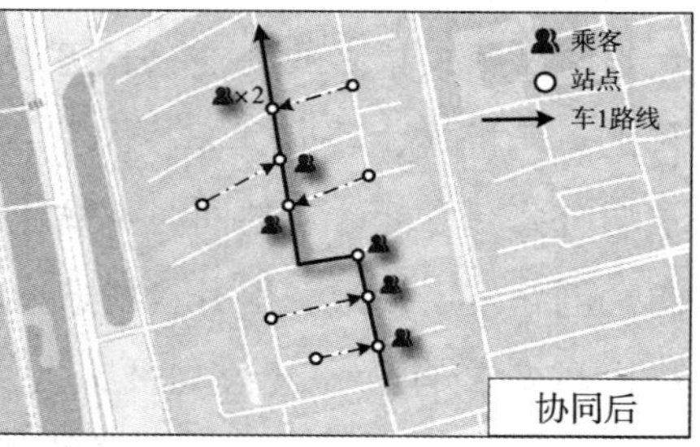

图 12　基于人车协同的需求响应公交调度策略

2. 大力发展交旅融合，探索公交盈利落点

当下，国内旅游业空前发展，2023 年国内出游人数达到 48.91 亿人次、同比增长 93.3%。交通出行作为伴生性需求，在旅游业大有可为，特别是在节假日旅行高峰期，大多数旅客乘坐高铁或飞机抵达目的地后，会优先选择公共交通。

对于需求响应公交公司来说，基于乘客出行最本质的需求特征，可以专门开设当地景点到大型换乘枢纽的交旅专线。交旅专线与基础班线存在根本上的差异，对于服务对象，基础班线满足的是乘客的通勤需求，在班线设立时更多的是考虑运行的时效性；交旅专线的服务对象是旅客，旅客处于轻松愉快的旅行状态，出行时间没有通勤乘客那么紧急。因此，交旅专线的实际运行线路不一定是出发地至目的地之间的最短路，可以在不同的景点设立换乘站点，北京“朝阳文旅公交专线”由朝阳公园发出连接奥森公园、温榆河公园、亮马河、燕莎蓝港、太阳宫、亚奥、北苑等景点和商圈，充分满足游客的出行需求；济南公交推出城市观光、旅游专线、假期直通车等惠民出游定制线路，满 20 人即可开通运营，同时设计推出“彩虹便民条”、中英文版“乘济南公交赏泉城美景”“济南美食”等花式出行服务新举措和文化旅游特色产品“公交带你游泉城”文创地图，多元化满足乘客出游需求；上海滨江 2 路将浦西浦东滨江地区的交通网络紧密相连，同时衔接上海久事国际马术中心，是一条颇具特色的观光线路。公交公司还可以尝试将公交车与当地旅行元素结合并推出相关文创产品，广州“羊城小巴”的车身和站牌设计既融入五羊雕塑、猎德大桥、广州塔、八和会馆等广州地标建筑元素，也融合醒狮、粤语、骑楼等传统广府文化元素，为旅客营造浓厚的旅行氛围。

3. 推行客货同行巴士，充分利用运力资源

伴随着物联网的发展，电子商务对于大众来说已稀松平常，我国电商交付量呈现爆炸式增长趋势。根据《中华人民共和国 2023 年国民经济和社会发展统计公报》，2019~2023 年我国的快递业务量呈上涨趋势（见图 14），这给物流行业带来莫大的机遇与挑战。

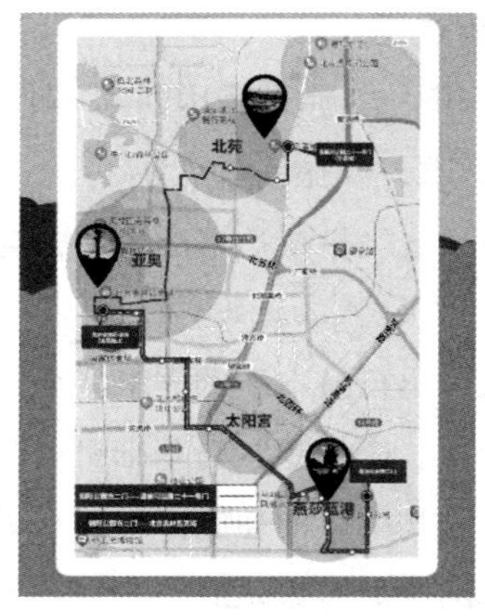

a.朝阳文旅公交专线1

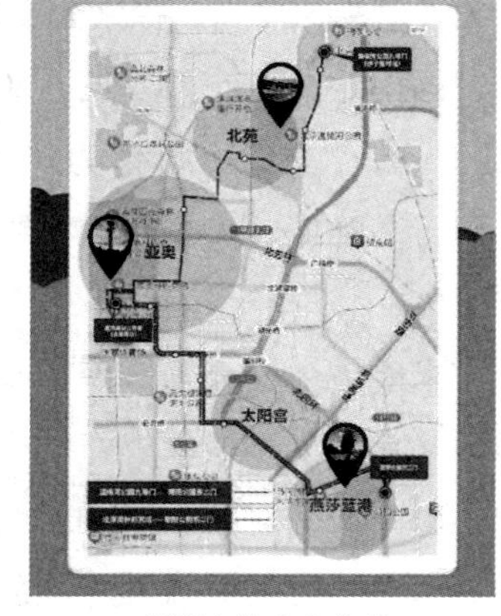

b.朝阳文旅公交专线2

图 13　北京朝阳文旅公交

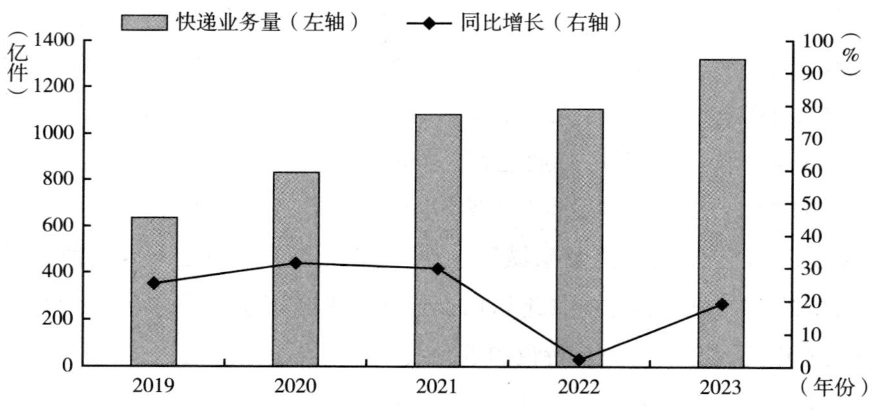

图 14　2019~2023 年我国快递业务量及同比增速

面对巨大的快递业务量，需求响应公交公司可以在这方面挖掘新的增长点，通过推行客货同行巴士来进一步提高运力资源利用率。该模式运营效益在农村地区尤为显著。2023 年 12 月，交通运输部等部门发布《关于加快推进农村客货邮融合发展的指导意见》，客货同行巴士无疑促进了农村地区的“客货邮融合”。与乘客出行相似，快递物流同样有着“门到门”的运输特征，因此需求响应公交同样适用。客货同行巴士服务模式有利于进一步

“唤醒”冗余的运力资源，运送分布零散的快递，避免单独物流运输的情况，既提升需求响应公交公司的盈利水平，又满足相对偏远的零星快递运输需求，优化整个社会的运力资源结构。当前已出现较多客货同行的实例，贵州省遵义市习水县荣创公司与城乡客运企业合作，由城乡公交车辆代运部分小件包裹至镇村，减轻了物流共配专车压力。此外，山西晋城的“公交+快递物流”、江苏太仓的“交邮惠民”等模式也是客货同行的典型案例。

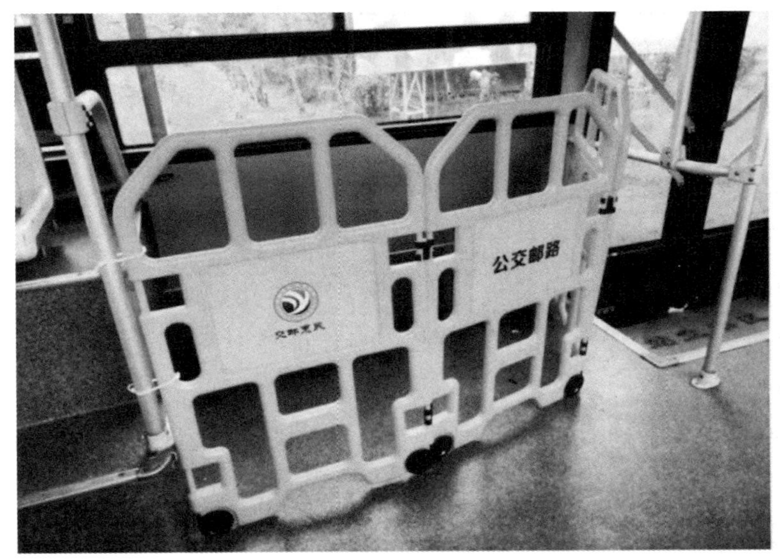

图 15　江苏太仓市“交邮惠民”模式——车上的包裹存放点

4. 利用公交数据优势，实现合规“数字营收”

灵活式需求响应公交的服务质量通常受出行乘客的时空分布影响，若能精准预测乘客出行需求，公交车辆能更高效地处理运行中的即时订单。为此，公交公司应合理利用自身的大规模数据优势，基于现有乘客出行历史数据深度挖掘运营片区乘客的出行特征，同时提前优化运力资源的分布，更好地应对随机出现的出行订单，实现更快更优的出行接驳。

公交公司可以通过数据合规资产化实现增收。2022 年我国数字经济规模超过 50 万亿元，数字经济 GDP 占比达到 41%。2022 年 12 月，中共中央、国务院印发了《关于构建数据基础制度更好发挥数据要素作用的意见》，强调推进数据资产合规化、标准化、增值化，构建公益与商业相结合的开发利用机制，丰富公共数据价值创造模式。数据资产入表是行业内对数据作为资产产生价值的合法认定，2023 年 8 月和 12 月财政部相继印发《企业数据资源相关会计处理暂行规定》和《关于加强数据资产管理的指导意见》。

公交行业作为综合性行业，具有显著的数据规模化优势，要持续推进数据资产入表工作，实现企业数据资源化、资产化、资本化“三步走”。北京市启迪公交科技股份有限公司作为首批数据资产评估试点单位之一，协助开展了数据资产评估和数据价值评估相关工作，积极探索制定更为科学、规范、全面、成熟的数据资产评估标准；2024 年 1 月，江苏省南京公共交通（集团）有限公司完成了约 700 亿条公交数据资源资产化并表工作，是江苏省首单城投类公司数据资产评估入表案例。一旦公交企业数据资产完成入表，企业就可持续地推进数据资本化，通过增信、转让、出资、质押、融资、保理、信托、保险、资产证券化等方式实现数据资产的直接盈利。

从整个公交行业来看，数据合规资产化有利于实现行业内数据资源的收集与整合，促进不同企业之间的商务合作；对于公交企业来说，数据合规资产化有助于企业洞悉行业发展规律，基于数据资产化带来的经济效益，实现企业的转型与升级。

四　政策建议

回顾需求响应公交的发展历程，可以说，其出现是偶然也是必然。人们的出行需求从“有车坐”转变为“行得方便、行得舒适、行得实惠”，而需求响应公交通过优化公交这种公益性较强的出行方式为乘客提供高质量与低成本并存的出行服务，同时也能够提升公交公司的营收水平。需求响应公交发展向好，但也面临挑战，包括乘客接受新事物的意愿、企业运营模式优化的方式等。

显然，需求响应公交适应了群众出行需求的多样化和实时化发展趋势。现阶段，以定制专线为代表的运营模式已形成了一定的发展规模，后续主要是拓展更多的出行场景；灵活式需求响应公交模式是未来几年公交公司探索的主流模式，如何及时地响应乘客即时出行需求是痛点和难点。因此，当前大多数公交公司更多的是推行半灵活式需求响应公交模式，离真正完全落实 MaaS 理念的灵活式需求响应公交模式还有一定距离。为进一步促进 MaaS 理念落地，政府应出台相关政策引导不同企业进行技术合作或是整合线下资源，鼓励企业开展出行服务与其他产品的联合推广，推动 MaaS 市场的孵化和培育。

当前，对于已经开始尝试灵活式需求响应公交模式的试点城市，应着重完善运营场景，分析运营中出现的问题和不足，尽快形成一套可供借鉴的发展体系，同时持续探索需求响应公交的新场景、新模式，创造更多的运营模式；对于起步相对较晚的试点城市，应借鉴先行城市的发展经验，在实践中结合具体情况进行创新，总体上形成先行城市带动后行城市、共同发展的良好局面。

综上所述，需求响应公交服务在近几年的发展中更多的是量的积累，而质的提升仍道阻且长。多网融合是当前城市公共交通的发展大势，需要重新审视需求响应公交与其他出行方式之间的竞合关系，“单打独斗”已不是这个时代发展的主旋律。2023 年，各地进一步积累了需求响应公交的实践经验，除了不断提升核心竞争力外，与交通环境中其他主体形成良性互补格局，也是需求响应公交可持续发展的关键。

B.10
2023~2024年中国定制客运发展形势分析与展望

胡兴华　范玉涛*

摘　要：　2020 年 9 月，交通运输部发布的《道路旅客运输及客运站管理规定》提出鼓励开展班车客运定制服务（以下简称“定制客运”）。作为一种新的运输组织方式，定制客运逐渐成为中国共享出行市场中不可小觑的一支生力军。本文从定制客运的概念入手，阐述了定制客运产生的背景与发展历程、2023 年定制客运行业发展情况及其存在的问题，研判了 2024 年定制客运发展趋势。同时，从政策影响角度对定制客运发展形势予以分析，并列举了部分省区市的政策创新点。

关键词：　定制客运　共享出行　客运新方式

2020 年国家鼓励开展定制客运以来，定制客运以灵活、快速、小批量的特点满足了人们的出行新需求，同时填补了城际客运供给只有“站到站”、缺乏“门到门”“点到点”服务的空白，发展迅速，已经成为道路客运转型升级的重要方向。定制客运这种利用“班车”完成出行的业务，已经越来越成为中国共享出行市场中不可小觑的一支生力军。

* 胡兴华，盛威时代科技股份有限公司高级副总裁；范玉涛，盛威时代科技股份有限公司客运事业部经理。

一　定制客运概念与服务模式

（一）定制客运的概念

2016 年底，交通运输部首次提出了“道路客运定制服务”概念，但“定制客运”只是对“道路客运定制服务”约定俗成的称呼，并没有明确的概念界定。

为了量化表述道路客运定制服务“灵活、快速、小批量”的特点，吴群琪等提出了“出行速度”的概念，[①] 即出行距离除以产生出行需求到完成出行过程所需时间为出行速度。

$$\text{出行速度} = \frac{\text{出行距离}}{\text{出行完成的时间} - \text{出行需求产生的时间}}$$

这里，“出行需求产生的时间”不是指出行开始那一刻，而是代表着“需要出行”那一刻，由于班次密度等问题，这一刻并不能马上开始出行。飞机及高铁速度远比汽车快，但这两种运输方式很难解决班次密度问题，这在提高出行速度方面是短板，因此出行速度是道路客运的关键核心竞争力，也是“定制客运”的发展重点所在。“定制客运”不是新业态，是对班线客运的有益补充，以提高出行速度、方便社会公众出行为目的，以互联网技术为手段，实现“门到门”“点到点”的“随客而行”，是满足社会公众定制化客运服务需求的一种服务方式。

2018 年 11 月，甘肃省道路运输管理局在《甘肃省道路定制客运服务管理办法（试行）》中提出，道路客运定制服务，是指以互联网技术为手段，按照乘客的出行需求，提供“门到门”“点到点”服务，以满足社会公众定制化、多样化、个性化的出行需求的一种灵活、快速、小批量的道路客运服务方式。

① 吴群琪、胡兴华：《“定制客运”的崛起与出路》，《中国道路运输》2017 年第 9 期。

2020 年 7 月，交通运输部发布《道路旅客运输及客运站管理规定》（以下简称《客规》），新增“班车客运定制服务”内容，并明确定义了“定制客运”，是指已经取得道路客运班线经营许可的经营者依托电子商务平台发布道路客运班线起讫地等信息、开展线上售票，按照旅客需求灵活确定发车时间、上下旅客地点并提供运输服务的班车客运运营方式。可以从以下四个方面理解“定制客运”概念的内涵和外延。

第一，定制客运是捆绑线路的，“已经取得道路客运班线经营许可的经营者”才能开展。可见，定制客运并不是完全由乘客“定制”的“C2B”的需求端产品，本质上还是在固定起讫线路上由供给端提供的运输产品。

第二，定制客运是灵活确定发车时间、上下旅客地点的。定制客运不再固定站点、时间、班次，改变了班车客运“定线、定时、定点、定班”中的三个，也改善了“人进站、车归点”给旅客所带来的不便，充分发挥了道路客运的比较优势。

第三，定制客运是依托电子商务平台的，要求开展线上售票。在定制客运中，发车时间和地点灵活，公布起讫点信息、线上售票、运力调度等都需要通过互联网才能实现，所以必须依托电子商务平台。

第四，定制客运的定位是一种班车客运运营方式，并不是一种新业态，其本质仍然是班车客运。

（二）产生背景

道路客运是综合运输体系中运输量最大、通达度最深、服务面最广的一种运输方式，发挥着“兜底服务”和“畅通微循环”的重要作用。从交通运输部统计数据看，2019 年道路客运承担着整个综合运输体系中 73.92%的营业性客运量，2023 年为 70.73%。道路客运满足了大多数公众的城际间出行需求。同时道路客运提供了“最后一公里”和“最前一公里”服务，在综合运输体系中发挥着衔接“主动脉”、畅通“微循环”的重要作用。

2013 年新一轮大部制改革以来，全国客运市场进入多种运输方式展开综合客运竞争时代。2014~2019 年，铁路、民航客运量总体呈增长趋势，道路旅客发送量总体呈下降趋势。

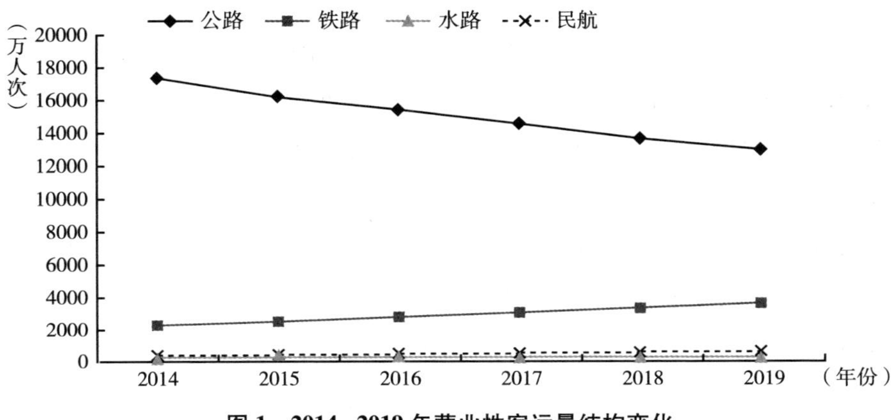

图 1　2014~2019 年营业性客运量结构变化

引起道路客运量持续下降的原因是多方面的，也是复杂的。与之形成鲜明对比的是，随着人民生活水平的日益提高、社会生产生活交往的日益频繁以及信息科技的日新月异，我国公众出行半径和旅游半径不断增大，出行总量稳步增长。居民出行总量持续增长与道路客运量持续下滑，反映的是人民日益增长的美好出行需求和道路客运供给结构不合理之间的供需矛盾。

第一，从经济社会发展的宏观环境来看，人们出行需求更加多元化。道路客运行业是改革起步较早的行业之一，党的十一届三中全会后，交通运输部结合行业实际，响亮地提出“有路大家走车，有水大家行船”，极大地解决了人们“出行难”的问题。改革开放以来，随着经济社会快速发展，人民生活水平不断提高，人民群众的美好出行需求日益旺盛，已经不再满足于“走得了”，而是要“走得好、走得快、走得舒适”。

第二，从共享出行发展的中观环境来看，可选择的客运服务方式越来越多。近年来，综合运输体系不断完善，铁路、民航加速成网，综合运输市场结构发生了深刻变化，公路客运逐渐退出里程在 800 公里以上的市场，高

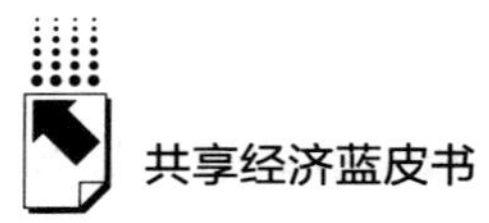

铁、民航等运输方式在客运中的分担率逐年上涨。随着移动互联网的快速发展，网约车服务方式深入人心，顺风车业务蓬勃发展，客运服务供给侧发生了深刻变化，服务方式越来越多。

第三，从道路客运发展的微观环境看，供给侧结构不合理。长期以来，道路客运供给侧所提供的主流服务方式，对“散客”是班车客运，对“团体”是包车客运。通俗地讲，班车客运主要服务对象是公众，包车客运主要服务对象是单位。班车客运是道路客运企业为旅客设计的供给端的运输产品，采取“固定线路、时间、站点、班次”的服务方式，是运力供给不足时代的产物，解决的是“走得了”的问题；包车客运虽是按照需求提供的运输服务产品，可以被视为一种需求端产品，但其主要针对旅行社等团体提供整车服务，并不直接面向公众提供散座服务。

经济社会发展和共享出行发展是外因、是条件，是次要的，实际上外因是通过内因起作用的。道路客运供给侧结构不合理才是主要原因。近年来，人们出行需求更加多元化，出行选择也越来越多，城际出行中“出发地—目的地”的一段式出行趋势越来越明显，原有的“固定线路、时间、站点、班次”的班车客运服务方式将城际道路客运出行分成“出发点到站、站到站、站到目的地”三段，没有充分发挥道路客运机动性强、灵活度高、覆盖面广的比较优势，已经无法满足人民群众“走得好、走得快、走得舒适”的多元化、个性化出行需求。而城际道路客运由于运距长且安全风险高、运载工具载客量大且安全影响大，一直是需要经营许可的强管制行业，除了传统班线客运，其他客运服务业态很难大规模进入。

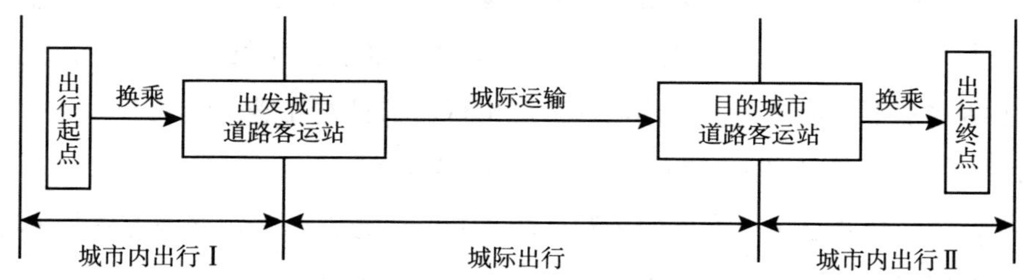

图2　班车客运出行链结构

在这种环境下，“黑车”部分满足了公众城际多元化、个性化出行需求，公众出行合法权益得不到保护，安全隐患大。2016 年底，交通运输部出台指导意见，从满足城际出行市场需求的角度，促进供给侧结构性改革，鼓励开展灵活、快速、小批量的道路客运定制服务，“定制客运”应运而生。

（三）发展历程

2017 年之前可以看作定制客运萌芽期。公路客运只提供城际间“站—站”出行服务，而“门—门”“点—点”出行需求客观存在，为了满足需求、打击“黑车”，一些地区相关管理部门积极利用小型车辆开展公路客运试点，比如甘肃省庆阳市开展“小轿车定线客运”试点，湖北省武汉市开展“城际约租”试点，其本质都是为公众提供城际合规的“门—门”“点—点”出行服务。

2017~2020 年为定制客运快速发展期。2016 年交通运输部提出鼓励开展道路客运定制服务具有里程碑意义，定制客运进入快速发展阶段。当时客流量下滑严重，客运企业大多把“定制客运”作为转型升级的重要手段甚至是唯一出路；而相关网约车平台也把城际出行市场看作“蓝海”。一时间，“道路客运定制服务”被赋予了许多种业务形态，也出现许多业务称谓，如“小轿车定线客运”“城际约租”“城际拼车”“定制包车”“城际快线”“机场巴士”“景区直通车”“校园巴士”等，但其本质都是在城际道路客运出行领域以需求为导向，破除班车客运“四定”中的一个或者几个，满足多元化出行需求；其服务手段都是应用移动互联网等技术，将需求侧和供给侧直接连接起来，使定制化服务成为可能；其承运人大体上分为两类，一类是传统客运企业，另一类是新兴网约车平台；其业务类型，大体分为两大类，一类是利用乘用车为旅客提供“门到门”运输服务，另一类是利用客车，为旅客提供“点到点”运输服务；其运营效果，传统客运企业面临技术应用及营销手段落后、运营服务水平不高、人才缺乏等诸多问题，“门到门”服务盈利难且难以可持续，“点到点”服务受“四定”政策限制尚难以大规模复制，而新兴网约车平台基本以开展城际“门到门”服务为主，涉嫌未经许可从事道路客运市场经营而为大部分行业管理部门所不允许，遭到原班线经营者联合抵制，自身安全管理压力大，难以“大举进军”城际出行市场。

2020~2022 年为定制客运规范发展期。以 2020 年 7 月“定制客运”被纳入《客规》为标志，定制客运进入了规范发展阶段。受疫情影响，这一阶段出行行业整体处于低迷期，一方面道路客运服务间断性暂停，出行需求被抑制，政策红利未得到有效释放，定制客运发展缓慢；另一方面疫情防控期间提倡无接触式出行方式，而定制客运相比以前的站场大聚焦方式，更易达到这些要求，从而保持了增长态势。据盛威时代定制客运数据，2019~2022 年定制客运订单量逐年增长，平均增速达到 90.97%。

2023 年至今为定制客运高速发展期。2023 年，出行市场逐步回暖，旅游出行需求旺盛，同时公众更加注重出行体验，倾向于选择私密化出行方式，定制客运很好地满足了这方面的公众出行需求，实现高速发展。“定制客运”被正式纳入行业法规，交通运输部发布《班车客运定制服务操作指南》指导开展定制客运服务，鼓励发展的政策红利得到有效释放，在一定程度上也推动了定制客运的高速发展。

（四）服务模式

定制客运虽然是班车客运的一种运营方式，但比起班车客运来，定制客运除了固定起讫点线路外，时间、地点、班次、运价等都由市场调节。与班车客运出行的三段不同，定制客运的本意是通过减少旅客从出行起点到市内客运站的换乘，将三段融合为一段，为旅客提供“门到门”出行服务。但现实是，“已经取得道路客运班线经营许可的经营者”的存量运力大多以 9 座及以上大型营运车辆为主，这些车辆显然不适合开展“上门接送”服务，接送时间过长，乘客体验差，因此衍生出了“多点—多点”的定点接送模式以及“定点接送+短途驳载”模式，这些模式让旅客就近点形成汇流，成本低、运营要求低，也有利于利用存量运力。定制客运服务模式如图 3 所示，S1 为出发地，S2 为目的地，E1 为出发城市公路出口，E2 为到达城市公路入口，①②③❹❺❻为出发城市和到达城市上下车点。

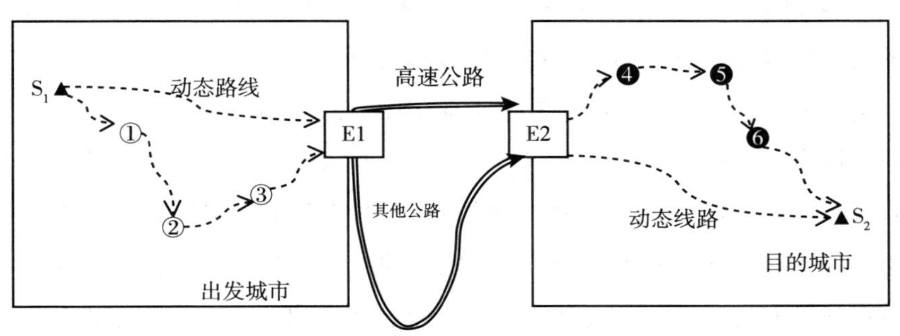

图 3　定制客运服务模式

交通运输部《班车客运定制服务操作指南》遵循市场现状，提出定制客运经营者可根据经营需要，自主灵活选择上门接送、定点接送、短途驳载等一种或者多种模式接送旅客。而短途驳载是指安排自有营运客车开展不单独收费的短途驳载服务，通过末端转运提高旅客集散效率，所以短途驳载并不能独立存在，本质上是定点接送的一种增值服务，“定点接送+短途驳载”属于“上门接送”服务。

1. 上门接送模式

特征：满足“门到门”出行需求，即从出发城市出发地直接到达目的城市的服务模式。

场景：常见于中小型城市之间或者出发地、目的地一端位于中小型城市。

车辆：以 7~9 座车辆为主。

组织模式：拼车组织模式。

目标群体：对价格因素不敏感但希望用时少的商务人士、往返通勤人员等群体。

优缺点：优点是上门接送，将城际出行融合为一段，大大方便了公众出行；缺点是若执行现行票价则很难盈利，若提高票价则公众不接受继而选择其他出行方式。“已经取得班线客运经营许可的经营者”的7~9座车辆保有量小，基本需要新增，如此一来，则成本增加大、运营难度也大。举个例子，一辆48座的大巴车，要达到同等客座位，需要换8辆7座车，这相当于增加了7名驾驶员且油耗、过路费也相应增加。

实践案例：安徽省阜阳市汽车运输集团有限公司根据乘客出行需求量身定制的提供界首往返合肥的上门接送服务，打破了传统的车站售票、车站乘车的限制，依靠网络售票、网络预约开启“家门口的汽车站”模式。乘客可通过“出行365”平台预约出发时间和地点，界首城区和合肥二环内的区域内驾驶员上门接送。在安全监管上，通过将“出行365”平台纳入行业主管部门监管，确保运输企业合规安全运营。2023年以来，安徽省阜阳市汽车运输集团有限公司已开通界首—合肥、临泉—合肥、颍上—合肥等上门接送定制客运服务，采用全新9座商务车，满足群众个性化、多元化、高质量的出行需求，构建便民、惠民的客运服务新体系。

2. 定点接送模式

特征：公众就近选择客运企业公布的上下车点，满足“点到点”出行需求。

场景：常见于出发地、目的地一端位于大型城市或者机场、高铁站、景区、大学城等人流比较密集的区域。

车辆：7座及以上的营运客车。

组织模式：采取多点到多点组织方式。

目标群体：前往高铁站、飞机场、医院、大学城等人群；时间相对宽裕、对价格因素相对敏感的人群。

优缺点：优点是客企利用现有大型营运车辆开展服务，成本低，运营要求低，既保持了原有班线客运的运价，又让公众实现了就近乘车，局部方便了公众出行；缺点是仍然没有实现从出发点到目的地的一站式往返。

实践案例：陇西至定西约80公里，陇西县交通运输集团有限责任公司经过调研，开通陇西—定西定制客运线，采取多点上车对多点下车服务模式，站外点设在有标志性建筑物和人流量大的地方，如火车站、大酒店、高速路口、市人民医院、市交通局、高铁站等，方便旅客就近换乘。车型采用14座的电动车，通过与“出行365”平台合作实现线上售票、线下信息化管理，自开通以来效果良好，日均线上购票人数由刚开始的200人次增长至1000人次，逐步将原来不进站、乘坐“黑车”的旅客引导至乘坐正规车辆。2023年以来，陇西县交通运输集团陆续开通陇西—漳县、陇西—武山、陇西—渭源等线路。

3. “定点接送+短途驳载”模式

特征：通过大车开展定点接送服务，通过小车增加两端上门接送增值服务，满足乘客低成本“门到门”出行需求。

车辆：城市内小车接送+城际大车通行。

组织模式：多点到多点+末端集疏运组织方式。

目标群体：对价格因素相对敏感又期望实现一站式直达的人群。

优缺点：优点是兼顾了客企现状与公众需求，满足了传统客运票价下城际间“门到门”出行需求；缺点是乘客需要换乘一次至两次，体验欠佳。

实践案例：广西驰程集团在百色—隆林、百色—乐业、百色—西林线路开展“定点接送+短途驳载”服务，对原有长途班线进行优化升级，增加班线两端上门接送增值服务，城区设立1~3个大巴上下车点（含车站），通过与“出行365”平台合作实现旅客线上购票并自主选择出发地和目的地后，由系统进行接驳车辆和司机调度，小车负责从出发地接送旅客到大巴停靠点，而后在大巴下车点由提前到达等待的小车负责把旅客送到目的地，接驳班次实载率由原来的不足50%提升至80%。

4. 定制客运服务模式的本质

从城际出行的本质来看，就是出发点到目的地的位移。总的来说，不外乎由起讫地“站、门、点”三种出发、到达方式所形成的组合：站到站、站到门（或门到站）、站到点（或点到门）、门到门、门到点（或点到门）、点到点。长期以来，作为提供城际间运输服务的道路客运企业，只提供“站到站”这样一种服务方式，那么其他需求如何满足呢？从这个角度讲，“定制客运”就是满足其他需求的客运运营服务方式。因此在实践中，经营者并不拘泥于以上几种模式，而是根据出发城市和目的城市的旅客需求量、城市规模大小等情况进行调整和组合。模式没有好坏优劣之分，只有适合不适合之选，具体选取哪一种模式，要视本地某一线路的实际市场情况而定。

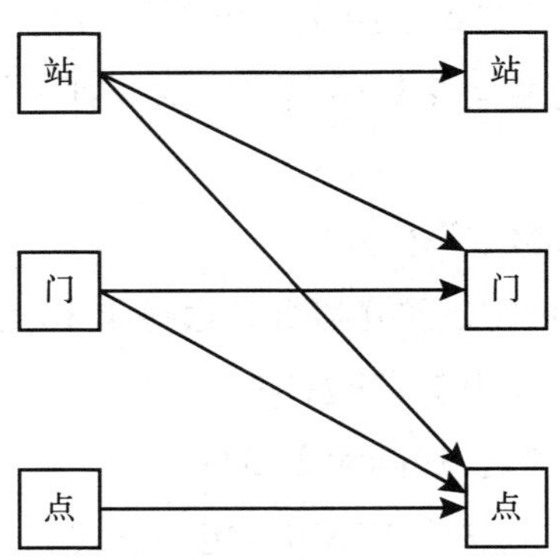

图 4　城际间出行出发到达方式

实践案例：辽宁东运集团开通沈阳—宽甸定制客运线路，使用 7 座商务车开展门到点运输服务，在宽甸区域内采用上门接送模式，在沈阳市内设置三十多个上下车点供旅客就近换乘。旅客购票方式有“东运易出行”小程序和 4006598777 电话订票两种，同时东运为增加旅客黏性还增设了积分兑换、次卡、改签、登录送券、购票返券等功能。

（五）B2P2C 模式及其法律关系

开展定制客运业务，需要线下班车客运经营者（以下简称“线下客企”）和线上客运网络平台（以下简称“线上平台”）共同完成。传统道路客运是客运企业到乘客的 B2C（Business to Consumer）业务模式，网约车服务趋向于平台到乘客的 P2C（Platform to Consumer）模式，定制客运业务模式则是一个线下客企和线上平台联合运营的全新模式，即 B2P2C（Business to Platform to Consumer）模式。

根据《客规》，定制客运有线路规定，难以完全实现企业根据消费者个性化需求提供定制化服务的 C2B 方式。B2P2C 模式可为乘客提供更为精准的定制客运服务。运营前，企业将车辆、驾驶员以及线路信息录入系统，并通过线上平台发布，乘客提交出行信息并完成支付后，购票人、上下车点等信息会被同步推送至定制客运系统，并快速匹配订单。上下车点、乘车时间一目了然，有助于司机提供更精准的服务。订单完成后，乘客还可获取电子发票。在 B2P2C 模式中，线上平台整合上游优质分销商和乘客高度分散的需求，为线下客企提供技术和数据支持；线下客企精准匹配乘客出行所需车辆、驾驶员等要求，同时将这些信息反馈给线上平台，双方共同为乘客提供高品质服务。

厘清不同主体之间的关系与责任，是准确把握业务模式特征的另一个有效工具。在定制客运中，乘客在线上平台购票时会勾选平台服务协议，与线上平台建立运输服务缔约关系；线上平台和线下客企通过签署合同，建立合伙关系；乘客与线下客企是运输合同关系，线下客企承担实际承运人责任。可以将定制客运中线上平台与传统客运站作类比，在运输合同中不承担承运人责任，但作为线下客企的票务代理人，承担代理人责任。

二　2023年定制客运行业发展情况

2023 年，各地积极推进定制客运发展，丰富定制客运服务产品，推动定制客运车辆进枢纽、进商圈、进社区、进医院、进校园、进景区、进园区，更好地发挥道路客运“门到门”“点到点”比较优势，为人民群众出行提供定制化、个性化、品质化的运输服务。

（一）2023年定制客运行业基本情况及存在的问题

截至 2022 年底，全国已有 29 个省份开通定制客运线路 4000 余条，投入车辆约 1.8 万辆，年定制客运量约 4500 万人次，涌现出了“出行 365”“赣悦行”等 200 余个定制客运网络平台。

2023 年，定制客运供给侧供应商明显增多。7 月，交通运输部等 11 部门联合印发《关于加快推进汽车客运站转型发展的通知》，鼓励客运站开展多元化经营，将闲置的客运资产转化为社会资产以提高利用效率。定制客运是为了改变“人进站、车归点”的不便，因此客运站的关停和转型升级从某种程度上加速了这种改变。据盛威时代“出行 365”数据，定制客运与汽车站内订票比值逐年增长，2020 年仅为 2.2∶100，2021 年达到 5.33∶100，2022 年达到 9.25∶100，2023 年达到 10.61∶100，选择定制客运出行的人数逐年增加。传统客运企业对于定制客运的认可度更高，接受和开展定制客运的客运企业越来越多，供应商明显增多。据盛威时代“出行 365”数据，2023 年开展定制客运的企业分布于吉林、湖北、湖南、陕西、甘肃、江西、内蒙古、黑龙江、山西、安徽、广西、青海、云南、河北、新疆、山东、辽宁、河南、广东、浙江、福建、四川、天津、上海、重庆等 25 个省（自治区、直辖市），较 2019 年增长 27.62%，较 2022 年增长 66.67%。

2023 年，定制客运需求侧订单量增长迅速，出行需求持续释放，客流迅速攀升。公众出行更加注重舒适性，灵活、快速、小批量定制客运的优势明显，公众选择定制客运出行增长迅速，据盛威时代“出行 365”数据，2023 年订单量较 2022 年增长 143.23%，较 2019 年增长 120.77%。

2023 年，各级行业管理部门大力发展定制客运，但从全国的发展情况来看，定制客运发展仍显缓慢。交通运输部公路科学研究院 2022 年底发布的《全国班车客运定制服务发展年度报告（2021）》显示，2021 年，全国定制客运经营者、车辆数、线路数量分别占全国班线客运经营者总数的 3.48%、全国道路营运客车数量的 3.02%、全国班线数量的 2.27%。

定制客运班线总体规模仍然较小、发展缓慢，主要存在以下问题及难点。

一是行业定制客运政策不健全。开展定制客运是需要经营许可的，经营许可涉及客运经营者、电子商务平台、车辆、驾驶人等方方面面，但目前行业定制客运法规缺乏配套措施和实施细则，基层实操难度大，在安全监管要求高的实际情况下，基层或是不敢作为，或是按照班车客运许可程序严格要求，定制客运备案难、审批难。

二是企业发展定制客运的动力不足，运营办法不多。企业对定制客运和班线客运之间究竟是博弈还是增量互补的关系认识不清，传统客运企业存在依托线路资源盈利、利用客运站组织客源等习惯性思维，缺少定制客运经营理念、资金、技术及专业人才，缺乏用户运营思维，加之开展定制客运需要购置7~9座车辆、人工成本较高等问题，大部分企业持观望态度，发展定制客运的意愿不强；已经开展定制客运业务的企业，存在线上获客能力弱、用户转化率低、缺乏运营能力、单车收益较低等问题，经营效益不理想，企业的积极性遭到打击。

三是平台资源仍需聚合。自主开发平台的客企，技术投入大，迭代成本高，平台产出不经济，加之平台多小散弱，公众客运出行信息共享服务不足，平台规模效应未形成，市场竞争力弱；利用第三方电子商务平台的客企，担心“资本无序，平台吸粉”，无法形成联合运营合力，没有充分发挥自身优势资源。

（二）2023年定制客运市场特点

以盛威时代“出行365”覆盖25个省（自治区、直辖市）的286家定制客运服务企业数据为样本，从线路里程、线路类型、服务模式、车辆类型、驾驶员职驾资格及驾龄、旅客出行特点等方面进行，以反映出市场现有特点。

1. 线路里程分布

从线路里程上看，100公里以内的线路里程占77.03%，100~200公里的占10.22%，200~400公里的占9.04%；400~800公里的占3.71%，定制客运的中短途线路居多，这也符合公路客运在中短途线路中“出行速度”更快的特点。

2. 线路类型分布

从线路类型看，一类客运班线占52.61%，二类客运班线占23.01%，三类客运班线占11.21%，四类客运班线占13.17%，开展定制客运的跨省、跨市线路居多。

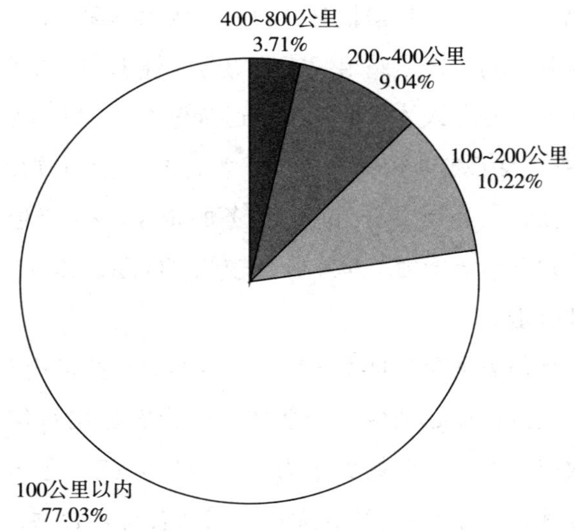

图 5　线路里程分布

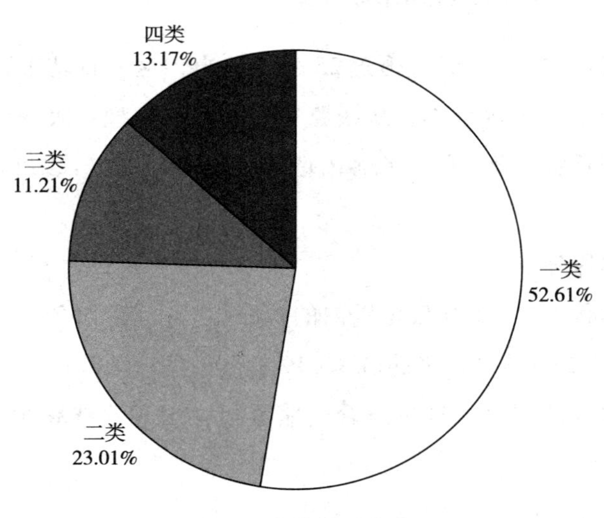

图 6　线路类型分类

3. 服务模式分布

从服务模式上看，上门接送（门到门）占 21.09%，定点接送（点到点）占67.63%，一端定点一端上门（点到门或门到点）占11.29%，成本相对较低、运营相对简单的定点接送服务居多。

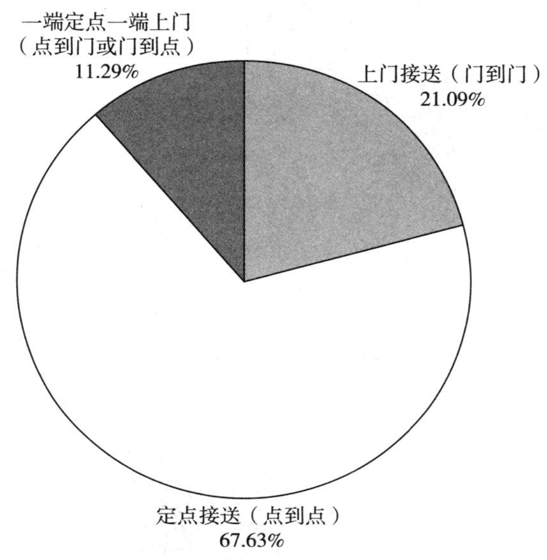

图7 服务模式分布

4. 车辆类型分布

从车辆类型看，运输企业各类车辆中，7~9座（含）占67.70%，10~19座（含）占10.20%，20座（含）以上占22.10%，开展定制客运业务的小型车辆居多。

从车辆技术等级看，普通级占16.10%，中级占26.90%，高级占57.00%，开展定制客运的车辆以高级居多。

从车辆能源类型看，汽油车、柴油车共占61.69%，纯电动车占34.31%。相比传统班线运输车辆，定制客运企业逐渐转向纯电动能源类型车辆，降低运营成本的同时提升乘客乘坐体验。

5. 驾驶员职驾资格分布

从驾驶员驾驶证类型看，驾驶员持C证占74.7%，持A证占25.3%，

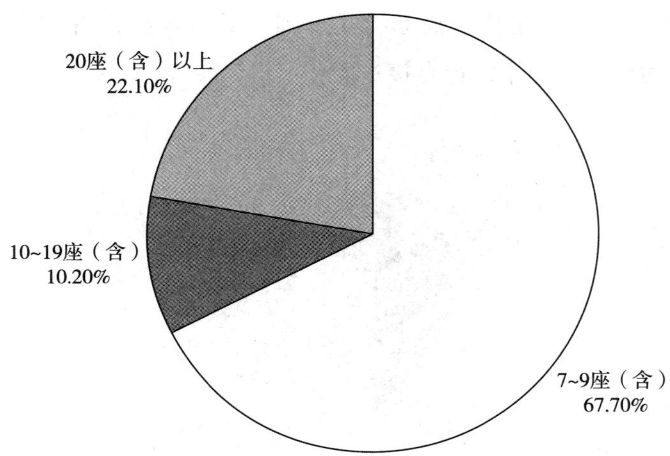

图 8　车辆类型分布

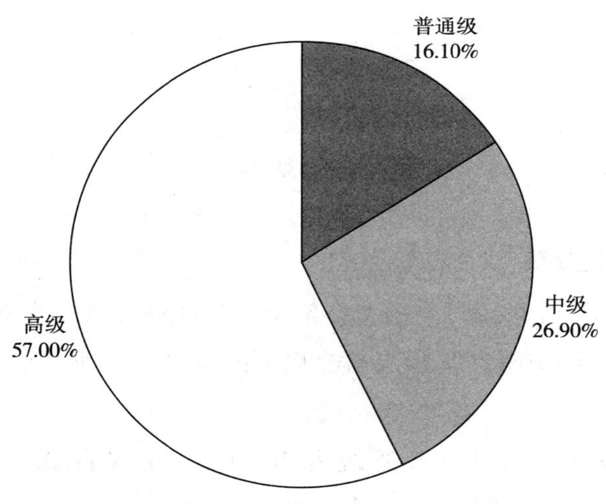

图 9　车辆技术等级分布

这和小型车辆与大型车辆比例基本吻合。

从驾驶员年龄看，26~49 周岁占 74.96%，50~70 周岁占 23.36%，定制客运新兴服务对驾驶员的整体要求越来越高。

从驾驶员驾龄分布，0~3 年（含）占 47.54%，3~5 年（含）占

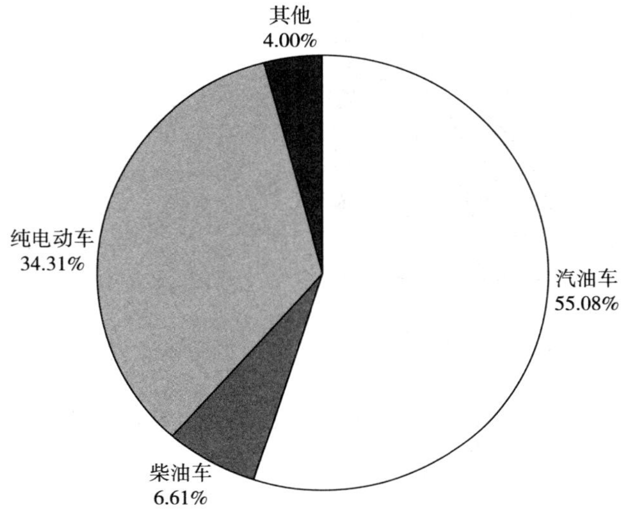

图 10　车辆能源类型分布

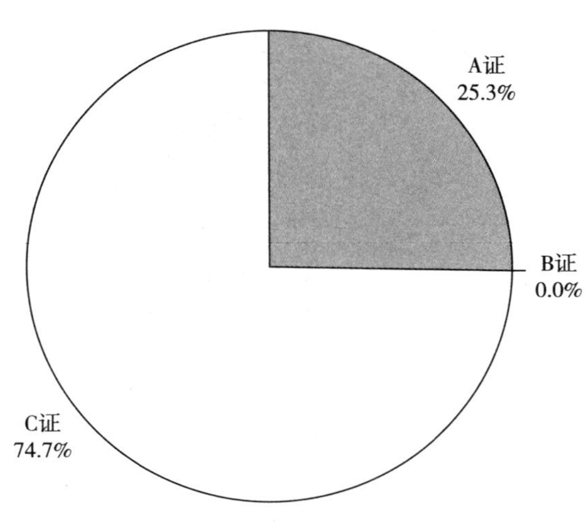

图 11　驾驶员驾驶证类型分布

4.32%，5 年以上占 48.13%，定制客运成为许多人的就业新选择。

6. 旅客出行特点

旅客选择定制客运出行时，在乘车点分布中，交通枢纽（机场/火

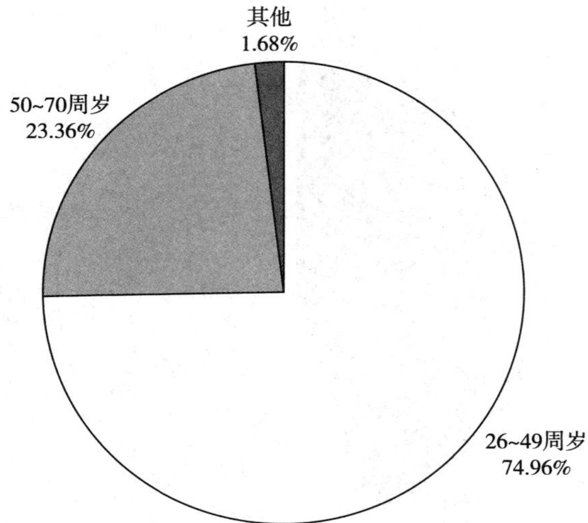

图 12　驾驶员年龄分布

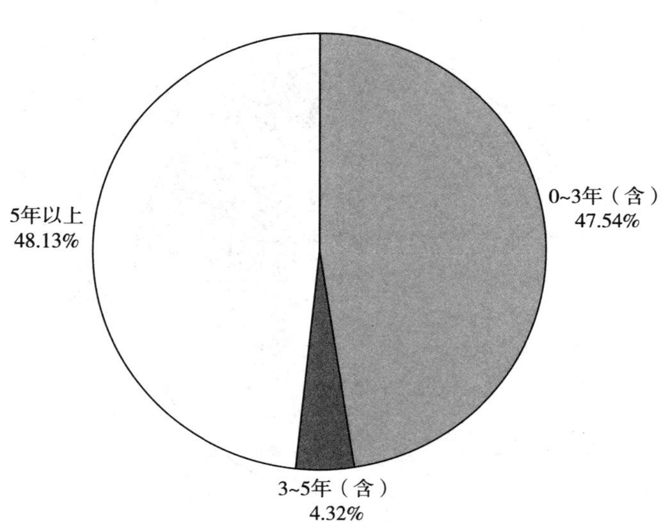

图 13　驾驶员驾龄分布

车站）占 19.18%，地铁/公交站占 5.39%，汽车站占 4.06%，其他（如商圈、社区等）占 61.13%，定制客运衔接其他出行方式的优势明显。

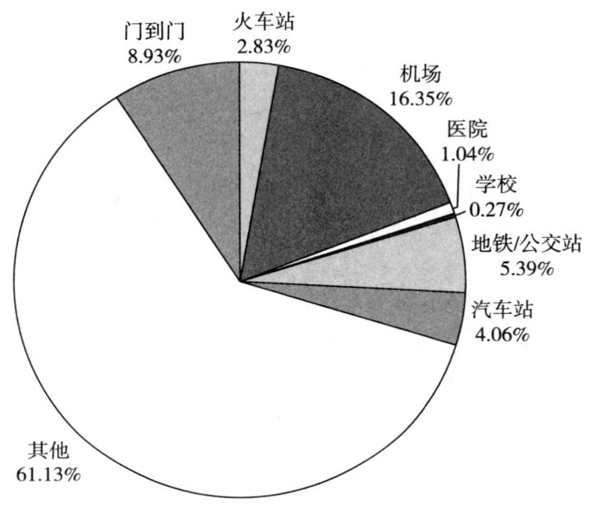

图 14　旅客乘车点分布

定制客运是依托网络平台提供旅客线上预订服务的模式，旅客更趋年轻化，25 周岁及以下乘客占 30.33%，26～49 周岁占 47.89%，50～70 周岁占比仅 13.57%。

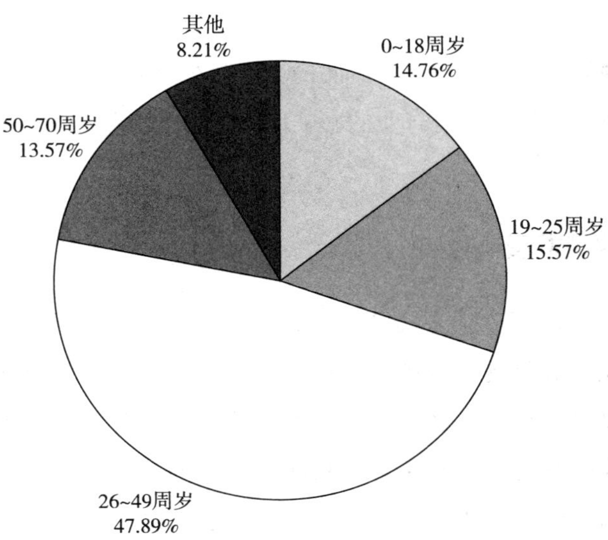

图 15　旅客年龄分布

旅客性别分布中，男性占 46.3%，女性占 47.8%。

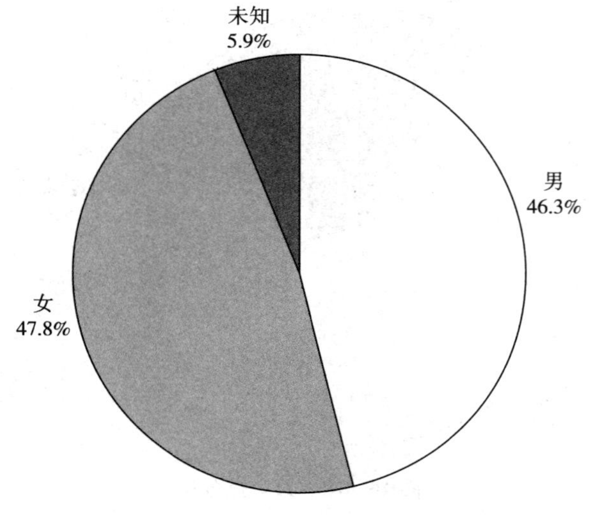

图 16　旅客性别分布

三　定制客运政策分析

现行法规体系下，定制客运所属的城际间公路客运行业是需要经营许可的强管制行业，政策规制对行业的影响巨大，本部分从政策影响角度对定制客运予以分析。

（一）政策发展概要

2004 年颁布的《中华人民共和国道路运输条例》（以下简称《道路运输条例》）是国务院规范道路运输行业的行政法规，是道路运输领域法律层次最高的规定。《道路运输条例》历经了多次修改，但都是根据“放管服”改革要求以及安全反恐等一些刚性约束做的局部修改，并未将“定制客运”相关内容纳入其中。定制客运是班车客运的一种方式，而《道路运输条例》对于班车客运经营做出了有关规定，因此从事定制客运，不能与客运行业的这个上位法条款相抵触。

2016 年 12 月，交通运输部出台《关于深化改革加快推进道路客运转型升级的指导意见》，明确提出了“充分发挥移动互联网等信息技术的作用，鼓励开展灵活、快速、小批量的道路客运定制服务”。这是行业政策文件中首次正式提出鼓励发展定制客运，打破了传统班车客运固定线路、时间、站点、班次的运行模式，能够更好地满足社会公众个性化、定制化客运服务需求，为道路客运行业转型发展指明了方向。

2018 年 8 月，交通运输部办公厅发布《交通运输部办公厅关于甘肃省开展定制客运试点工作的复函》，鼓励甘肃以满足旅客需求为导向，积极推进定制客运规范有序发展。

2020 年 7 月，交通运输部发布了《道路旅客运输及客运站管理规定》（以下简称《客规》），新增了“班车客运定制服务”内容，就鼓励和规范开展定制客运作出了顶层设计，明确了定制客运的含义及基本要求，对其管理方式、管理流程、经营者和平台要求、运行要求、责任和义务等进行规定，标志着国家层面正式承认“定制客运”并将其纳入规范管理之列。定制客运打破了“车进站、人归点”的传统班车客运组织模式，在发车时间、班次安排、上下客地点等方面享有更大的运营灵活度。随着道路客运转型升级的加快推进，具备“门到门”“点到点”“随客而行”运输优势的定制客运业务形态逐步成为主流，定制客运业务迅速发展，多样化的组织模式和方便快捷的乘车方式得到了人民群众的认可，市场规模初显。

2022 年 8 月，为持续激发道路客运市场活力，培育道路客运转型发展动力，进一步鼓励和规范定制客运发展，交通运输部发布了《班车客运定制服务操作指南》，围绕定制客运服务的全过程，明确了道路客运企业与网络平台在准备阶段需要具备的运营基础，细化了服务过程中信息发布、票务服务、运力调度、订单推送、旅客运送以及服务评价等环节的具体服务要求，并对运营过程中车辆安全管理、人员安全培训、信息风险防范和资金安全保障等风险点予以重点关注；聚焦行业管理部门，围绕服务保障、优化监管和营造环境等内容，对定制客运管理中需要注意的重点事项予以提示，对管理能力和管理水平提出新的要求。

2023 年 6 月，交通运输部发布推荐性行业标准《道路客运定制服务规范》（标准编号：JT/T 1470—2023），自 2023 年 9 月 25 日起实施。标准规定了定制客运的总体要求、服务流程与要求，以及经营者、网络平台、服务监督与投诉处理等。

（二）关键政策汇总解读

1. 开展定制客运的市场主体

《客规》明确班车客运经营者开展定制客运的，应当向原许可机关备案，从备案的内容来看主要分为两大部分，一是班车客运经营许可信息，二是使用的客运网络平台的信息。从这个角度讲，开展定制客运，离不开线下班车客运经营者和线上客运网络平台。

要开展定制客运业务，前提是线路已经获批，线下班车客运经营者需要具备相应条件才能取得线路经营资格。就线上客运网络平台需要具备的条件，《客规》提出了最基本的条件，办理市场主体登记、互联网信息服务许可或者备案等有关手续，再就是对于平台应该具备的信息发布等功能、通报车辆违法违规行为等职责、不得约“黑车”等做了要求。相较于网约车平台和货运网络平台，交通运输主管部门对客运网络平台的要求就是遵循了市场监督部门和电信部门的要求。

2. 开展定制客运的车型

《客规》规定，开展定制客运的营运客车（以下简称“定制客运车辆”）核定载客人数应当在 7 人及以上。开展定制客运的车辆应是营运客车。可用作营运客车的车型，以交通运输主管部门公告的道路运输车辆达标车型目录为准。按照交通运输行业标准《营运客车类型划分及等级评定》（JT/T 325-2018 代替 JT/T 325-2013），营运客车是用于经营性道路旅客运输的汽车，包括客车和乘用车。客车是指用于经营性道路旅客运输的 M2 类、M3 类中的 B 级和Ⅲ级客车。“M2 类、M3 类中的 B 级和Ⅲ级客车”依据国标《机动车辆及挂车分类》，简单地说就是超过 9 座且不允许乘员站立的客车。乘用车是指用于经营性道路旅客运输，在设计和制造上主要用于载运乘客及其随身行李和（或）临时物品的汽车，包括驾驶人座位在内最多不超过 9 个座位。

开展定制客运的车辆是 7 座及以上的。因此，开展定制客运的，可以用道路运输达标车型客车目录里的 9 座以上车，也可以用道路运输达标车型乘用车目录里的 7~9 座车。当然，车辆都需具备有效的《道路运输证》，且按规定投保承运人责任险。

3. 从事定制客运的驾驶员要求

《客规》对网络平台提出要求，从侧面也反映出对驾驶员的要求，“驾驶员具备相应的机动车驾驶证和从业资格并受班车客运经营者合法聘用”。这有三层意思，一是具备相应的准驾驶证，二是具备相应的从业资格，三是受班车客运经营者合法聘用。

客运驾驶员的从业资格中，有经营性道路客运驾驶员从业资格，有巡游出租汽车驾驶员从业资格和网络预约出租汽车驾驶员从业资格，有些地方还有公交驾驶员从业资格等。定制客运是班车客运的一种方式，需要配备经营性道路客运驾驶员。按照《道路运输从业人员管理规定》，经营性道路旅客运输驾驶员应当符合下列条件：①取得相应的机动车驾驶证 1 年以上；②年龄不超过 60 周岁；③3 年内无重大以上交通责任事故；④掌握相关道路旅客运输法规、机动车维修和旅客急救基本知识；⑤经考试合格，取得相应的从业资格证件。“受班车客运经营者合法聘用”，明确了平台不能把受聘于 A 公司的合规驾驶员调度去开 B 公司的车。定制客运业务需要平台的参与，驾驶员一定要具备互联网产品操作的基本技能，从事城际拼车业务的驾驶员还需要熟悉起讫点的路况。

（三）地方政策情况

《客观》鼓励发展定制客运，为此各地纷纷响应，修订地方性规章制度，其中北京市对网络平台运营企业提出了具体要求、广东省推出了“互联网包车”业务。

2021 年 1 月，北京市交通委员会结合北京城市战略定位和道路客运行业实际，制定并印发了《北京市贯彻〈道路旅客运输及客运站管理规定〉的实施意见》，提出网络平台运营企业应符合通信行业网络管理相关要求，参照《交通运输新业态用户资金管理办法（试行）》用户资金由第三方实施监管。网络平台与北京市省际客运实名制联网售票系统（以下简称“实名制系统”）实现互联互通，由实名制系统向网络平台推送开展定制客运的企业、班线、车辆等信息；网络平台实时向实名制系统推送乘客的姓名及身份证件号码、上下车地点和车辆号牌、线路名称、驾驶员姓名及联系电话等信息。网络平台须建立投诉举报机制，设置投诉电话、网站，及时受理、解决和回复旅客服务质量投诉举报；根据每辆车的备案途经路由、招呼点设定电子围栏，防止车辆越线行驶；不得接入或者使用不符合规定的经营者、车辆或者驾驶员开展定制客运服务。

2021 年 3 月，广东省交通运输厅印发《实施〈道路旅客运输及客运站管理规定〉办法》的通知，提出“互联网道路客运”包含班车客运定制服务（定制客运）、互联网包车客运服务（互联网包车）。其中互联网包车是指包车客运企业根据网络平台提供的出行需求信息，与其签订包车合同，并提供包车客运服务的道路旅客运输经营行为。包车是一种需求侧运输产品，互联网包车是利用互联网收集分散的需求再调度供给侧提供运输服务的一种运输产品，属于“C2B”产品，从广义的“定制客运”来讲，这是真正意义上的需求侧定制、供给侧响应的定制客运服务，与广东省的经济发展水平高、人员流动量大、公众习惯于互联网消费等有直接关系。

在定制客运政策方面，据不完全统计，甘肃、吉林、内蒙古、浙江、河南、新疆、辽宁等地都发布了相关政策，做了不同程度的政策创新尝试。

早在 2018 年，甘肃省就制定印发《甘肃省道路定制客运服务管理办法（试行）》，对定制客运的市场准入（包括企业经营资格、车辆条件、驾驶人条件）、运营管理、安全管理、监督管理等提出了具体要求。

2021 年，吉林省政府办公厅印发《关于促进吉林省道路客运行业高质量发展的意见》，提出“公交化运营为主、定制客运为辅、班车客运为补充的多元化服务方式”发展目标和“2025 年末，县级以上城市全部开展定制客运服务”的具体目标。这个总的发展目标实际上确定了吉林客运发展格局，宣告了班车客运从主流变成补充。吉林省交通运输厅印发《关于明确道路客运行业高质量发展工作有关问题的通知》，鼓励开展专线定制客运服务。对终到地为机场、高铁站、旅游景区、滑雪场、旅游度假区但尚未开展班线客运经营的，始发地交通运输主管部门依据申请者提交的《专线定制客运服务备案信息表》和与网络平台签订的合作协议或相关证明，与终到地交通运输主管部门进行协商后，予以备案。

2021 年，内蒙古自治区交通运输厅印发《关于加快推进道路定制客运等发展的通知》提出，道路客运班线经营权到期后，鼓励支持运输企业采取服务质量招投标等方式确定经营主体，具备条件的可采取“公交+定制+班线”的运营模式，即以公交化运营为主、定制客运为辅、客运班车为补充的多元化运输组织形式提供服务。定制客运车辆应当使用 7 座以上营运客车，其中 7~9 座车型可以从道路运输车辆达标车型目录中选取。应当安装具有联网联控功能的车辆卫星定位装置。

2021 年，浙江省交通运输厅印发《关于规范发展班车客运定制服务的实施意见》的通知，明确放开车辆、班次、票价管制。班车客运经营者可以根据客流情况，自行决定定制客运车辆数、车型和日发班次。同一班车客运经营者经营多条定制客运线路的，其所属定制客运车辆可以跨线灵活调剂。明确网络平台应当接入省道路客运数字化监测系统，并如实提供定制客运经营者、车辆、驾驶员信息和相关业务数据。

2022 年，新疆维吾尔自治区交通运输厅印发《关于开展班车定制客运服务试点工作的通知》，要求开展定制客运的电子商务平台有效接入自治区道路客运联网售票与电子客票系统平台、道路运输车辆动态监管平台。

2023 年，河南省交通运输厅印发《关于加快推进班车客运定制服务相关工作的通知》，对车型为乘用车的定制客运车辆运行速度实施分类管理，在动态监控平台合理设定超速报警阈值，保障车辆按通行路段规定限速运行。9 座及以下定制客车（乘用车）白天和夜间最高行驶速度不得超过每小时 120 公里，9 座以上客车夜间（22 时至次日 6 时）行驶速度不得超过日间限速的 80%。根据交通运输部《道路客运接驳运输管理办法》有关规定，从事线路固定的机场或高铁快线、通勤包车、定制客运以及短途驳载且单程运营里程在 200 公里以下的客运车辆，在确保安全的前提下允许凌晨 2 时至 5 时运行。

2023 年，辽宁省交通运输厅印发《辽宁省班车客运定制服务实施意见》，提出通过三年时间具备条件的线路全面由传统班车向定制客运转型。建设全省定制客运数据监测与分析研判系统，形成完善的定制客运准入、监测、评价、奖惩等管理机制，促进定制客运电子商务平台规范发展、定制客运成为道路客运服务新业态。

2023 年，甘肃省交通运输厅和省公安厅联合印发《关于促进道路客运行业转型升级的指导意见》提出，充分运用网络化、信息化、智能化等手段，借鉴定制客运发展成熟地区经验，结合实际优化定制客运运营模式，提供差异化、多元化服务，满足群众个性化出行需求。其中，鼓励道路客运经营者或取得道路客运许可的社会力量开展定制客运；在定制客运车型选择方面，可根据市场需求和群众出行习惯，由交通、公安、应急管理部门商定投入安全经济适用车型，不局限于 7 座及以上的车型限制，适度发展符合条件的 5 座乘用车参与定制客运。

表 1　部分省份定制客运政策创新点汇总表

省份	出台时间	政策	主要创新点
甘肃	2018 年	《甘肃省道路定制客运服务管理办法(试行)》	全国首个省级定制客运管理办法
	2023 年	《关于促进道路客运行业转型升级的指导意见》	取得道路客运许可的社会力量可开展定制客运 在定制客运车型选择方面，适度发展符合条件的 5 座乘用车参与定制客运
北京	2021 年	《北京市贯彻〈道路旅客运输及客运站管理规定〉的实施意见》	对网络平台运营企业用户资金安全、数据互联互通等提出要求

续表

省份	出台时间	政策	主要创新点
广东	2021 年	《广东省交通运输厅实施〈道路旅客运输及客运站管理规定〉办法》	提出互联网包车客运服务(互联网包车)
吉林	2021 年	《关于促进吉林省道路客运行业高质量发展的意见》	提出“公交化运营为主、定制客运为辅、班车客运为补充的多元化服务方式”发展目标和“2025 年末,县级以上城市全部开展定制客运服务”的具体目标
内蒙古	2021 年	《关于加快推进道路定制客运等发展的通知》	道路客运班线经营权到期后,鼓励支持运输企业采取服务质量招投标等方式确定经营主体,具备条件的可采取“公交+定制+班线”的运营模式,即以公交化运营为主、定制客运为辅、客运班车为补充的多元化运输组织形式提供服务
浙江	2021 年	《关于规范发展班车客运定制服务的实施意见》	明确网络平台应当接入省道路客运数字化监测系统,并如实提供定制客运经营者、车辆、驾驶员信息和相关业务数据
新疆	2022 年	《关于开展班车定制客运服务试点工作的通知》	要求开展定制客运的电子商务平台有效接入自治区道路客运联网售票与电子客票系统平台、道路运输车辆动态监管平台
河南	2023 年	《关于加快推进班车客运定制服务相关工作的通知》	对车型为乘用车的定制客运车辆运行速度实施分类管理,放松管制
辽宁	2023 年	《辽宁省班车客运定制服务实施意见》	建设全省定制客运数据监测与分析研判系统,形成完善的定制客运准入、监测、评价、奖惩等管理机制

四　相关政策建议

(一)建立与定制客运相适应的安全监管政策体系

定制客运被界定为班线客运的一种方式，因此在安全管理上完全适用于班线客运安全管理措施，这在一定程度上限制了7~9座的小型车辆开展定制客运，例如，旅客运输安全管理相关文件有道路旅客运输车辆运行最高限速100公里/小时、凌晨2~5时停止运行、班车400公里以上配双驾、24小时累计驾驶时间不超过8小时等约束性规定。企业普遍反映这些规定并不适用于定制客运的经营实际，如果要提供门到门服务，基本以7~9座的小型车辆为主，单车收益不高，且接送客花费时间较长，如果仍按上述规定执行，定制客车的盈利空间势必被进一步压缩，明显不具备竞争优势。

（二）进一步加快定制客运立法修法

原有的班线客运政策体系已难以满足定制客运发展需要，亟须建立与之相适应的政策配套措施。比如，《营运客车类型划分及等级评定》规定7~9座车辆属于“乘用车”，有些地方办理定制客运车辆运输证时要求必须是“客车”，否则无法通过；再如，运输证的经营范围限定为“班线客运”或“包车客运”等，“车线松绑”的要求难以被落实等。建立政策配套措施需要一个过程，建议可以先为基层行政许可部门制定定制客运备案指导流程，推进定制客运备案制度落地落实。

五　2024年发展展望与演变

（一）定制客运发展态势整体向好

定制客运发展整体向好，“行”是老百姓基本需求之一，是刚需，过去、现在和未来一段时间内都客观存在，只是服务载体和服务主体会发生变化，过去由“马车”满足，现在和未来一段时间由“汽车”“火车”“飞机”等满足，即使“无人驾驶”也仍然以汽车为运载工具。当前和未来一段时间，利用“汽车”出行在共享出行中仍将占据重要地位，这是由国情所决定的，是公路客运能够实现“门到门”“点到点”“随客而行”出行的特点所决定的。

由于公路客运行业人命关天，属于强管制行业，短时间内不可能全面放开对经营者以及线路、车辆等的行政许可，这就意味着行业短期内难以发生“颠覆性”变革。定制客运作为公路客运行业转型升级的重要途径，承载着庞大的传统班线客运“自我革新”使命，目前尚处于形成期转向成长期的阶段，未来可期。

（二）定制客运与其他客运的业务边界越来越模糊

城际间出行从供给侧来看，不外乎合规车辆、驾驶员和经营资质这三种生产要素的组合。供给和需求之间由客运网络平台提供的互联网服务连接。定制客运与班线客运的运营组织模式不同，但经营主体、车辆、驾驶员等趋同，定制客运经营资质也“脱胎”于班线客运，因此班线客运和定制客运的业务边界越来越模糊，站内站外打通、线上线下一体，不再区分“汽车票”和“定制客运”已经成为一种趋势，让供给侧客运企业基于资源最大化满足多元化的出行需求，从而实现降本增效，公众出行也更为便捷。随着城镇化进程加快，未来城际出行和城市内网约车出行的融合发展也将成为趋势。

（三）将定制客运平台纳入监管范畴成为趋势

按照规制要求，开展定制客运业务，需要线下班车客运经营者和线上客运网络平台共同完成。在定制客运业务中，客运网络平台已经成为不可或缺的重要组成部分，由“联网售票”阶段提升服务水平的一种手段变成客运服务的参与者，变成客运行业管理和服务的新对象。同时，定制客运依托客运网络平台售票，不属于现有基于“客运站售票”的统计体系，行业管理部门无法准确掌握开展定制客运的业户、线路、从业人员、车辆以及客运量情况。从网约车平台和网络货运平台被纳入监管的情况来看，一旦上位法依据充分，定制客运平台被纳入监管只是时间问题，从越来越多的地方性规章要求平台对接行业监管平台也能反映出这点。2024 年，行业也将发布定制客运平台技术要求标准规范。

（四）网络客运平台或将诞生

2024年，滴滴平台凭借其流量优势进入道路客运领域，与部分客运企业合作开展“站点巴士”业务，并采取补贴措施，这在云南、广东、河南等省引起广泛关注。大部分“站点巴士”利用原有班车客运线路运营且未备案定制客运业务内容，因此从严格意义上讲并不算是“定制客运”，但其本质上是定制客运“定点接送”服务模式，对整个定制客运市场格局形成较大影响。同时，“中国铁路12306网”利用定制客运解决高铁的“最前一公里”和“最后一公里”出行问题，这对于形成公铁联运发展格局将起到积极促进作用。得益于这些超级平台的参与，继网约车平台和网络货运平台后或将出现“网络客运平台”。

（五）定制客运将成为综合出行的重要组成部分

道路客运是综合运输体系的“毛细血管”，起到衔接铁路和民航“大动脉”、畅通微循环的重要作用。应该说，没有道路客运的参与就难以实现旅客“门到门”一站式出行服务，没有道路客运的现代化就难以实现综合运输的现代化。由于高铁站、飞机场的布局密度问题，许多中小城市的居民若要坐高铁、乘飞机都需先跨城出行到高铁站、飞机场所在城市，而在这种跨城出行场景中，定制客运是政府明确鼓励发展的、能提供“门到门”“点到点”出行服务的方式。近年来，机场接送、高铁接送日益成为定制客运的主要业务场景。随着联程运输的发展，公众一站式购票、一码式出行需求的日益旺盛，定制客运成为空巴通、公铁联运等联程运输中不可或缺的一环，成为综合出行的重要组成部分。

专题篇

B.11 交通运输新业态企业党建工作典型经验与做法

李晓菲　崔大勇　庞基敏　许占栋　吴　迪*

摘　要： 随着互联网的发展，以网约车、互联网货运平台为代表的"互联网+"交通运输新业态企业发展迅猛，对全面加强党的建设的新领域、新阵地、新课题提出了新的挑战。本文通过对交通运输客运、货运领域的互联网平台企业代表T3出行、滴滴出行、高德地图、菜鸟集团等开展调研，对其组织建设、思想建设、阵地建设、社会服务等党建工作实践进行案例研究，以期对其他新业态企业党建工作起到示范和借鉴作用，发挥党建"红色引擎"作用，促进实现党建业务融合发展，推进民营经济高质量发展。

关键词： 党建工作　民营企业　交通运输新业态企业

* 李晓菲，交通运输部科学研究院助理研究员、中心支部秘书；崔大勇，南京领行科技股份有限公司（T3出行）党委书记、首席执行官；庞基敏，北京滴滴出行科技有限公司，高级副总裁；许占栋，北京易行出行旅游有限公司（高德地图），合作发展部总监；吴迪，菜鸟集团党委联络人、公共事务部高级经理。

改革开放40多年来，新的经济组织，尤其是民营企业呈现爆发式增长态势，截至2023年9月底全国登记在册民营企业数量超过5200万户，[①] 在企业总量中的占比达到92.3%，其中“四新经济”[②] 成为民营经济发展的新优势，企业数已超2087.3万户。民营企业逐步成为推动经济社会发展的重要力量，加强民营企业的党建工作尤为迫切和必要。

民营经济的发展始终与党的政策同向和国家命运相连。党中央高度重视民营企业党建工作，党的十八大以来，提出了一系列加强民营企业党建工作的重大观点、重要举措。习近平总书记强调，党要管党，党建要全覆盖，要积极推动民营企业党建工作探索，因地制宜抓好党建、促进企业健康发展。习近平总书记在党的二十大报告中指出，加强新经济组织、新社会组织、新就业群体党的建设，这也是针对党的建设的新领域、新阵地、新课题提出的重要要求。2023年7月，《中共中央　国务院关于促进民营经济发展壮大的意见》明确提出，积极探索创新民营经济领域党建工作方式。这些政策指向充分说明，加强民营企业党建工作对于坚持和加强党的全面领导、完善社会治理、巩固党的执政基础，具有重要意义。

党建工作也为民营经济健康发展注入了强大信心和动力，有力促进了民营企业健康发展和民营企业家健康成长。位居中国民营企业500强榜单前列的企业有一个共同特点，就是重视党建工作，企业经营班子与党委班子协调一致、相得益彰。越来越多的民营企业党建工作实践证明，“党建做实了就是生产力，做强了就是竞争力，做细了就是凝聚力”。

交通运输行业是国民经济中具有基础性、先导性、战略性和服务性的行业。随着互联网的发展，以网约车、互联网物流平台为代表的“互联网+”交通运输新业态发展迅猛，不仅提升了运输效率、创造了更多的就业机会，也深刻改变了人们的生活方式。然而，交通运输新业态企业也存在职工人数多且分散、党建阵地少、沟通连接散、党组织影响力小等制约民营企业做好

① 数据来自市场监管总局。

② “四新经济”指的是“新技术、新产业、新业态、新模式”的经济形态。

党建工作的瓶颈问题。

本文通过对交通运输客运、货运领域的互联网平台企业代表T3出行、滴滴出行、高德地图、菜鸟集团等开展调研和实践案例研究，从党的组织建设、思想建设、阵地建设和社会服务等方面，探索出适应新业态民营企业党建工作的有效组织形式和工作经验，对于提升党组织的组织力、激活企业发展内生动力、发挥党支部战斗堡垒和党员先锋模范作用、助力实现交通运输新业态高质量发展贡献了力量。

一　打好支部工作基础，夯实党支部组织根基

（一）部署支部建设模式，形成党建工作开展基础

党支部是党的基础组织，是党组织开展工作的基本单元，是党在社会基层组织中的战斗堡垒，是党的全部工作和战斗力的基础，成立党支部是开展一切党建工作的基础和首要任务。新业态企业中的新就业群体呈现工作机会互联网化、工作时间碎片化及流动性强等特点，其党支部设置形式和建设模式与传统党支部都有较大区别。联合党支部、流动党员党支部、临时党支部，以及功能型党支部是新业态企业针对新就业群体实际探索建立的特色党支部设置形式，以开展党员教育和学习活动为主。新业态企业党支部的建设模式也根据企业自身特点和实际环境需要催生出新的形式。

滴滴出行作为大型互联网移动出行平台，创新探索出自建司机党支部、合作公司依托建司机党支部、三方共建司机党支部三类线下党支部建设模式，切实做到了网约车司机工作生活到哪里，流动党组织就覆盖到哪里。自建司机党支部是指所建的司机党支部均隶属于滴滴党委直接管理和提供服务，滴滴出行已在全国建立了40多支直属的流动司机党支部，在解决流动党员司机学习教育、组织生活和权益保障等方面发挥了重要作用。为覆盖全国百万名党员司机，发挥滴滴出行党委以外的组织力量，探索出合作公司依托建司机党支部的建设模式。合作公司是指为滴滴提供司机培训和服务的公司，其与

司机之间沟通联系更紧密，既不存在“难组织、难触达”的问题，也有实体空间为党员司机提供更多的线下服务。合作公司依托建司机党支部，有利于将司机党建内容融入合作公司的日常培训和服务中，实现党建与业务的嵌套融合式发展，已发展成为平台司机党建中的主要模式。三方共建司机党支部在前者的基础上加入了属地党组织力量，因其场地等资源统筹和协调能力强，更能够充分发挥党支部各项功能。例如滴滴出行在北京市丰台区南苑街道属地开展了滴滴党委、属地政府部门、平台合作企业三方共建新就业群体党建的“丰台试点”，实现了新就业群体党建从“单打独斗”到“三方共建”的转型，而且通过数据共享、党员共找、阵地共建、服务共促，形成了党员加油站、党员意见箱、党员服务清单等一整套司机党建机制。

（二）加强党员干部培养，锻造党建发展主力军

党员是党的肌体的细胞和党的活动的主体。发展培养党员及党员干部是党的建设一项经常性重要工作，是党员队伍建设的重要组成部分，有利于加强和改进党的基层组织建设，增强党组织战斗力。

菜鸟集团作为大型货运服务平台，将干部领导与党员队伍发展统筹考虑，其党委班子成员均为关键部门的核心负责人，各党支部书记为业务主要负责人。在党员发展工作中，菜鸟党委重点吸纳核心管理层、安全及高级技术岗位等核心关键人群向党组织靠拢，优中选优发展党员。同时，形成党建考核机制，紧扣党建基础工作和党建引领业务发展两大维度，实现党建工作和绩效体系相挂钩，提升核心党员干部的工作动力。T3 出行是 3 家国有车企合资联合头部互联网企业共同创立的智慧出行生态平台，通过“传、帮、带”，把党员培养成骨干，将党员培养成车队长，将优秀车队长培养成党员。

二　创新党建工作方式，抓好党支部思想建设

（一）打造企业党建品牌，强化引领力和凝聚力

党建品牌是通过系统化、特色化的设计与实施，形成具有鲜明标识、独

特内涵、广泛影响的党建工作模式，是党建工作创新成果的集中体现，也是党组织核心价值观、工作理念、工作方法的具象化表达，有助于提升党建工作在企业员工及社会公众中的认知度和认可度，增强党组织的凝聚力和号召力。

T3出行将党建工作与企业发展需求、企业生产经营、企业文化“三融合”，在党建和业务工作中注重党建品牌建设，打造出了独特的党建品牌“一路橙心·先锋领行”，设计党建品牌标志，赋予其独特的品牌内涵。党建品牌Logo以红色和橙色为主色调，“橙心”取“诚心”，体现了对党忠诚、诚信经营；“先锋领行”既是领行业之先，更体现出党建对企业发展的引领作用。根据企业自身党建工作特点，从思想领行、发展领行、服务领行三个维度，分别对应加强思想教育、助力企业发展、服务员工社会等方面凝初心、铸匠心、见真心的“三颗心”，全方位展示了党建引领新经济新业态企业创新发展的多元路径。

围绕党建品牌主题组织各类党建活动，是丰富党建品牌的实践形式。高德地图作为聚合打车平台的先行者，为巡游出租车提供信息服务的同时，创新党建模式，以“北京的士”党建品牌凝聚行业发展新力量。高德地图党委和北京出租汽车暨汽车租赁协会党支部签署党建合作框架协议，共同打造“北京的士”党建品牌，为北京巡游车行业党建工作建阵地、聚人心。围绕“北京的士”党建品牌组织各类党建活动、运营活动等方式，激励共产党员车队驾驶员提供更好的服务。建立了供党员驾驶员活动、交流和学习的党员活动室，组建起“北京的士”共产党员爱心车队、雷锋车队，通过导入助老订单、发放助老补贴等方式让“北京的士”成为广大党员司机参与公益、服务老弱、参加党组织生活的重要渠道。

（二）策划党建特色活动，提升党建工作效能

党建活动是党内政治生活的重要内容，也是党支部对党员进行教育管理监督的方式之一。新业态企业本身具有创新基因，组织策划党建特色活动的积极性高，有利于增强党组织的活力。党建活动除了落实好“三会一课”

制度外，也要用好主题党日活动平台，围绕不同主题，开展形式多样的党日活动。

高德地图开展“走出去，请进来”联学共建活动，与政府部门、科研院所等开展形式多样的学习交流活动，组织开展“喜迎二十大　追梦新征程”、测绘地理信息安全、交通安全志愿服务、急救知识培训等活动。滴滴出行结合当地特色举办各类党日活动，曾联合属地政府部门和平台合作企业在丰台区南苑街道“小憩·港湾”党群服务中心开展“温暖相伴”“公益大集”“绿色植树”“读书打卡”等活动。通过组织开展多样化党建活动，提升了党员同志对党组织的政治认同、理论认同和情感认同，调动了工作人员的积极性，引领广大党员群众都积极参与社会建设，提升了党建工作效能，进一步强化了党组织的号召力。

三　搭建线上线下平台，筑牢党支部阵地

（一）组建线下党建场所，提供学习生活综合服务

党员活动场所是基层党组织活动的主要阵地，是党员开展学习交流和教育培训的重要场所。习近平总书记在基层党组织建设中提出，要继续推进基层组织活动场所建设，完善配套设施，增强服务功能。建设党员活动基地，有利于党组织对党员的教育管理，促进党组织活动的制度化、规范化，增强党组织的凝聚力。

T3 出行在南京市政府部门的指导下，打造了“宁小蜂+”网约车实训基地，整合了司机入职提车、技能赋能、业务学习、安全培训、思想学习等功能，并且能提供免费洗车、充电、休憩、修车保养、就餐等服务。菜鸟集团注重打造党员活动线下场所，不断提升党员思想政治和能力素养。菜鸟集团总部建设了党群服务中心，并被杭州市余杭区命名为快递行业党群服务中心。同时，菜鸟集团在全国范围内打造了 40 个集党建活动阵地、职工之家、“三室一中心”为一体的“鸿雁学堂”综合服

务型党建阵地，在各省区市邮政管理局指导下开展党群活动，依托“鸿雁学堂”开展了面向党委班子成员的“跟党学管理”党课和面向党员的“鸿雁线上学堂”主题教育及线上竞赛活动，筑牢理论武装的“坚强堡垒”。

（二）开发线上党建系统，实现流动群体高效党建

新业态企业服务人员活动场所往往较为分散，党员党组织关系不集中、流动性大，带来参加党内组织生活不方便等难点问题，线下党员活动场所无法满足该类党员群体的实际需要。新业态企业的实际业务工作多依托于互联网开展，开发智慧党建系统，开辟线上党建活动新阵地，从而实现党建信息快速传递、参与党内活动更加便捷、党组织管理更加高效。

高德地图为高效、有序、便捷地开展党建活动，利用科技赋能，为高德打车合作的巡游出租车企业、网络预约出租车企业打造了党建云平台。在党建云平台上，各出行企业能够以亮标识、优服务、强引领、树标杆为目标，常态化开展云上党建活动，加强党的思想建设，树立党员先锋模范典型，以党员影响群众，以支部带动行业，塑造行业文明新风。驾驶员群体也可以利用丰富的党建云平台的互动功能，实现在线答题、交流互动，随时随地参与云党建活动，增强归属感和凝聚力。

线上党建系统除有利于高效开展党组织活动外，更便于实现对党组织和党员的全过程全方位的管理和监督，提升党建工作的科学化和智能化水平。滴滴出行为了适应司机动态进出特点、扎实做好平台流动司机党建工作，充分发挥平台技术优势，创新研发了司机端“云党建”系统，具备了党员报到、线上学习、线上报名、积分排行、荣誉上报、意见反馈等诸多功能。基于“云党建”系统，各支部实现了基层党组织的全程数字化管理，确保党员司机和党建信息根据实际情况在系统中实时动态调整，同时，探索提供了党员司机的信息掌握、甄别及验真线上解决方案，解决了线下党支部无法覆盖所有党员的问题，增强了党建工作的时效性，是党建管理模式升级的一次创新探索。

四　弘扬先锋志愿模范，实现党建业务双融合

（一）树立党员先锋模范，发挥党员骨干带头作用

从个体层面，共产党员在各项工作中应当成为群众的核心和中坚分子，发挥党员的先锋模范带头作用，影响和带动周围的群众共同实现党的纲领和路线的行动。企业树立党员先锋模范，有利于保持党员和企业的先进性，形成企业发展的动力。

T3 出行设立了党员先锋岗、党员示范区，鼓励党员司机积极承接重要项目，形成“我是党员我先上”的企业氛围，定期开展交流会，号召党员同志主动为企业发展献计献策。在党员车辆引擎盖上张贴“你身边的党员车”醒目标志，充分发挥党建红色引擎作用，并在平台软件上为司机点亮党员车勋章，定制党员袖章，保持党员严于律己、爱岗敬业、无私奉献的意识，也让乘客感受到“党员就在身边、党组织就在身边”，从企业业务成效来看，党员司机业务量是平均值的 1.4 倍，订单投诉量仅为平均值的 40%。

（二）支撑国家战略决策，发挥党建的业务引领作用

从企业层面，企业党支部具有宣传和贯彻落实党的理论和路线方针政策、宣传和执行党中央和上级党组织决议的功能定位和职责。企业党支部尤其应该把握正确的政治方向，以企业专业优势支撑国家战略决策和发展大局，充分发挥党支部战斗堡垒的作用。

菜鸟集团利用业务优势，投身乡村振兴战略，引导党员干部人才下基层，建设数字化乡村服务站和农产品上行产地仓，将快递进村与乡村振兴相结合；组建党建专班，将乡村业务板块党支部划分责任区，推动团队在包括国家乡村振兴重点帮扶县在内的千余县开展乡村物流服务，建成乡村服务站几万座；整合电商快递资源、发挥专业优势，通过农货节等促销手段，助力

贫困村当地产业发展，带动当地村民增收。同时，菜鸟集团也积极融入“双碳”和绿色发展战略大局，围绕国家“双碳”目标，形成全链路绿色物流解决方案，联合多所高校正式启用“校园碳资产管理系统”；把绿色行动落实到每一个包裹中，60%的驿站寄件使用旧快递包装寄件。

高德地图积极响应人口老龄化国家战略，在全国老龄办指导下，高德地图联合中国人口福利基金会，启动“助老暖心出行计划”。在高德地图软件平台和小程序推出“一键叫车”功能，无须输入起点和终点，无须线上支付，可设置紧急联系人和行程分享，尽量减少老年人输入和选择要求；推进线下助老服务设施建设，在各大城市老年人活动较多的社区、医院等地方建设“暖心打车站”，暖心站上印有二维码和电话，方便老年人手机扫码或电话叫车；同时，面向老年人发放助老就医出行补贴。

（三）开展社会志愿服务，发挥党建红色引擎作用

从社会层面，企业尤其是企业党组织不仅要对企业盈利负责，还应在生产过程中对人的价值予以关注，对环境、消费者和社会做出贡献，履行相应的社会责任。积极承担社会责任，开展社会志愿服务，同时也是实现民营企业创新发展的助推器和永葆企业生命活力的重要源泉。

T3 出行充分发挥党群组织的优势和作用，对内当好员工的贴心人，密切关注司机群体需求，创新制定司机关怀计划——“司福计划”，积极改善司机停车、充电、吃饭、看病、学历提升、子女入学等问题；对外当好弱势群体的知心人，打造“T3 益起行”“T3 童行”公益品牌，组建防疫车队，开展高考“爱心送考”服务，举办无偿献血活动，攻关“一键叫车”老年用车项目，合作开展“宝贝回家”项目，宣传未成年人保护法，定期组织党员与困境儿童结对子，开展司机紧急救护培训，配置车辆 AED 机，成立紧急救护车队，成为城市移动救护力量，并随时随地能为社会突发险情贡献力量。

高德地图发挥平台优势，与全国总工会及各地政府合作开展基层工作者服务驿站、服务网点信息上图项目，包括高速服务区司机之家、骑手驿站

等，助力工会服务站点“双 15”工程，为奔波在酷暑中的户外劳动者提供暖心服务，实现 1 公里服务半径、15 分钟步行可达，共同解决户外劳动者“吃饭难”“喝水难”“休息难”等现实问题。

五　结语

随着科技的进步和市场需求的演变，新型交通方式和服务内容不断涌现，推动了交通运输新业态企业的蓬勃发展。如何提升中国共产党在新兴经济中的号召力和影响力，为新业态企业发展注入“红色基因”，是新时代做好党建工作需要解决的新命题。本文选取了交通运输客运、货运领域的互联网平台企业开展调研，对交通运输新业态企业党建工作的典型经验与做法进行剖析。新业态的新就业群体区别于传统交通运输企业，以网约车司机、快递员为代表的新就业群体往往数量庞大、人员结构复杂、工作居住分布不集中且流动性较高，做好这一新就业群体的党建工作既具有复杂性、挑战性，也具有十分重要的现实意义和时代价值。

从各新业态企业的党建工作实践看，首先，要开展好党的组织建设，因地制宜选择党支部建设模式，确保建成覆盖面全的党组织基本单元，同时打造持续更新的优秀党员队伍，培养党内活动的鲜活细胞。其次，抓好党内思想建设，通过创新打造新业态企业特色党建品牌，围绕党建品牌主题组织各类党建活动，也是区别于传统交通运输企业党建工作的新领域，通过思想建设帮助党员不仅在组织上入党，更要在思想上入党。再次，筑牢党支部阵地建设，通过建设线下综合服务型党建场所和线上党建云平台，为创新开展党员学习交流和教育培训提供便捷的条件。最后，聚焦国家和社会需要，以党建引领，树立党员模范，做好业务支撑，开展社会志愿服务，践行为人民服务的宗旨，用有温度的科技助力社会发展，实现党建业务“双融合”。

交通运输新业态企业的党建工作通过科技创新、模式创新、业务创新，探索开展党的组织建设、思想建设、阵地建设和社会服务，发挥出了新业态企业的科技平台优势，党建工作发挥了应有的凝聚力和模范带头作用，体现出党建与业务深度融合，以及民营企业的社会责任感，在新时代展现出了新气象。这可对其他新业态企业党建工作起到示范和借鉴作用，发挥党建“红色引擎”作用，促进实现党建业务融合发展，推进民营经济高质量发展。

B.12
共享出行助力城市交通低碳转型

唐艳红*

摘　要： 共享出行从交通工具电动化、资源利用高效化、出行结构低碳化、电力来源绿色化、交通体系数智化等方面推动出行生态规模化和集约化发展，在交通行业低碳转型与绿色发展方面发挥了较好的引领和带动作用。网约车“油换电”、合乘交通和慢行交通三种绿色出行场景可助力交通行业每年减少碳排放超1000万吨。

关键词： 电动汽车　合乘交通　慢行交通　碳减排

交通运输作为终端能源消费的关键部门，是支撑“双碳”目标实现的关键领域。共享出行以高效利用资源为发展基础，通过科技手段提高城市交通运营效率和数字化服务能力，助力行业规模化和集约化发展，在交通行业低碳转型与绿色发展方面发挥了较好的引领和带动作用。

一　共享出行助力城市低碳转型的五个关键着力点

交通工具电动化、资源利用高效化、出行结构低碳化、电力来源绿色化、交通体系数智化是推动城市交通出行低碳转型的关键着力点。

---

* 唐艳红，滴滴发展研究院研究总监。

（一）交通工具电动化

目前，我国交通行业仍以汽油、柴油等化石燃料消耗为主，交通工具在消耗化石能源的过程中会排放包括二氧化碳在内的温室气体，加剧雾霾、酸雨及温室效应。全面推动交通工具电动化进而实现道路交通的减碳降污在行业内已经达成共识，尤其是电动汽车对燃油汽车的替代，被视作交通零碳转型的关键路径之一。

包括网约出租车和巡游出租车在内的共享出行领域是推动汽车全面电动化的主战场之一。共享出行领域数字化水平高、平台推动力度大、运营属性强，在落地应用新能源汽车方面优势明显。目前，我国网约车里程电动化比例大幅领先于欧美市场。同时，网约车电动化转型在我国新能源汽车产业发展初期也发挥着“启动器”作用。

（二）资源利用高效化

推进交通领域节能降碳，要着重提高车辆和道路的利用效率。拼车、顺风车运用大数据算法，归并相同或者相近多名乘客的出行需求，通过提高车辆座位的利用率实现碳减排，在一定意义上具有“微公交”的属性，单位周转量的碳排放强度与公共交通相当。以一辆百公里电耗为 16kWH 的电动网约车为例，其单位运营里程的碳排放强度约为 93g 二氧化碳，假设拼乘两位乘客，则单位周转量的碳排放强度约为 46g 二氧化碳，低于北京市低碳出行碳排放方法学公布的公交碳排放因子 67gCO_2/PKM，略高于轨道交通碳排放因子 39gCO_2/PKM。

为了有效控制乘用车能耗，2017 年工信部、财政部、商务部、海关总署和质检总局联合发布了《乘用车企业平均燃料消耗量与新能源汽车积分并行管理办法》（以下简称“‘双积分’政策”），于 2018 年 4 月 1 日起正式实施。在“双积分”政策的积极引导下，我国新销售燃油乘用车和电动车的百公里电耗均不断降低。

（三）出行结构低碳化

提高低碳出行比例，可有效减少交通出行的碳排放总量和碳排放强度。

慢行交通作为一种低碳、环保、健康的短距离出行方式，也是国际绿色交通发展的主要方向之一，主要通过替代其他高排放出行方式而实现节能减排。其中，共享单车在行驶过程中主要依靠人力驱动，不会排放任何二氧化碳；共享电单车在道路行驶阶段不消耗化石燃料，不直接排放包括二氧化碳在内的温室气体，但会消耗少量电力，从而在发电侧间接产生少量的二氧化碳排放。

专栏1　慢行交通接驳城市公交系统

发展慢行交通有助于绿色综合立体交通网的建设，破解城市“最后一公里”出行难题。以共享单车接驳轨道交通为例，在北京，41%的骑行发生在轨道站点周边100米，“轨道+共享单车”出行方式拓宽了轨道交通的服务圈半径，传统轨道站点辐射800米服务圈层，“轨道+共享单车”平均拓展至1200米服务圈层，服务覆盖人口增加约50%，相当于额外增加了50%的轨道交通长度。

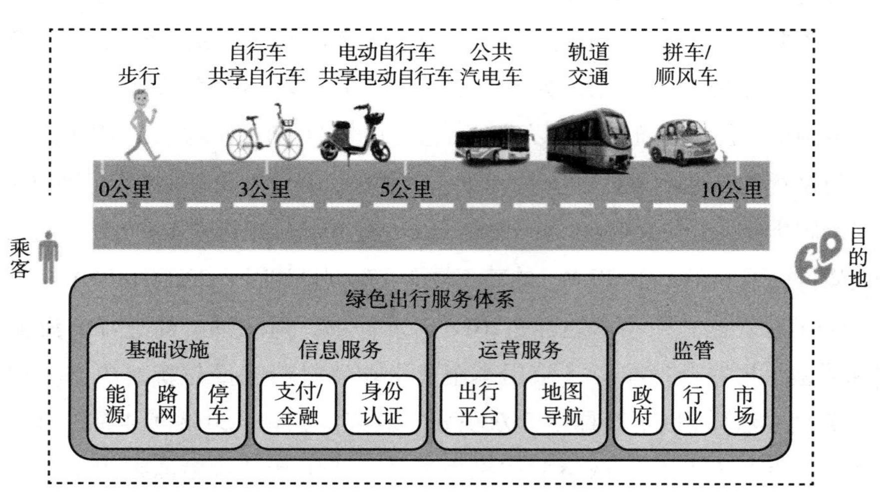

图1　慢行交通接驳城市公交系统

资料来源：《2021年中国主要城市共享单车/电单车骑行报告》，2021年9月。

（四）电力来源绿色化

城市出行的二氧化碳排放分为直接排放和间接排放，其中直接排放主要是指燃油交通工具运营过程中消耗化石能源排放的二氧化碳；间接排放主要是指电动交通工具运营消耗电力在发电侧间接排放的二氧化碳。虽然当前阶段直接排放依然占交通碳排放的绝对大头，但随着电动化进程不断加快，未来交通电力消费及由此带来的间接排放将不断增加。

电力绿色化转型可有效降低交通耗电带来的间接排放。电力绿色转型需要从生产侧和消费侧两个角度双向推进。生产侧角度，我国正在推动以新能源为主体的新型电力系统建设，未来随着新能源电力占比不断提高，全社会电力的碳排放强度将持续降低。消费侧角度，布局分布式光伏、探索“V2G”技术参与需求侧响应、绿电交易是实现交通电力消费侧主动降碳的有效手段。

（五）交通体系数智化

随着科技不断进步，路网正朝着智慧路网方向发展，通过车路协同，减少拥堵、等待，有效提升路网和车辆使用率，在此过程中实现碳减排。一方面，联通人流、车流、数据流和能源流，协同实现最优路径规划和能源调度，通过低碳能源与高效使用助力碳减排目标实现。另一方面，出行服务运营商加强创新，通过大数据等科学手段深入分析车辆分布、人流密度、需求变化等信息，既实现对交通工具的合理调度、及时运维，又切实做好与乘客与出行载体的精准对接，真正满足城市居民的绿色出行需要。

专栏 2　小桔充电探索光储充示范应用

作为交通领域的综合平台企业，滴滴出行充分发挥生态内出行服务与充电服务协同优势，旗下小桔充电打造的微电网“小桔微网”，尝试探索通过集成光伏、储能、充电桩的软硬件能力与电网互动，已在电力调度和电池评估方面取得相应成果，也提升了核心能力——基于负荷预测的电力调度策略，能够使电力使用经济效益最大化。

基于微电网技术理念的小桔充电“光储充综合示范站”已在杭州、广州、武汉正式投运，同时，基于车网互动参与电力辅助服务理念的虚拟电厂已陆续在北京、上海、广州、杭州、西安、东莞、福州、深圳等地布局“调峰”试点。

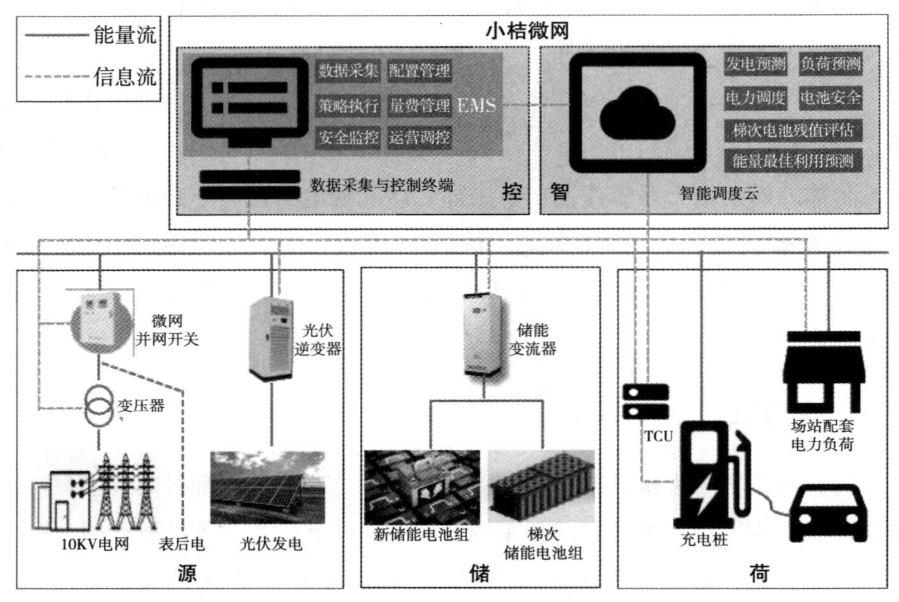

图2　小桔微网示意

二　共享出行行业碳减排贡献测算

交通出行方式和出行结构复杂多样，按照不同出行行为的碳排放强度①可以划分为相对高碳出行方式、相对低碳出行方式和零碳出行方式三类。

① 单位周转量排放的二氧化碳量。

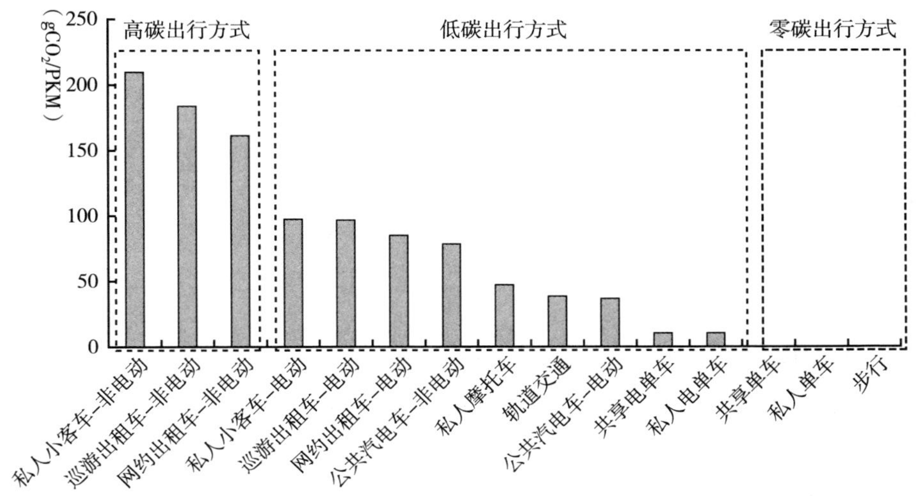

图 3　不同出行方式碳排放强度

共享出行的碳减排贡献，主要是指平台通过提供业务、算法和数据支持，引导运营方与用户在满足各自需求的过程中产生行为转变，即相对基准线情形减少的部分碳排放。从可量化性而言，主要包括网约车“油换电”、合乘交通和慢行交通三种绿色出行场景或碳减排场景。①

（一）网约车“油换电”

目前，国内外相关机构已经发布了若干包括电动汽车在内的新能源汽车碳减排核算方法学，包括中国汽车工程学会发布的《电动汽车出行碳减排核算方法》、中国标准化协会发布的《通过新能源汽车替代出行实现温室气体减排量评估技术规范》以及北京市发布的《北京市低碳出行碳减排项目审核与核证技术指南（试行版）》等，为评价电动网约车的减碳效应提供了有益参考。

本文主要参照中国汽车工程学会 2021 年发布的《电动汽车出行碳减排

① 充电桩等基础设施减少的碳排放和电动汽车减少的碳排放存在重复计算情况且不易去重，故本文不做核算和量化；现阶段较难量化交通体系数字化等方式实现的碳减排量。

核算方法》并结合相关行业数据，测算出电动汽车行驶每公里的碳排放强度约是燃油汽车的一半，每公里相对燃油车减少碳排放 80~100 克。交通运输部数据显示，2023 年我国网约车合计完成订单 91.14 亿单，假设每单运营里程 8 公里，网约车行业的里程电动化比例为 60%，约可助力减少碳排放 400 万~500 万吨。

（二）合乘交通

合乘服务包括网约车拼车和顺风车（私人小客车合乘）两类，主要是指出行路线相同或相近的多名乘客共同搭乘同一辆网约车或小客车出行，通过共享同一辆网约车的多个座位实现碳减排。参与拼车业务且实际“拼车成功”的网约车，“愿拼”但“未拼成”订单不产生实际减碳量。在合乘服务中，一辆 5 座小客车每个行程可能聚合 2~4 个订单，此外顺风车还可同时满足车主或司机的出行需求。将“独乘”的情况设定为基准情形，相应行程的碳排放量为基准排放量。合乘减少碳排放的情景相对复杂，两拼单、三拼单、四拼单、绕路、是不是新能源车等情景在碳减排核算的过程中都应该被考虑到。

结合拼车和顺风车的相关行业数据可粗略估算合乘交通每年贡献的碳减排量约为 350 万吨。

（三）慢行交通

聚焦共享出行领域，慢行交通主要是指共享单车和共享电单车，通过替代其他高碳出行方式而实现节能减排。共享电单车在道路行驶阶段不消耗化石燃料，不直接排放包括二氧化碳在内的温室气体，但会消耗少量电力，从而在发电侧产生间接排放；共享单车在行驶过程中主要依靠人力驱动，碳排放量为零。

慢行交通的基准排放依据应根据城市出行距离与出行方式模型测算。《公民绿色低碳行为温室气体减排量化指南》公布的骑行基准线排放因子缺省值为 83.5gCO_2/PKM。电动自行车/共享电动自行车碳排放因子缺省值为

$12gCO_2/PKM$。根据中国道路运输协会数据估算[①]，2023 年第四季度互联网租赁自行车日均订单量约为 2700 万单，互联网租赁电动自行车日均订单量为 3100 万单。《2023 年中国主要城市共享单车/电单车骑行报告》显示，单车单次骑行距离为 1.5 公里，电单车的单次骑行距离为 2.3 公里。综合估算共享单车和共享电单车行业实现的碳减排量为 300 万吨左右。

综上，共享出行领域网约车电动化、合乘交通和慢行交通三类减排场景 2023 年贡献的碳减排量超过 1000 万吨。

① 3 家互联网租赁自行车企业日均订单量为 2558.49 万单，行业占比约为 95%；7 家互联网租赁电动自行车日均订单量为 2516.66 万单，行业占比约为 80%。

B.13
自动驾驶技术应用发展形势分析与展望

高倍力　俞 灏　孙秦豫*

摘　要： 通过分析单车智能与车路协同、激光雷达、视觉感知不同技术路线的优劣，研究我国自动驾驶技术应用发展现状、面临的问题与挑战，分析自动驾驶技术应用的政策环境，探讨自动驾驶在典型场景应用的成效和面临的问题，提出基于大模型的车、路、网、云一体化协同发展的技术路径，展望自动驾驶未来商业化发展趋势。

关键词： 自动驾驶　大模型　单车智能　车路协同

一　自动驾驶技术简述

自动驾驶，又称无人驾驶，是指在综合利用人工智能、高精感知及定位、自动控制、智能规划与决策等前沿技术，使车辆、船舶、飞行器等交通工具能够在没有人类操控的情况下完成驾驶任务。

（一）自动驾驶分级

自动驾驶车辆包括智能化和网联化两个层面，其分级也可以对应地按照智能化与网联化两个层面区分。在智能化层面，中国汽车标准化技术委

---

* 高倍力，交通运输部水运科学研究院正高级工程师，研究方向为智能航运、智慧港口和港口自动驾驶水平运输；俞灏，东南大学交通学院副研究员，研究方向为智能交通系统、智能交通管控与交通安全；孙秦豫，长安大学汽车学院副教授，研究方向为智能驾驶、人机协作、驾驶安全。

员会、美国 NHTSA、国际汽车工程师协会（SAE）等组织已经给出了各自的分级方案（美国交通部在 SAE J3016 自动驾驶分级标准发布之后，很快放弃了 NHTSA 的五级标准。在对自动驾驶汽车的分级描述上，二者的共同点在于均把车辆是否具备对于转向、加速、制动这些关键功能的控制能力作为区分不同等级的关键因素。同时二者也存在较大的差异，美国 NHTSA 自动驾驶汽车分级标准对于不同等级的描述较为笼统，SAE J3016 则更加强调动态驾驶任务，通过动态驾驶任务由驾驶人执行还是车辆系统执行进行不同的等级区分，对于各个等级的描述也更加清晰）。

表 1　中国自动驾驶分级标准

驾驶环境	智能化等级	等级名称	等级定义	控制	监视	失效应对	设计运行范围	典型场景
人监控驾驶环境	1	驾驶辅助	在特定的设计运行范围内，自动驾驶系统持续执行横向或纵向运动控制的动态驾驶任务（不同时执行横向和纵向运动控制），剩余的动态驾驶任务由驾驶人执行	人与系统	人	人	有限制	自适应巡航、车道保持等
	2	部分自动驾驶	在特定的设计运行范围内，自动驾驶系统持续执行横向和纵向运动控制的动态驾驶任务，驾驶人执行失效应对和监视自动驾驶系统	系统	人	人	有限制	交通拥堵辅助、协助式自适应巡航、自动泊车等
驾驶自动化系统监控驾驶环境	3	有条件自动驾驶	在特定的设计运行范围内，自动驾驶系统持续执行整个动态驾驶任务，当自动驾驶系统发出接管请求或车辆其他系统出现故障时，用户需要接管系统并做出正确响应	系统	系统	人	有限制	高速公路有条件自动驾驶、交通拥堵自动驾驶、商用车队列自动驾驶等

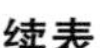

续表

驾驶环境	智能化等级	等级名称	等级定义	控制	监视	失效应对	设计运行范围	典型场景
驾驶自动化系统监控驾驶环境	4	高度自动驾驶	在特定的设计运行范围内自动驾驶系统持续执行整个动态驾驶任务和负责失效应对，不需要用户接管系统	系统	系统	系统	有限制	高速公路高度自动驾驶/近郊自动驾驶、特定场景自动驾驶、代客泊车
	5	完全自动驾驶	自动驾驶系统无条件地（没有特定的设计运行范围限制）持续执行整个动态驾驶任务与失效应对，不需要用户接管	系统	系统	系统	无限制	所有行驶场景

在国内外自动驾驶分级标准中，L3 级自动驾驶即人机共驾都是一个分水岭式的存在。对于 L2 级及以下的自动驾驶，由驾驶人主要负责完成环境监测，这意味着驾驶人需要时刻关注周围的环境，并在感知出现问题时立即做出修正和响应，自动驾驶系统提供的只是辅助驾驶功能。而对于 L3 级及以上的自动驾驶，环境监测主要由系统完成，即系统负责实时感知获取周围的环境信息，驾驶人不需要时刻关注驾驶环境，手和眼睛都可以短暂地从驾驶任务中脱离出来。

值得注意的是，SAE J3016 中对于 L3 级的定义与中国的分级定义差异较大。SAE J3016 对于 L3 级自动驾驶的定义并未限定场景，这意味着在任何场景下驾驶人都可以暂时脱离驾驶任务，但在系统发出操作请求时驾驶人需要随时能够接管驾驶任务。而中国对于 L3 级自动驾驶的定义，更加强调特定场景的限定条件，即驾驶人仅能在特定的设计运行范围内，暂时脱离对环境的监测和驾驶操作，但仍需随时准备着在系统发出操作请求时接管驾驶任务。以下是中国智能网联汽车自动驾驶分级标准中 L4 及 L5 级的详细介绍。

L4 级高度自动驾驶方面，系统在特定环境下完成所有驾驶任务，系统会向驾驶人提出响应请求，但驾驶人可以选择不进行响应。与 L3 级的区别在于，L4 级失效应对由系统代替驾驶人完成，实现在一定条件下的无人自动驾驶。车辆控制、监视和判断、失效应对均由系统完成。典型工况为高速公路全部工况及市区有车道干涉路段。如图 1 所示，具备 L4 级自动驾驶功能的有 Robotaxi 及矿山、港口的无人卡车等。

a. Robotaxi　　b. 无人卡车

图 1　L4 级的自动驾驶功能示意

L5 级完全自动驾驶方面，系统可以完成所有交通场景下的驾驶任务，不需要驾驶人介入。与 L4 级的区别在于，L5 级典型工况扩大至所有行驶工况。车辆控制、监视和判断、失效应对均由系统完成。

（二）自动驾驶技术路线

1. 单车智能与车路协同

目前自动驾驶技术从技术路线角度可以分为单车智能和车路协同两种。单车智能强调自动驾驶车辆本身的智能能力，通过这种方式完成车辆的无人自动驾驶。它的优点包括：灵活性强，即单车智能车辆的使用和部署非常灵活，受到的基础设施约束较少，车辆可在不同的道路环境中独立运行，不依赖特定的基础设施；技术通用性强，单车智能技术对不同类型的车辆和道路条件具有较强的通用性，容易实现规模化应用。车路协同则强调通过车端与路端的信息通信技术，如车车、车路之间的信息通信，相互协调，实现无人自动驾驶的目的。相比单车智能，它的优点包括：安全性高，车路协同通过感知和算力，在路端实现对交通环境的全面感知和协同控制，有助于减少交通事故，提升道路安全性；同时可以从路网整体系统角度协调车辆运行、提高效率，通过统一的云处理，实现对交通系统的集中式统一管理，进一步提高效率。

表 2　单车智能、车路协同自动驾驶优劣势分析

优势	劣势
①更低的成本预期：L3 级以上的自动驾驶，单车智能需要在车上安装更多摄像头、激光雷达等 ②弯道超车：由于国外在人工智能与集成电力上有显著优势，而我国 5G 技术世界领先，结合我国产业特点，车路协同有助于我国实现“弯道超车” ③安全冗余保障：车路协同可以解决单车智能易受到遮挡、恶劣天气等环境条件影响而在动静态盲区/遮挡协同感知方面出现问题 ④优化出行服务：为共享出行提供更优解决方案 ⑤加快智能网联开发：需求引领技术发展 ⑥保险和法律保障：车辆违法行为监控、明确自动驾驶时代法律责任	①多层级复杂系统架构涉及多个政府部门，存在数据权属不清晰、个人隐私保护等问题 ②基础设施部署成本高，在中前期难以形成可持续的商业模式，影响企业推进的积极性 ③基础设施部署方案、标准不统一

2. 激光雷达与视觉感知路线

在自动驾驶领域，可以将主要依赖的感知技术路线大致分为两类：基于激光雷达的自动驾驶和基于视觉感知的自动驾驶。其中基于激光雷达的感知利用光学遥感技术，通过发射激光脉冲并测量反射回的光线来获得周围环境的精确三维信息。其优点包括：高精度和高可靠性，能够在各种光照和天气条件下获取精确三维数据；强大的障碍物检测能力，对于距离的测量非常精准，能够准确地探测和识别车辆、行人、障碍物等；反应速度更快，相比摄像头的反应更快速，能准确判断车辆或物体的移动速度。基于视觉感知的自动驾驶依赖于摄像头，通过捕捉车辆周围的图像后使用计算机视觉技术进行分析，从而为自动驾驶提供所需的信息和指令。相比激光雷达，其优点包括：成本较低，摄像头相比于激光雷达等传感器成本低，更易于大规模部署，降低整车成本，同时后期维护相对简单；软件驱动的优化更简单，视觉感知系统的升级主要通过软件更新实现，无须更换硬件即可不断提升性能，这使得系统能够快速适应新的技术进展或算法改进。

表 3　激光雷达、视觉感知自动驾驶优劣势分析

优势	劣势
①更低的硬件成本：视觉感知自动驾驶无须安装激光雷达，在保障辅助驾驶功能性的前提下成本更低 ②易于集成和扩展：摄像头易于安装且体积较小，可以集成到车辆的多个位置 ③信息丰富度高：视觉识别能够提供颜色、纹理等丰富的视觉信息，有助于识别物体和理解场景 ④技术成熟：利用现有的计算机视觉和深度学习技术，视觉感知系统可以有效地进行场景解析和决策支持 ⑤软件迭代快：通过软件更新持续优化其自动驾驶算法，可以快速部署新功能和改进性能	①纯视觉感知技术路线在算法等投入的隐性成本和研发投入成本较高 ②视觉感知对道路物体的识别基于建立的白名单，在白名单之外的物体可能视而不见 ③在处理远距离物体或小物体的识别方面不如激光雷达准确 ④需要大量的数据积累作为支撑

二　我国自动驾驶技术应用发展现状

（一）自动驾驶技术渗透率不断提升

截至 2023 年，我国智能汽车产业规模呈现扩大态势，2022 年达到约 3500 亿元。随着产业链上游环境感知、决策执行层的相关配套软硬件产品的不断完善及车路网云一体化的深入推进，预计到“十四五”期末，我国智能汽车产业规模将突破 6000 亿元。同时，随着自动驾驶技术的不断突破以及消费者对汽车智能化与网联化接受度的逐步提升，搭载 L2、L3 级别自动驾驶系统的新车装配率在“十四五”期末将接近 70%，届时智能汽车产品的销量也将突破 2000 万辆。

2022 年，中国新车中 L2 级别自动驾驶的渗透率大约为 35%，而 L3 级别自动驾驶的渗透率约为 9%。这表明市场上大部分新车至少配备了部分自动驾驶功能，如自适应巡航控制和车道保持辅助等。而更高级别的自动驾驶功能，尽管已经进入市场，但普及率相对较低，L4 级别自动驾驶的渗透率仅为 2%。预计到 2025 年，L2 级别自动驾驶的渗透率将达到 45%，L3 级别自动驾驶车辆也将开始规模化生产，市场空间将进一步扩大。

（二）自动驾驶技术成为车企竞争焦点

目前，在单车智能领域，国内量产车型以基础的 L2 级产品为主，可作为正当代；高速 NOA（Navigate on Autopilot）产品车型为次世代；配有城区 NOA 产品的车型为领先一代；没有 L2 级产品的则为落后一代。图 2 为当前产品梯度示意。

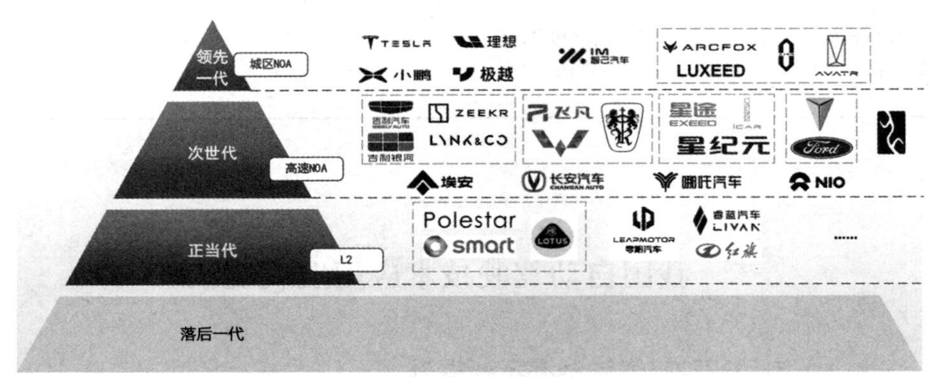

图 2　当前国内量产车型智能化梯度示意

国内 NOA 技术的发展起步于 2019 年，当时特斯拉率先向中国市场的用户推送了其 NOA（Navigate on Autopilot）功能。这项功能使得特斯拉车辆能够在高速公路上实现自主导航，包括自动变道、自动调节车速以及自动进出高速公路的匝道。

到 2021 年底，国内汽车制造商也开始迎头赶上，推出了各自版本的高速自动驾驶功能。长城汽车、广汽埃安和领克汽车先后推出了“NOH”（高速智驾导航）、“NDA”（智驾导航辅助）和“HWC”（高速公路辅助）等高速 NOA 功能。这些功能与特斯拉的 NOA 类似，都旨在提升高速公路驾驶的便捷性和安全性。

目前，小鹏、蔚来等头部企业正在推进城区 NOA 功能的开发，并逐渐通过试点城市实现量产。2022 年 9 月，小鹏在其 G9 车型中，将智能辅助驾驶系统 Xpilot 升级为 XNGP。相比于 Xpilot 系统，XNGP 还特别添加了城市 NGP 智能辅助系统。该系统能帮助车辆进行障碍物规避、行人及非机动车避让和深度视觉感知融合。蔚来计划在现有的 NIO Pilot 基础上推出 NIO NAD。NIO NAD 系统预期将提供比 NIO Pilot 更高级的自动驾驶功能，包括城市道路自动驾驶、更复杂的交通场景处理等。

（三）探讨 Robotaxi 的规模化示范

截至 2024 年 2 月，聚焦 L4 级乘用车研发的供应商主要有百度、小马智行以及文远知行等。其中百度推出中国首个纯视觉高阶智能驾驶产品 Apollo City Driving Max，已搭载吉利极越 01 量产上市；小马智行的首个高阶智能驾驶产品方案小马识途已搭载极石 01 量产上市；文远知行正在和博世联合开发高阶智能驾驶解决方案 Wepiot，可提供高阶智能驾驶功能、行车泊车一体化功能，以及驾驶安全、舒适、灯光等基础辅助驾驶功能，主要面向 L2+和 L3 级别。

百度在武汉创下了自动驾驶的“武汉速度”。2024 年 2 月，百度宣布其旗下的萝卜快跑全无人自动驾驶汽车完成了自动驾驶的“万里长江第一跨”，顺利通过武汉杨泗港长江大桥和武汉白沙洲大桥。伴随遍布摄像头和传感器的自动驾驶汽车跨过大江两岸，武汉也成为全国首个实现智能网联汽车横跨长江贯通示范运营的城市。武汉给自动驾驶出的考题是由长江、立交和高架组成的一套立体城市交通场景，在高架桥这个国内交通经典场景下，萝卜快跑成功应对了匝道汇入、交替通行、“灯也不打玩命加塞”等复杂路况。萝卜快跑率先跨越武汉杨泗港长江大桥、白沙洲大桥，可以连通江北区域和江南区域，更好地满足武汉市民的日常出行需求。

（四）一些特定场景进入了商用化应用阶段

自动驾驶车辆落地测试场景主要包括三类：载人（Robotaxi、Robobus等）、载货（干线物流、封闭场景等）和特殊（环卫、特种车等）。载人场景技术门槛最高、落地难度最大，其中的Robotaxi将是理想形态，也是目前多数企业关注级规模最大的自动驾驶场景之一；载货场景细分类别最多、落地难度各异；特殊场景细分类别较少、落地运营复杂。

表4　载人（Robotaxi、Robobus等）

国外	国内
Waymo已经在美国亚利桑那州的菲尼克斯进行L4自动驾驶出租车的试运营。2023年8月美国加州允许Waymo的Robotaxi在旧金山不受限制地运营 通用Cruise Automation已经在密歇根州开展上路测试。2023年8月美国加州允许Cruise的Robotaxi在旧金山不受限制地运营，但Cruise的Robotaxi曾闯进建筑工地并造成了一起致死事故，因此被吊销了无人车运营资格 Uber的卡车自动驾驶项目在加州被叫停后又在亚利桑那州发生致死事故，目前其已经终止了卡车项目的投入，全部转向Robotaxi的研发	Auto X在自动驾驶出租车运营方面取得了显著的进步，完成了自动驾驶车队在北上广深杭等一线、准一线城市的深入部署 小米汽车已经在北京、上海、深圳等城市进行了大规模的路测，累计行驶了超过100万公里 百度Apollo 2019年9月起在北京、上海、广州、深圳、长沙、重庆、武汉等地进行大规模测试 滴滴自动驾驶2020年6月起在上海开始测试 智行者携手T3 2021年12月起在北京、苏州、武汉开始测试 小马智行2018年12月起在北京、上海、广州、深圳进行大规模测试 AutoX 2019年6月起在上海、深圳开始测试，目前已拥有车队超1000辆 文远知行2019年11月起在广州、南京、武汉、郑州开始测试

（五）自动驾驶产业链正在构建

自动驾驶汽车的实现需要多方参与，包括汽车制造商、零部件供应商、车载计算平台开发商和出行服务供应商等，因此自动驾驶汽车的产业链较长。具体而言，上游包括感知层、传输层、决策层和执行层；中游平台层从智能化层面划分，包括智能化最高的整合智能驾舱平台、自动驾驶解决方案以及传统车联网 TSP 平台；下游供应链则包括整车厂和第三方设备商服务。其中，上游的感知层包括车载摄像头、雷达系统、高精地图、高精定位、车载导航以及路侧设备等；传输层基于通信设备和服务为自动驾驶提供信号传输，主要包括通信设备和通信服务；决策层包括计算平台、芯片、操作系统和算法等；执行层对决策命令进行执行，包含线控、电子驱动/转向/制动、系统集成及其他汽车零部件厂商。

表 5　自动驾驶上游产业链国内厂商布局

领域	设备	国产厂商
感知	ADAS 功能集成	舜宇光学、欧菲光、德赛西威
	毫米波雷达	南京楚航科技、上海蛮酷科技、深圳安智杰、芜湖森思泰克、深圳承泰科技、岸达科技
	激光雷达	禾赛科技、速腾聚创、镭神智能、华为、大疆、北醒科技、光珀智能、华科博创
决策	操作系统	百度 Apollo、华为鸿蒙、阿里 AliOS、腾讯 TAI in Car
	车载计算平台	华为、地平线
通信	芯片模组	华为、高新兴、大唐
	通信终端	德赛西威、东软、金溢科技、千方科技、旗通信、万集科技、星云互联、中兴
车规芯片	自主化率极低(地平线、华为、中兴、大唐等企业不断加快自主车规级芯片研发)	

华为自研了传感器（激光雷达、毫米波雷达、超声波雷达）、芯片（智能座舱芯片、智能驾驶芯片），以及电驱动系统、AR-HUD 等智能化零部件，并深入研究摄像头、雷达多传感器融合感知算法。四大核心硬件全方位布局，自研零部件实力卓越。华为立足“平台+生态”战略，形成“零部件供应+HI+智选造车”三大合作模式，构建 iDVP、MDC 和 HarmonyOS 智能座舱三大生态圈。其中标准零部件模式是指为车企提供智能网联汽车的标准

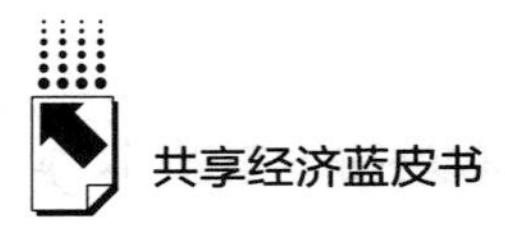

化智能化零部件；华为 HI 模式则是为车企提供全栈智能汽车解决方案，包括智能座舱、智能驾驶等 30 个以上智能化部件的全自研技术，如与北汽极狐埃尔法 SHI 版、阿维塔 11 等的合作均采用 HI 模式；智选车模式则是为车企提供全栈智能汽车解决方案，而华为则深入参与产品设计、质量管理、品牌营销和终端销售等全过程。

三　自动驾驶技术发展与应用面临的问题与挑战

（一）技术瓶颈有待突破，应对复杂场景能力有待提升

自动驾驶技术的安全性、不确定性、拓展多元化场景以满足多样化需求的适应性等问题有待进一步突破，主要体现在以下五个方面：一是从感知层而言，车载传感设备众多，故障率较高的不确定性造成系统硬件设计冗余，各类传感器数据的同步、融合、高精度定位等技术的长尾问题仍无法完全解决。二是决策控制层，目前依赖端到端技术，大模型方法仍面临底层架构迭代升级、硬件设备算力提升、训练数据量庞大等诸多技术挑战。三是软件架构层，从分布式到域控制再到中央集中式的发展模式尚未成熟，E/E 架构的改变使得原有物理结构拓扑、总线协议等问题逐渐被淡化，但功能如何分配、软硬件架构及算力如何设计、功能安全和信息安全如何分解、车路协同信息如何有效融合等问题日益突出。四是复杂场景的应对处理能力有待提升，车路协同基础设备异常、雨雾冰等极端天气、交通参与者非预期行为等异常运行状况导致自动驾驶系统脱离、人工接管频率较高。五是自动驾驶系统测试验证标准不统一，不同机构针对自动驾驶系统的测试流程、评价体系等测试维度参差不齐，尚未形成类似乘用车新产品研发、应用的标准化 V 型测试方法与评价体系。

（二）产业链精细化不足，全栈式产业规模有待提升

自动驾驶产业链的精细化有助于形成商业化发展模式的闭环，目前基于

感知层、决策层、执行层等自动驾驶关键系统的产业链发展主要存在以下三个方面的问题：一是自动驾驶产业链由粗放式发展转向精细化发展并已具备雏形，国内非全栈式解决方案的企业和初创公司主要集中在感知层，国产激光雷达与激光雷达技术有所突破，市场渗透率不断提升，但传统毫米波雷达市场仍被博世、大陆、安波福等国外企业占据，车载摄像头中 CMOS 传感器也被安森美、豪威科技、三星、索尼等企业所垄断。二是软件加硬件的全栈式自研风险大且投入较高，但具备核心技术自主可控的优势，国内拥有自动驾驶全栈式解决方案的企业规模有待扩大，需通过战略合作、投资等方式加强对外合作。三是执行层关键技术仍被博世、采埃孚等国外企业所掌握，国产域控制器、线控底盘等产品的核心竞争力有待提升，需在硬件算力、控制系统精度与鲁棒性等方面重点突破。

（三）基础设施建设投入大，风险杠杆不平衡

当前自动驾驶车辆大部分处于单车智能状态，车路协同路网基础设施建设面临巨大考验，主要包括以下四个方面：一是道路智能化改造需投入巨大资金且回报存在较大不确定性，每公里道路智慧化改造费用与智能单车成本节省费用之间尚未达到平衡状态，并且由于技术升级迭代速度较快，部分设施无法支撑当前技术场景应用而形成不良循环。二是目前自动驾驶车辆实际应用数量较少，基于乘客运营服务和载货运输服务的自动驾驶技术应用所产生的商业价值尚无法覆盖道路智能化改造所投入的费用，如何平衡投资风险杠杆是当前亟须解决的核心问题。三是车路协同技术存在标准不统一的问题，不同的示范区、不同的主机厂之间有不同的技术要求和标准规范，造成车路协同基础设施建设存在一定的技术和信息差异。四是目前车路协同通信技术仍有升级迭代空间，信息传输延迟问题使得信息交互技术无法完全支撑车路云协同应用。

（四）自动驾驶技术成本高，商业化闭环模式尚未形成

自动驾驶投资成本包含硬件成本与技术研发成本，其中硬件成本包含感

知设备、计算平台等核心系统，由于技术差异，不同企业之间的硬件成本存在一定差异。此外，自动驾驶技术从研发到量产的过程往往需要巨大的投资。因此，自动驾驶技术投资短时间内商业化闭环模式尚未形成，目前自动驾驶技术以场景为导向分批实现商业化运营试点，城市出行、末端物流、无人矿山、无人码头等典型场景已具备商业化雏形，但仍面临以下突出问题：一是自动驾驶厂商各自为政，缺乏统一的技术路径和标准规范，自动驾驶技术规模化应用存在一定阻碍。二是受限于商业模式中运营主体不明确、运营模式不清晰、用户需求不聚焦等因素，商业逻辑面临诸多挑战。

（五）自动驾驶应用成本及效率问题有待突破

自动驾驶技术长尾效应使得自动驾驶汽车的安全性和可靠性面临挑战。交通运输部发布的《自动驾驶汽车运输安全服务指南（试行）》规定，完全自动驾驶出租汽车可按照一定比例配置远程安全员，城市公共汽电车客运、道路旅客运输经营的自动驾驶汽车则应随车配备 1 名安全员，而安全员的培训、工资和保险等费用也会增加自动驾驶技术的应用成本。这一问题在港口自动驾驶水平运输及自动驾驶物流运输场景应用中尤为突出，如何在确保安全的前提下，有效削减安全员的费用支出是自动驾驶商业化进程中面临的关键问题之一。此外，为了确保自动驾驶汽车的安全性，示范区往往会对自动驾驶汽车的运行区域及运行速度进行限制，这也间接降低了自动驾驶技术的应用效率。

四　自动驾驶技术应用的政策环境分析

（一）政府高度重视自动驾驶技术的发展和应用

2019 年 9 月，国务院正式印发《交通强国建设纲要》，明确指出加强智能网联汽车（智能汽车、自动驾驶、车路协同）研发。交通运输部、工信部等相继发布相关政策文件，加快推动自动驾驶技术落地应用。2020

年 12 月，交通运输部出台《关于促进道路交通自动驾驶技术发展和应用的指导意见》；2021 年 11 月，工业和信息化部发布《关于加强智能网联汽车生产企业及产品准入管理的意见》；2023 年 11 月，工业和信息化部、交通运输部等四部门联合发布《关于开展智能网联汽车准入和上路通行试点工作的通知》；2023 年 12 月，交通运输部发布《自动驾驶汽车运输安全服务指南（试行）》，从国家政策层面明确智能网联汽车可以用于运输经营活动，围绕运营单位、车辆、人员、安全制度等核心要素，从事前安全条件、事中安全保障、事后监督管理等环节，提出了使用自动驾驶汽车参与运输服务活动、从事实际市场经营的基本要求，分场景明确了相关发展导向。

北京、苏州、上海、广州、重庆、西安等地出台了智能网联汽车试点运行的相关管理办法，实现了自动驾驶技术从封闭场地测试、道路测试到示范运营等多个发展阶段的划分和应用覆盖。各地积极响应产业发展需求，有效推动道路测试、示范应用等政策先行区发展，鼓励先行先试，加快推动产业链精细化。

2023 年全国已有 20 多个省份围绕自动驾驶应用相继制定了较为详细的政策法规，并通过试点应用中反馈的问题，不断完善政策体系，相关政策文件在为自动驾驶发展保驾护航的同时，也加快促进了各地自动驾驶落地应用进入“快车道”，以人工智能为代表的新一轮科技革命和产业变革加速演进，正在赋能交通运输领域的转型发展，已成为交通运输新质生产力的核心力量，而智慧交通作为交通运输领域新质生产力的重要应用形态，逐步展示出巨大的发展潜能及应用价值。《“十四五”交通领域科技创新规划》明确了发展智能交通的具体任务，并专门部署了智能交通先导应用试点。按照立足真实业务、依托真实场景、解决真实需求、形成真实模式的原则，首批试点遴选确定了 14 个自动驾驶项目，凝聚了百余家创新主体力量，覆盖公路货物运输、城市出行与物流末端配送、园区内运输、港区作业和集疏运等自动驾驶典型场景，营造了良好的创新氛围。

（二）面临的挑战

1. 自动驾驶标准规范、法律法规亟须完善

自2019年以来，交通运输部先后出台了《关于促进道路交通自动驾驶技术发展和应用的指导意见》《自动驾驶汽车运输安全服务指南（试行）》等相关政策，大力支持自动驾驶技术落地应用，但实际示范应用过程中仍面临以下突出问题：一是自动驾驶车辆准入。2023年11月发布的《关于开展智能网联汽车准入和上路通行试点工作的通知》进一步细化了智能网联汽车准入和上路要求，但后续管理机制、批准流程、相关法律法规、技术标准等仍需不断完善。二是自动驾驶车辆牌照发放与管理。北京、上海、深圳、广州、武汉等十多个城市已经发放自动驾驶车辆上路示范应用牌照，但牌照的管理细则仍需进一步完善，各地管理牌照发放与管理规范存在一定差异，为后续牌照互认带来挑战。三是自动驾驶车辆运营许可管理。目前小马智行、文远知行等企业已在广州、武汉等地取得示范运营许可，但各个城市之间的运营准入制度及管理机制存在差异，责任主体、责任人、监管、审批等负责人相关制度规范并未完善。四是自动驾驶车辆责任界定不明确。涉及事故认定、保险等方面的管理机制并未落实，如现有国内政策法规对港口自动驾驶集装箱卡车没有明确界定是属于港机设备还是交通车辆，故无法取得相应检测许可资质，当发生事故时，是定性为安全生产事故还是道路交通事故也没有明确。

2. 运营保障、监管与安全体系不完善，创新动能需进一步释放

目前自动驾驶相关企业注重技术研发迭代，对自动驾驶运营保障、安全管理等的关注相对不足，具体体现在以下四个方面：一是自动驾驶运营保障能力不足。自动驾驶运营车辆受车辆管理和人员管理两个主体的影响，目前相关企业对车辆的保养维护、性能检测、年度审验、管理调度、运营服务等的保障能力不足，针对驾驶员/安全员的培训、评估、审批、管理、考核等一系列管理机制不够精细化。二是监督检查及分类监管体系有待完善。参照《中华人民共和国安全生产法》提出的“三管三必须”原则，行政体系、管

理体系、服务体系三方面的实施主体及相关要素、手段不够明确，责任制监管体系并未得到有效落实。三是数据安全、隐私安全等管理体系尚未形成，数据在自动驾驶车辆的运行、技术迭代中起到了至关重要的作用，数据的保密性、完整性和可用性等关键核心问题尚未完全解决，此外，自动驾驶系统所收集的数据中可能包含用户的个人信息，如驾驶行为、行驶路线、停车位置等，就如何保护个人隐私信息尚未形成标准。四是推动国内外重点实验室、高校、科研院所等相关机构科研成果的转化与落地应用不足，尚未有效形成自动驾驶领域高端创新资源集聚。

五　自动驾驶政策发展建议

（一）理顺体制机制，激发自动驾驶发展活力

为鼓励自动驾驶技术的应用与发展，应从运营管理、安全监管、运营保障、商业化建设等方面推动自动驾驶相关机制体制建设，促使自动驾驶技术合规化应用。一是针对自动驾驶城市出行服务新业态，制定自动驾驶车辆运营管理新模式，从准入、应用、安全三个维度制定更全面、更科学的运营管理框架，注重车辆产品安全和标准体系建设，完善自动驾驶车辆从道路测试到示范运营的评估标准，将数据安全与网络安全的监管始终贯穿于自动驾驶生产、准入及应用的全流程，落实政府、企业、从业人员主体责任机制，为自动驾驶技术应用与发展提供政策保障。二是建立健全自动驾驶安全监管体系，将企业的生产经营管理、人员的从业资格和车辆及路线等纳入责任主体，围绕安全生产管理制度、安全风险评估、安全动态监测、信息管理、应急处置等完善安全监管体系。三是深入开展自动驾驶运营保障体系研究，从车辆运营维护管理、职权划分、运营服务、资源分配、基础设施建设、网络数据安全等维度完善自动驾驶车辆运营保障体系，此外，整合交通行业科研院所、高校及相关企业资源，加速推动自动驾驶运营服务、保障等相关业务的人才培养。四是开展自动驾驶商业化顶层设计，强化政府相关部门的主导

地位，通过政策体系制定、标准统一、企业合资等方式推动自动驾驶商业化进程，引导行业健康发展。

（二）完善相关法律法规，助力自动驾驶高质量发展

法律、标准与相关政策支持是自动驾驶商业化运营的前提。北京、上海、广州、深圳、苏州、武汉、长沙、杭州、合肥等城市已发布了自动驾驶的相关政策文件，但我国在支持自动驾驶立法方面还处于“瓶颈期”。一方面，各个城市应对标自动驾驶示范应用试点城市，制定自动驾驶相关政策细则，明确自动驾驶车辆测试主体资质、车辆准入、牌照发放、运营准入、网络安全、事故处理边界、法律责任、异地互认等，让自动驾驶业务企业有法可依、有规可循。另一方面，鼓励各个城市积极设立高等级自动驾驶示范区，制定示范区管理细则，针对复杂运营场景、政策创新、商业化运营等先行先试，政府牵头组建智能网联汽车产业基金，为产业发展提供金融支撑。此外，政府应制定自动驾驶从封闭测试区、开放测试区向政策先行（示范应用）区、商业化应用试点（示范运营）区逐步过渡、逐步开放的监管模式，完善不同阶段的政策细则，推动自动驾驶产业可持续发展。

（三）加快技术创新迭代，推动产业转型升级

自动驾驶技术是从辅助驾驶、高级辅助驾驶到完全自动驾驶，从封闭场景、部分开放场景到全场景，不可能一蹴而就，技术变革和商业模式创新需要不断地迭代更新。一是自动驾驶应重点解决从低效到高效的问题，朝着全栈式可规模化复制的产品迭代能力发展。二是进一步提升车端感知、决策和执行等核心技术，同时加强自动驾驶车辆数据行驶里程积累、提高强计算能力，增强自适应能力，优化AI算法。构建车—路—云协同一体的驾驶系统，打通车端与路端、云端等的互联互通，转变基于硬件的思维方式，加快培育架构定义、算法开发、体验优化等面向软件的新能力，并在数据采集、传输、分析、处理、应用以及云端运营管理、OTA（空中下载）等方面加大投入，以真正适应“软件定义汽车”的发展趋势。三是在用户体验端，应

以人为核心，要让用户既是产品的使用者，也是产品的设计者，更是推动产品迭代开发的受益者。四是聚焦自动驾驶产品细节，真正解决场景中的痛点，持续推进技术迭代、不断提升整体质量、完善提高运营调度和管理模式，不断提升客户体验。

六 自动驾驶技术应用发展展望

（一）大模型和端对端应用带来机会和挑战

鉴于自动驾驶的场景复杂性，传统的“公式编程法”无法解决，基于大模型的生成式人工智能是实现自动驾驶技术突破的必由之路。大模型在自动驾驶终端的应用，带来了软件和硬件技术的重组。首先是针对硬件的技术要求更高，终端算力的提高将是大模型应用落地的重要部分。由于云端算力的承载能力有限，需依靠终端来承担更多算力。因此，对设备端芯片算力的性能要求更高，需要进一步提高终端芯片算力密度和算力集成度，解决终端芯片高功耗导致的散热问题。由于定制化的芯片不能满足大模型产业发展需求，要求芯片具有通用性和可编程性。其次是基于模型的软件开发提供了全新的软件开发理念，通过对模型的研究和设计来驱动软件系统的开发和实现。大模型算法显著提升自动驾驶的感知能力和泛化能力，赋能车端智能运算的感知和预测环节，加速长尾场景的数据挖掘和问题解决，对于推动自动驾驶向 L3 乃至 L4 级别自动驾驶升级具有重要意义。通过数据的积累、算法的创新与算力的突破，共同推动自动驾驶技术发展。以大模型为代表的生成式人工智能将是自动驾驶技术未来发展的主要方向。

（二）Robotaxi 商业化进程蓬勃发展持续加速

国家和地方的自动驾驶政策重点从鼓励扩大路测与试点范围到进一步支持车型量产和商业化运营落地，推动自动驾驶技术迭代和商业模式快速成熟。地方层面已有 51 个城市出台自动驾驶试点示范政策，不断加速拓展应用场景。Robotaxi 在北京、上海、广州、深圳、武汉等地开展无驾驶人车辆公开道路试点示范和收费模式商业化运营，北京在积极推进示范区 3.0 的基础上不断拓展大兴机场等新应用场景，武汉在 12 个行政区内支持近 500 辆无驾驶人车辆常态化试点服务，开通服务的城市数量和订单量仍在不断增加，商业化规模快速扩大。随着 Robotaxi 运行规模的快速扩大、技术水平的迭代提高，加之车辆量产的成本优化，Robotaxi 将越来越接近于实现商业化盈利目标。

（三）商业化应用的领域多点开花高质量发展已显成效

交通运输部第一批智能交通先导应用试点项目取得了积极成效，自动驾驶试点项目包括公路货运、城市出行与服务、园区内运输、港区水平运输和集疏运等应用场景，通过实际运营和技术验证，为自动驾驶技术的商业化落地提供了宝贵的经验和数据支持。同时通过试点实践，交通运输部制定了一批技术指南和标准规范，为自动驾驶技术的商业化落地提供了重要的支持，这有助于推动自动驾驶技术的标准化和规范化发展，提高自动驾驶技术的安全性和可靠性。2024 年 4 月，交通运输部发布了第二批智能交通先导应用试点项目，依托我国交通运输场景丰富、市场空间巨大、创新氛围浓厚的优势，坚持以应用促进研发、带动产业，进一步释放政策利好，推动形成政、产、学、研、用协同发展的格局，进一步探索自动驾驶技术的商业化落地模式。

除了传统的乘用车和商用车领域外，自动驾驶技术还将应用于出租车、公交车、环卫车、物流配送等领域。应用场景的拓展将进一步推动自动驾驶技术的发展。自动驾驶技术的发展同样需要产业协同创新。汽车制造商、传感器供应商、软件开发商、芯片制造商等产业链上下游企业需要紧密合作，共同推动自动驾驶技术的发展和应用。通过产业链协同，可以实现资源共享、优势互补和成本降低，推动自动驾驶技术快速发展。随着自动驾驶技术的不断发展，相关的法规和政策也将逐步完善。政府将制定更加明确的自动驾驶车辆上路标准、监管措施和保险制度等，为自动驾驶技术的应用提供了有力保障。

（四）车、路、网、云一体化协同发展是自动驾驶的必由之路

自动驾驶主要有智能化（单车智能）和网联化（车路协同）两种发展路线。我国的L4级无人驾驶定义跟国际上的是一致的，但我国更加强调车路协同以实现车辆L4级无人驾驶。与欧美的单车智能自动驾驶路线注重把传感器和算法、算力加载在车上相比，我国的车路协同技术路线是通过汽车本身的单车智能与智慧化的道路、新型基础设施的协同，实现自动驾驶，更具有竞争优势。特别是在公路货运场景与港口集装箱自动驾驶水平运输和集疏运场景，采用车、路、网、云一体化协同更具优势，路侧设备不仅能够提供超视距信息，以及匝道分合流、收费站、检查站、事故多发路段和其他车辆位置信息，而且能够提供恶劣天气通行信息，以及自动驾驶分时专用车道、优先通行权等服务。同时，与云端互联，即使自身算力不足，也能通过云端接收决策并执行。以大模型AI新技术为基石，以车—路—云协同为核心，让“聪明的车”“智慧的路”“高计算的云”实现技术协同，通过自动驾驶数据和大模型算法在线循环迭代，进一步丰富应用场景、扩大投入规模，推动自动驾驶技术在全场景的规模化落地和商业应用，促进了自动驾驶技术与交通运输领域的深度融合。

B.14 共享出行平台企业国际化发展情况

肖海燕　李 敏*

摘　要：　平台企业天然具有国际化发展的属性，借助网络化商业模式，通过技术平台连接全球用户和服务商，打破地理界限，实现服务的快速扩展和广泛的文化适应。近年来，共享出行平台企业也已经走出国门，参与国际竞争。展望未来，国内平台企业将加速海外业务布局，积极应对多方面挑战。

关键词：　出海　网约车　共享单车　互联网货运

一　海外平台企业国际化发展情况

以 Uber 为代表的一批国际性共享出行平台企业，不仅在北美和欧洲等成熟市场占据重要地位，还在亚洲、拉丁美洲、非洲等新兴市场快速扩张，通过持续的技术创新和服务创新，推进了跨国界合作与多元文化融合，对全球交通和物流行业产生了深远影响，塑造了现代城市交通的新面貌。

（一）Uber：国际化起步早，全球广泛布局

Uber 是共享出行领域国际化布局最早、覆盖区域最广、海外业务规模最大的国家。Uber 成立于 2009 年 3 月，2010 年 6 月正式在旧金山推出服务，2011 年底就开始在美国以外的区域开展业务，其海外第一站选择了巴黎，次年在伦敦推出服务，2013 年进入亚洲、非洲、拉美等国家和地区。

---

* 肖海燕，共享出行蓝皮书编委会特邀专家，研究方向为共享出行、城市交通等；李敏，中国人民大学劳动人事学院，研究方向为劳动经济学。

目前，Uber 在全球六大洲的 72 个国家开展业务，业务包括出行、外卖和货运三个大类。根据 Uber 2023 年度财报，营收为 37281 亿美元，同比增长 16.95%；营业利润 1110 亿美元，同比增长 160.59%；EBITDA 达到 3341 亿美元。按营收贡献看，美国和加拿大区域贡献率大约为 55%，欧洲、亚太、拉美等海外市场的贡献率大约为 45%。从增速来看，海外市场同比增速远远高于美国本土市场，达到 43%。

Uber 的国际化业务主要有以下特点。

一是起步早。2011 年 Uber 开始布局全球多个地区，在许多地区市场都属于首创性业务，不存在竞争对手，快速占领市场。

二是本土和海外市场同步推进。Uber 布局海外市场并不是在美国本土市场饱和以后才开始的，而是同步进行。Uber 主要考虑地区的经济发达程度和人口数量，首选国际大都市，在每个区域快速布局一两个大城市，而后以点带面逐渐渗透至区域内其他城市。

三是产品多元化。Uber 的业务不仅涉足出行，还包括外卖和货运。出行业务方面，除了四轮车，还会根据当地市场情况推出其他业务，如在印度的 Auto 三轮车、在阿根廷等南美国家的 Auto 两轮车。

（二）Grab：专注东南亚市场的区域冠军

Grab 总部位于新加坡，深耕东南亚市场，主要在新加坡、印度尼西亚、越南、马来西亚、泰国、菲律宾、柬埔寨、缅甸等地开展业务，覆盖城市超过 700 个。

从 Grab 近三年的财报来看，营收增速很快，2021~2023 年营业收入分别为 6.75 亿美元、14.33 亿美元和 23.59 亿美元。按业务类型分，Grab 分为外卖、网约车、金融服务、其他四部分，其中外卖业务占比 2023 年超过 50%，网约车业务占比则下降到 36.8%。从地区看，马来西亚、新加坡和印度尼西亚是 Grab 的主要营业收入来源国。

表 1　Grab 各业务的营业收入占比

单位：亿美元，%

指标	2021 年	2022 年	2023 年
营收总计	6.75	14.33	23.59
外卖占比	21.9	46.2	50.6
网约车占比	67.6	44.6	36.8
金融服务占比	4.0	5.0	7.8
企业与新举措占比	6.5	4.2	4.8

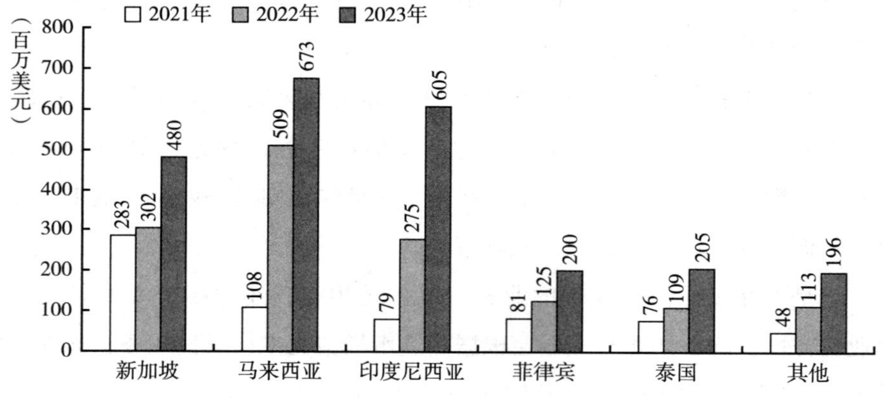

图 1　2021~2023 年 Grab 在主要国家的营业收入情况

Grab 海外市场的主要特点如下。

一是专注于东南亚地区。面对全球市场上 Uber、滴滴等巨头的争夺，Grab 的策略是专注于区域市场。创始人陈炳耀曾提出，Grab 只专注于东南亚地区，无论竞争有多么激烈，也不打算延伸到其他区域。

二是不断拓宽业务的横截面和纵深度。Grab 放弃了区域市场扩张策略，将重点放在不断拓宽业务的横截面和纵深度上。比如，在配送领域，Grab 配送内容覆盖包裹快递、外卖杂货等，满足消费者多样化需求，设立“云厨房”助力商户经营。此外，Grab 积极推动产业链向上游延伸，推出自营和合作商超 Grab Supermarket。在网约车领域，服务细分为高档汽车（GrabCar Premium）、配备移动需求的汽车（GrabAssist）、配备儿童座椅的汽车（GrabFamily）、配备宠物运输的汽车（GrabPet）、大型汽车（GrabCar XL）、豪华轿车（GrabExec）等类别。在新加坡，Grab 推出了电召巴士服务 Grabshuttle；在交通严重拥堵的菲律宾和柬埔寨，Grab 提供了 GrabTrikes 和 GrabTukTuks 电召摩托车服务。在金融领域，Grab 推出了移动支付、贷款、保险、财富管理、储蓄等多类型业务。

值得一提的是，在早期与 Uber 的商业竞争中，Grab 充分发挥了本地化优势，并取得了最终的胜利。比如在支付方面，Grab 深知东南亚许多司机不熟悉智能手机功能，也没有信用卡，因此为司机提供智能手机及应用程序培训，同时也接受现金支付。这使 Grab 抢占了市场先机，而 Uber 只在部分地区接受现金支付。在工资结算上，Grab 也采取更符合东南亚司机习惯的工资日结方式，增强了对司机的吸引力。鉴于 Grab 在东南亚地区的显著竞争优势，2018 年 Uber 将东南亚市场地区的出行和配送业务转售给 Grab。

（三）Bolt：欧洲和非洲市场的区域冠军

Bolt 的前身是 Taxify，成立于 2013 年，主要业务分布在欧洲、非洲、西亚和拉美的 45 个国家的 500 多个城市。Bolt 用户超过 1.5 亿，司机数量超过 310 万。Bolt 业务线涵盖出行、外卖、配送、租车等领域。在出行服务方面，Bolt 提供网约车、共享单车与滑板车等出行服务。Bolt 在非洲网约车市场份额排第一，约占 21%。

Bolt 国际化业务的特点如下。

一是以切入“小”市场的方式实施扩张策略。Bolt 采取避免与行业巨头 Uber 展开正面竞争的策略，选择在 Uber 尚未深度布局的“小”市场进行扩张。这些市场主要集中分布在东欧、中欧和非洲等地。2016 年，Bolt 首次进入非洲市场，在南非推出服务，并迅速扩展到肯尼亚、加纳和尼日利亚等国家，短短四年内就成为 Uber 在非洲市场的最大竞争对手。

二是采取低佣战略抢占低价市场份额。佣金策略上，Bolt 的抽佣比例低于行业巨头 Uber，2019 年为 15%，而 Uber 为 25%。2022 年，Bolt 的抽佣比例提高到 20%~23%，仍然低于 Uber。在进入新市场时，Bolt 还会推出更具吸引力的竞争策略，包括至少在6个月内不向司机收取佣金，并且乘客支付的费用低于市价20%。

（四）inDrive：创新业务模式，专注新兴市场

inDrive是一家2013年成立的俄罗斯企业。2012年，俄罗斯西伯利亚城市雅库茨克遭遇严重寒潮，出租车价格翻倍，为此一群学生利用社交网络将私人司机与乘客匹配，双方议价后完成交易。企业家Arsen Tomsky将这个做法转化为叫车应用，并于次年成立公司。inDrive提供打车、快递、货运、招聘等服务。截至2023年7月，inDrive业务覆盖48个国家的655个城市，下载量达1.75亿次，完成订单超过20亿单。

inDrive虽然在美国迈阿密等发达城市也有布局，但主要业务还是在拉美、非洲、中东等新兴市场开展。

表2　inDrive业务覆盖的国家

地区	国家
拉丁美洲	墨西哥、哥伦比亚、秘鲁、巴西、智利、厄瓜多尔、危地马拉、萨尔瓦多、玻利维亚、巴拿马、洪都拉斯、哥斯达黎加、尼加拉瓜、多米尼加共和国、阿根廷、巴拉圭、牙买加
非洲	塔桑尼亚、肯尼亚、尼日利亚、南非、乌干达、津巴布韦、纳米比亚、加纳、博茨瓦纳
中东	土耳其、黎巴嫩、埃及、格鲁吉亚、亚美尼亚、阿塞拜疆、突尼斯、阿尔及利亚、摩洛哥
亚洲	哈萨克斯坦、印度尼西亚、巴基斯坦、印度、吉尔吉斯斯坦、尼泊尔、越南、马来西亚、老挝、孟加拉国、菲律宾
北美洲	美国

inDrive海外市场的主要特点如下。

一是关注下沉市场。inDrive的发展战略聚焦新兴和下沉市场，避免了和Uber、滴滴等的正面竞争，在细分市场增长较快。

二是采用议价模式。这是inDrive主要的创新点和竞争点，inDrive提供的打车、快递和货运服务都采用议价模式。以打车为例，在该模式中，乘客根据推荐价格在App中提供自己的报价，附近的司机可以接受报价或根据

报价进行还价，还价要与 inDrive 预先批准的价格相一致。

议价模式能够成功主要是适应了下沉市场用户对价格敏感的特点，沟通界面对于乘客和司机也比较友好，提升了乘客和司机的参与度。

三是低抽成。除议价模式外，inDrive 的另一大特点是收取远低于行业平均水平的抽成：其一是前 6 个月免费使用。也就是说，司机注册后的半年内可以享受零抽成的巨大好处。其二是 6 个月后正常抽成在 10%以内。inDrive 平均每单的抽成比例为 9%~10%，大大低于其他平台每单 20%~30%的平均抽成比例。

二　中国共享出行平台企业出海情况

（一）网约车企业出海

目前国内网约车企业涉足海外业务的主要有滴滴和曹操出行。

滴滴自 2018 年开始正式布局海外市场，第一站收购巴西的 99Taxi 后全面升级技术和产品。目前滴滴的海外业务分布于巴西、墨西哥、智利、哥伦比亚、哥斯达黎加、巴拿马、秘鲁、多米尼加共和国、阿根廷、厄瓜多尔以及澳大利亚、新西兰、埃及等国家。滴滴主要提供出行、外卖和金融等三类服务。2023 年滴滴国际化业务实现营收 78.42 亿元，同比增长 33.75%，年活跃用户规模约 8000 万，年活跃司机超 320 万名，年活跃外卖骑手超 45 万名。根据 measurable AI 2022 年的数据，滴滴在巴西的市场份额为 36%，仅次于 Uber，列第二名，在墨西哥的市占率超过 50%，是墨西哥最大的网约车平台和外卖平台公司。

滴滴基于在国内的安全运营经验，在海外也为用户提供行程分享、紧急联系人、全天候海外客服等 20 多项安全功能，建立了完善的安全保障体系。根据中国网约车分会数据，截至 2022 年底，在滴滴巴西和墨西哥出行平台运营的车辆的重大交通事故数量在过去三年下降了 55.7%，重大暴力冲突事故数量下降了 53.3%，显著提升了当地用户的出行体验和安全系数。

跟国内的司机权益保障做法相类似，滴滴在海外业务所在国建立司机之家、司机服务站等，开展技能学习、安全培训和司机帮扶，帮助司机提高技能、解决困难。滴滴金融从2021年开始为司机提供贷款服务，目前已经帮助超过50万用户；“油改气”贷款项目在2个月内帮助800多名巴西司机完成车辆的“油改气”，改造完成后每个司机每月可以节约980雷亚尔（1300元人民币）的能源成本。

曹操出行于2020年1月在法国巴黎启动公测，运营车辆为吉利控股的伦敦电动汽车旗下全新的LEVC-TX车型。

（二）共享单车出海

国内共享单车领域最早“出海”的企业是摩拜，摩拜于2017年进入新加坡、英国、意大利、日本、泰国、韩国等18个国家的市场，但后来由于公司战略调整，摩拜于2018年出售给美团，美团单车调整了其业务战略，国际化业务全部收缩。

哈啰从2022年起先后进入新加坡、澳大利亚的市场，开始出海。2022年7月进入新加坡，运营1万辆共享单车。2022年底，Hello Ride正式在悉尼地区运营600辆E-bike，截至2024年初，Hello Ride再次获悉尼政府批准，将E-bike运营数量增加至3000辆。未来，哈啰计划继续扩展市场至悉尼西部及北部地区。除了在悉尼地区的运营，Hello Ride还与新南威尔士自行车协会（Bicycle New South Wales，BNSW）建立了战略合作伙伴关系。双方共同发起了“Drive Less Ride More”和“Better Street”等活动，旨在推广更环保的通勤习惯，改善城市环境。为了拥抱更加绿色的未来，致力于打造更清洁的悉尼，HelloRide还与悉尼市政府合作，回收废弃的OnYahBikes，共同清理悉尼的街道。

（三）互联网货运平台出海

货拉拉、快狗打车、满帮等互联网货运平台近年来也开始布局海外业务。

货拉拉于2013年在中国香港成立，2014年进入东南亚市场，2018年开始陆续进入新加坡、泰国、菲律宾、印度尼西亚、马来西亚等。2019年1月进入印度，主要以货车和摩托车两种形式开展城市配送服务。2019年8月进入巴西圣保罗和里约热内卢，12月进入墨西哥。截至2023年11月，货拉拉及其海外品牌Lalamove已覆盖新加坡、泰国、马来西亚、印度尼西亚、菲律宾、越南、孟加拉国、巴西、墨西哥等，在400多个城市落地业务。货拉拉在国内主要提供货物运输服务，而在海外市场，不仅提供货运服务，也提供小件城配和餐饮配送服务。

快狗打车通过合并GoGoVan布局海外市场，2023年底在新加坡、韩国以及其他东亚和南亚国家开展业务。快狗打车在印度覆盖超过150个城市。2023年快狗打车财务报表显示，国内和海外市场的收入贡献率分别为38%和62%。2023年快狗打车在越南的业务收入同比增长131.5%，在韩国的业务收入同比增长13.8%。

满帮集团对巴西车货匹配平台TRUCKPAD进行了战略投资，标志着其业务范围拓展至国际市场。

三　中国共享出行平台企业“出海”特点

（一）处于起步阶段

最近几年我国共享出行新业态企业集中出海，规模相对较小、区域相对集中。滴滴海外业务主要集中在拉美国家，货拉拉和快狗打车主要是在东南亚、南亚、南美洲等地开展业务，满帮集团战略投资了巴西车货匹配平台，哈啰在澳大利亚开展业务。总体上，国内平台企业在海外开展业务还处于比较早期的阶段，整体规模和占比有限，在覆盖区域上也有局限性。

（二）重视合规经营和社会责任

我国企业在出海过程中普遍重视合规经营，重视与当地政府的合作关系，积极寻求合规的运营环境，更倾向于选择监管环境相对宽松、获得政府运营许可相对容易的市场进行拓展，在监管政策不明确或存在较大风险的地区采取了审慎的态度。

中国企业在出海过程中不仅注重业务拓展和市场份额增加，也非常重视履行社会责任。滴滴在拉美地区的业务扩张中，积极参与社会公益活动，如与巴西的献血基金会合作，提供打车优惠券以鼓励献血，以及在墨西哥城树立司机雕像，表彰司机在疫情防控期间作出的贡献。哈啰单车在澳大利亚的运营中，也展现了其对社会责任的重视。通过与新南威尔士自行车协会建立合作伙伴关系，共同推广环保通勤习惯，改善城市环境，并与悉尼市政府合作回收废弃单车，清理街道，对环境保护作出贡献。

（三）联动国内供应链协同“出海”

滴滴出行在墨西哥启动了拉美首批电动汽车共享出行服务项目，包括与比亚迪等国际主流汽车制造商合作运营 700 多辆电动和混合动力汽车。这不仅推动了中国新能源汽车技术的“出海”，也加强了国内汽车制造商与国际市场的联动。货拉拉的国际化战略有效带动了物流增长，并促进了依托物流的商流、人流、信息流的发展。通过与电商平台拼多多、Temu、Shein 和 TikTok 等的合作，货拉拉帮助商家解决了物流问题，使商家能够更专注于生产和销售。这种合作模式加强了国内供应链与国际市场的联系，推动了产业链的国际化发展。

四　中国共享出行新业态企业“出海”展望

随着全球城市化的深入，智能手机渗透率提高，共享出行、网络货运等新兴业态快速发展，市场规模快速扩大。全球市场预计在未来 5 年将保持 12%~18%的复合年均增长率。新兴市场，尤其是东南亚、非洲和拉丁美洲等地区，对于互联网服务和数字平台的需求日益增长且增速更快，为中国企业提供了广阔的市场空间。背靠庞大的国内市场，头部企业已经积累了丰富的经验和应对复杂市场环境的先进技术能力，并且形成了一套成熟的商业模式，能够迅速复制到海外市场，进而形成国际竞争优势。头部企业正在加速出海布局。

中国企业在出海道路上需要克服制度、竞争、文化、地缘政治等一系列的挑战。共享出行是新事物，很多国家还处于规则制度不明朗的阶段，比如意大利、德国，仍然处于明确禁止网约车发展的阶段，这就需要企业充分了解当地政策倾向与预期以规避风险。共享出行和网络货运等交通运输新业态在全球市场的竞争也是十分激烈的，中国企业几乎进入所有的区域和市场都需要面临与 Uber 等巨头的竞争，挑战巨大。

尽管近几年我国共享出行企业快速发展，但在国际品牌知名度、资本实力等方面与发达国家的全球化企业相比仍存在差距。此外，不同国家间还存在较大的文化差异，语言障碍、生活习惯、交通状况、出行偏好等都不相同，共享出行强调线下运营服务，需要企业深入当地运营。

我国企业出海还面临地缘政治风险，事关海外业务的成功与否。中国平台企业需要密切关注目标国家的政策变动，合规经营，并建立有效的风险管理机制，以应对各种政策和市场风险。

B.15
典型出租汽车巡网融合改革模式与适用性分析

黄 懿 韩 彪*

摘 要： 本文首先对汕头、杭州、苏州等典型城市出租汽车巡网融合改革案例进行分析，分别是网约车平台取得巡游车经营权、网约车平台承担巡网融合出租车承运人责任以及车辆取得“一车双证”等模式；其次，分析总结了巡网融合的内涵、改革的积极意义以及存在的实施风险；最后，提出巡网融合需要结合巡游车保障属性、巡网业态的竞争关系、传统企业的规模与经营能力、市场经营环境等因素充分考虑改革的适用性，结合不同类型城市的行业发展实际，因地制宜地分类推进、精准施策。

关键词： 出租汽车 巡游车 网约车 巡网融合

一 典型巡网融合模式

（一）广东汕头模式：网约车平台取得巡游车经营权实现融合经营

1. 基本情况

汕头是国内第一个推出巡网融合改革的城市。随着网约车快速发展并逐渐成为市民出行的重要选择，汕头市传统巡游车面临着服务差、经营难、规

* 黄懿，深圳深大方圆交通发展研究院院长，研究方向为交通运输工程；韩彪，深圳深大方圆交通发展研究院教授，研究方向为交通经济理论与政策。

模萎缩等问题。截至 2018 年 6 月，汕头实际运营的巡游车只有 653 辆，有近 548 个指标由于停运等原因难以投放下地，相当于只有一个县城的巡游车投放量。

为加快推动巡游车行业转型升级，提升行业服务质量，汕头市政府于 2019 年制定出台了《汕头市出租汽车行业深化改革工作方案》，提出汕头市出租车规范发展思路，即以出租车深化改革方案为指引，以文明服务拓展行动为基础，严格执行出租车客运条例，打造全国首创的“巡游+网约”“公车公营”服务模式和品牌，引入知名合规平台发展网约车，并提高网约平台自营比例，提升出租车行业服务水平。

2018 年 12 月，汕头市交通运输集团公司与杭州优行科技有限公司合作成立汕头优行出租汽车有限公司，持有经营权 1000 辆。企业统一采购车辆，并取得道路运输许可证，配置巡游车顶灯，驾驶员由企业考核聘用，统一服装和服务规范。运营车辆不仅向乘客提供传统扬招服务，还依托曹操出行 App 为乘客提供网约服务，巡游时执行政府定价标准，网约时执行市场定价标准，实现比较彻底的“巡网融合”。

2020 年 12 月新修订实施的《汕头经济特区出租汽车客运条例》规定，巡游车运价按规定实行政府定价或者政府指导价；通过电信、网络服务平台提供预约客运服务的，可以实行市场调节价。运价实行政府定价或者政府指导价的，巡游车经营者应当执行价格主管部门制定的运价和收费标准。运价实行市场调节价的，制定或者调整运价规则应当提前十五日通过其服务平台向社会公布。条例进一步为汕头巡网融合以及定价机制改革提供了法律支撑。

随着巡网融合出租车试运营取得不错的成效，2022 年，汕头市交通主管部门组织了新一轮出租车经营权投放工作，投放 700 辆采用“巡游+网约”模式的出租车，其中，安徽麦卡出行汽车有限公司取得 500 个出租车经营权，南充小鹿快跑科技有限公司、海口金鸿城出租汽车有限公司各取得了 100 个出租车经营权，这表明“巡网融合”模式在汕头得到进一步深化。

2. 汕头模式的主要特点

汕头将巡游车经营权授予符合政府合规要求的全国性网约车平台，依托平台资金、技术、流量以及管理的优势，巡游车具备提供网约服务的能力，并且保持了城市基本巡游服务功能。

平台按照重资产模式经营，一方面缓解了汕头地区网约车合规难的问题；另一方面有助于加强对司机的管理，确保巡网融合出租车服务质量的提升。

探索“一车双价”融合定价模式，即巡游时实行政府定价，网约时实行市场调节价，推动巡游车运价市场化，提升巡游车运价的时效性与灵活性，更好地适应市场供求关系。

升级车辆终端设备，打通线上与线下信息渠道，满足了车辆提供线上线下融合服务的条件。

（二）浙江杭州模式：网约车平台承担巡网融合出租车的承运人责任

1. 基本情况

截至2024年3月，杭州市网约车平台78家，开业运营43家；网约车13.37万辆，活跃网约车8.86万辆；取得资格证件的驾驶员有35.79万人。巡游车企业有86家，运营车辆约有1万辆。通过巡网融合改革，网约车订单中包含了相当比例的巡游车网约订单，传统扬招服务仅占10%左右，杭州市出租车行业基本已形成了以网约为主的服务格局。

2022年10月新修订的《浙江省道路运输条例》规定，巡游出租车经营者通过网络预约方式揽客的，可以按照计价器显示金额收取运费，也可以按照网约车计价规则收取运费，但应当事先在平台以醒目方式告知乘客。巡游出租车经营者按照网约车计价规则收取运费的，应当事先加入网约出租车平台，按照网约出租车相关规定从事经营活动，平台经营者依法承担承运人责任，并向乘客开具发票。2023年6月新修订的《杭州市网络预约出租汽车经营服务管理实施细则》落实细化了网约车平台企业吸纳巡游车经营者提供服务的有关规定。接受巡游出租车经营者加入网约出租车平台，提供网络预约方式揽客服务并按照网约出租车计价规则收取运费的，应将巡游出租车经营者纳入网约出租车平台管理，按照网约出租车相关规定从事经营活动，并由网约出租车平台公司依法承担承运人责任以及向乘客开具发票。这是国内省级层面首次对出租车巡网融合模式给予了合法化地位，使得杭州推进巡网融合改革有法可依。

2. 杭州模式的主要特点

浙江省积极出台条例，在法律层面为推进巡网融合改革保驾护航，在具体路径上保障了巡游车经营者的自主选择权。巡游车既可以按照传统的经营规则在平台接单，也可以选择按照网约车经营规则进行接单，执行市场调节价。

浙江省首次明确巡游车按照网约车相关规定从事经营活动，平台需要依法承担承运人责任。与汕头推动网约车平台经营从轻资产向重资产转变不同，在巡网融合过程中，杭州网约车平台的经营方式并没有发生改变，相反传统巡游车经营者卸下了部分承运人责任并向平台转移。

（三）江苏苏州模式：车辆取得“一车双证”实现巡网融合运营

1. 基本情况

目前，苏州市网约车平台有 70 家，实际经营有 45 家；全市网约车有 68233 辆，日均运营车辆有 39939 辆；巡游车企业有 26 家，巡游车有 5638 辆，个体出租车协会有 1 个，巡游车驾驶员有 5826 名。

2023 年 9 月，苏州市政府发布《关于进一步深化出租车改革的指导意见》，重点推进巡游与网约业态融合。

统一巡游车与网约车驾驶员从业资格证管理，即驾驶员一次申请并考试通过后可同时取得巡游和网约车从业资格证。

巡游车车辆达到苏州市网约车经营条件的，可同时申请办理巡游车道路运输证和网约车道路运输证，同时承接巡游及网约业务，实现政府定价与市场调节价并轨运营。

鼓励巡游车经营者转型提供网约车服务，支持巡游车经营者与网约车平台合作开展召车、服务评价、移动支付等互联网“一站式”服务，加快传

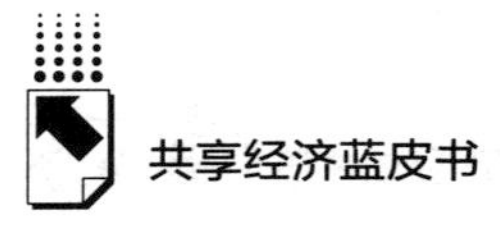

统出租车企业转型升级。

通过服务质量招投标新增200个出租车运力指标作为巡游网约融合品牌试点项目配套，吸引兼有“巡游+网约”运营特色且服务好、车辆高档的企业进入苏州出租车市场，提升行业整体服务形象。

2. 苏州模式的主要特点

苏州巡网融合包括驾驶员、车辆与经营企业等主体，并推出巡网融合试点项目。一是打通巡网两个业态驾驶员从业渠道，实现资格互认；二是巡游车可以取得网约车运输证，实现巡网融合运营；三是鼓励巡游车企业转型或采取合作模式提供网约服务，全面推动巡网融合改革。

苏州在全国率先允许符合条件的巡游车可同时申请办理巡游车道路运输证和网约车道路运输证，实现巡游与网约模式融合。在现有制度体系下，通过“一车双证”方式解决了车辆在不同服务模式下的法律法规适用问题，特别是在网约模式下突破巡游车传统管制，可以执行市场调节价。

二　巡网融合意义与风险

（一）巡网融合的内涵

综合上述典型模式以及其他城市的改革实践，巡网融合的核心要义是聚焦巡游车改革，促进巡游车网约化转型，提升巡游车企业的市场活力，具有以下三个方面的内涵。

1. 制度层面

借鉴网约车灵活的体制机制，改革巡游车行业政策。在巡网双轨制度体系下，推动巡游车在提供网约服务时全面或部分适用网约车灵活管理模式，尽量减小巡网两个业态之间的制度差异。

2. 服务层面

依托平台流量和技术优势，促进巡游车网约化转型。依托网约车平台或聚合平台的资金、流量与技术优势，赋能巡游车行业发展，加速推动巡游车网约化转型，提升巡游车线上获客能力，使其具备既能提供巡游也能提供网约的线上线下融合服务能力。

3. 终端层面

升级车载终端，打通车辆线上与线下信息渠道。通过提升车辆终端信息化水平，满足巡游车线上派单、网络支付、动态调价、智慧监管的需要。特别是打通车辆终端与平台信息渠道，缓解驾驶员在营运过程中同时接收扬招服务与网约服务信息的冲突，实现巡游与网约服务的融合与无缝切换，夯实巡网融合的基础。

（二）巡网融合改革的积极意义

1. 激活巡游车经营活力，拓展市场化经营渠道

长期以来，巡游车受到严格的行业管制，导致其市场活力严重不足，与市场化经营的网约车相比，不具备竞争优势。巡网融合改革将巡游车按照“巡游”与“网约”两种服务模式分类管理，把巡游车至少“一半”从严格的行业管制中解放出来，这被视为巡游车市场化的过渡阶段与必由之路。如开展改革试点的城市普遍实行“一车双价”模式，推动政府定价与市场调节价的并轨，从而放松现有政策对巡游车运价的管制，激活巡游车市场活力，拓展经营渠道，提升巡游车驾驶员的收入。

2. 加快行业网约化转型，适应出行线上化趋势

网约车等运输新业态的迅速发展极大改变了社会公众的出行习惯，线上化作为主流消费模式已经成为不可逆转的大趋势。2023 年我国网约车用户规模达 4.7 亿，网约车日均订单量约 2500 万单。尽管顶层设计赋予了巡游车“巡游与网约”的双重服务模式，但受数字技术应用能力不足等因素影响，目前国内城市巡游车行业自建自营平台提供网约服务的，普遍没有取得良好的效果，尚未找到合适的数字化转型路径。通过巡网融合改革，加快巡游车行业数字化转型，提升巡游车提供网约服务的能力，进一步适应社会公众出行方式线上化的趋势，降低线下扬招客源断层带来的风险。

（三）巡网融合改革的实施风险

巡网融合改革将会加速推动社会公众打车习惯由线下向线上转变，传统扬招打车模式进一步弱化，网约打车模式进一步巩固与扩张，存在一定的实施风险。

1. 影响特殊群体的巡游服务保障

传统巡游服务具有一定的基础保障和无差别、无歧视的社会普遍服务功能，尤其是在重大枢纽、特殊时段、老弱病幼的服务保障中不可或缺。近年来各地出现了一些新的“打车难”现象，由于巡游车接入平台，驾驶员在线上接单过程中无法兼顾路边扬招，乘客在路边的扬招打车出现了“招手不停”“空车不空”的新难题。随着网约服务成为出租车市场的主流，扬招服务的可得性与可靠性将下降，对于一些不擅长使用智能手机的特殊群体而言，其打车便利性以及社会福利将会受到较大影响。

2. 弱化传统巡游车企业的经营价值

不同路径的巡网融合模式对于巡游车企业而言具有不同的效果。如果传统企业能够升级经营能力、自建自营网约平台，在消费者认同“巡游服务品牌”的基础上，即便是需求端从线下向线上转移，客源仍然内化于巡游车行业，而不是向其他平台转移，相当于巡游车服务模式的“自我切换”而不是“被人替代”。然而，按照目前各地大力开展的巡网融合模式，巡游车企业并没有很好地进行自身经营能力升级，而是变相退化，逐渐沦为平台的“运力供应商”。当巡游车不断同化为网约车时，巡游车企业作为独立承运人的必要性将会越来越弱。

3. 巡游车驾驶员卷入平台算法控制

随着算法越来越精确，平台通过各种规则与要求使得新业态从业人员“被困其中”已成不争的事实。巡游车驾驶员依靠扬招服务以及政府定价管理模式一定程度上减轻了对平台的依赖，也抵御住了平台的算法控制。但随着巡游车驾驶员越来越依靠平台接单，其体制机制也趋同于网约车，最终可能也同网约车驾驶员等群体一样被困于算法之中。

4. “一车双价”体系不协调可能引发矛盾

“一车双价”是巡网融合的普遍性举措，不过巡游车在网约模式下适用市场调节价，是否真正有利于驾驶员增收？近年来网约车行业受多种因素影响，低价竞争现象突出，积累了较多的矛盾，甚至网约车驾驶员也不断呼吁政府加强运价管制。政府定价管理模式可避免巡游车加入网约车的低价“内卷”，保证基于订单可取得合理的收入，不至于因运价过低、收支倒挂而衍生出严重的司乘争端，加价议价问题也得到较好的解决。未来，巡游车在提供网约服务、执行市场调节价时，是否也会出现明显的降价跟随现象，“一车两价”悬殊甚至运价调整不当直接影响驾驶员合理收入，进而诱发行业相关矛盾？

三　巡网融合改革的适用性

巡网融合改革有其合理性与必要性，但也存在相应的实施风险。特别是对于不同城市（由于难以精准区别，以下仅讨论中小城市与超特大城市情景）而言，行业发展状况差异较大，改革诉求也大相径庭，需要仔细甄别制度适用性，如果一概而论且随意套用，那么改革效果可能不尽如人意，甚至起到反作用。

（一）巡游车保障属性

对于中小城市而言，扬招打车在市民出行方式中所占比重较小，民生保障色彩并不明显，巡网融合改革风险较小，甚至在一些巡游车服务“销声匿迹”的城市，改革反而可以使服务保持一定的可见度。但对于超特大城市而言，扬招打车在市民出行方式中所占比重比较大，具有一定的民生保障属性，这类城市需要审慎推进巡网融合改革。

（二）巡网业态的竞争关系

目前已经普遍形成以网约车为主的市场结构，但不同城市的市场竞争状况差异较大。对于中小城市而言，巡游车已经基本退出市场，或仅保留微乎其微的数量，这类城市推进巡网融合改革对于现有市场的影响较小。但对于超特大城市而言，尽管巡游车行业处于下行通道，但仍具有较大规模且保持着一定的竞争力，两个业态处于此消彼长的抗衡阶段，巡游车行业不希望政策对市场竞争造成太大影响进而导致传统扬招市场萎缩过快，这类城市在改革过程中需要充分考虑传统业态的意愿与实施阻力。

（三）传统企业的规模与经营能力

不同城市巡游车企业的经营规模与能力大相径庭，行业发展诉求差异较大。有些城市巡游车企业经营能力较弱，对驾驶员疏于管理，服务质量管控较差。这类城市希望通过巡网融合改革，依托平台的管理与经营能力，提升巡游车服务质量。有些城市的巡游车企业经营能力较强，管理水平较高，服务质量管控比较到位，从而巡网融合改革的意愿较低。

（四）市场经营环境

目前不少城市网约车合规化推进比较缓慢，大量非法运营的网约车对于社会公众出行构成较大的安全隐患。对于这类城市，应通过巡网融合改革，依托合规巡游车为公众提供安全、便捷的网约服务。

综上所述，巡网融合改革需要尊重不同城市的行业发展实际，充分考虑对社会出行、巡游车经营与发展等的影响，因地制宜、分类推进，从而精准施策。

B.16
2024年城市居民交通出行调查报告

苗诗雨*

摘　要： 2024年城市居民交通出行调查报告显示，地铁、顺风车、共享单车等多元交通工具的出现，极大地优化和丰富了城市居民的出行方式。除地铁、私家车、公交车等传统交通方式外，自有电动车和共享自行车作为新兴出行方式，逐渐崭露头角。但同时，随着多元化出行方式的普及，城市居民对公共交通路线的优化、停车位的增设、共享单车价格以及智能化交通系统建设等出行服务的期待不断提升。城市交通出行作为一个复杂系统工程，需要政府、企业以及居民多元主体的共同努力。现阶段，随着共享单车、共享电单车、汽车租赁等新型出行方式的广泛覆盖，安全、便捷、高效、绿色、智能的城市交通体系正在加速形成。

关键词： 城市交通出行　共享出行　汽车租赁

一　城市出行调查背景

在城市庞大复杂的运行体系中，居民出行是最常见也是至关重要的日常活动，随着绿色经济、共享经济的发展，交通方式的推新迭代不仅反映了出行市场的变化，更是城市经济转型的缩影。

从传统的公交车、地铁、私家车等交通方式，到现阶段共享自行车、顺风车和网约车等出行方式的出现，交通出行方式不断革新，为城市居民提供

* 苗诗雨，每日经济新闻记者。

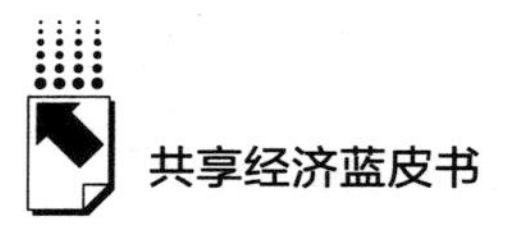

了更多的选择。针对居民出行开展出行方式、出行满意度、出行意见反馈等调研，是促进城市交通改善、提升居民出行品质的重要手段。

面对城市经济的快速发展，居民出行呈现哪些新的特点，多元交通出行方式是否帮助居民实现了更便捷的出行？为此，《每日经济新闻》联合“共享经济蓝皮书”编委会开展了“2024 城市交通出行问卷调查”（以下简称“调查问卷”）。调查结果显示，城市居民对出行方式的需求呈现多样化趋势，共享单车、网约车等新出行方式受到越来越多的居民青睐，同时居民对增设停车场/停车位、建设步行和自行车道、完善智能化交通管理系统等的诉求也有所增加。

本次调查问卷共收回 289 份。参与调查的人群中，男性占比 79.2%，女性占比 20.7%；年龄方面，“90 后”最多，占比达到 42.2%，“80 后”占比 36.6%，“70 后”占比 12.1%，“00 后”占比 6.2%，“60 后”及以上占比 2.8%；参与调查问卷居民多数集中在一线与新一线城市，占比 58.5%，二线城市占比 19.7%，三线城市、四线城市和五线及以下城市占比分别为 9%、5.9%和 6.9%。

二　城市出行方式的选择

随着城市经济繁荣发展和科技水平不断提升，城市交通网络不断完善，出现了共享出行、智慧交通等低碳、便捷的出行方式，城市居民的交通选择也发生了新的变化。

（一）地铁为城市居民日常出行交通方式中的首选

调查结果显示，在城市居民日常出行中，32.18%的参与者选择地铁出行，其次是私家车、公交、自有电动自行车/摩托车，占比分别为 25.61%、11.07%、14.53%。网约车/出租车、自有自行车、共享自行车和共享电动自行车的选择比例相对较低，分别为 3.46%、4.50%、4.15%和 1.38%。另有 3.11%参与者选择步行。

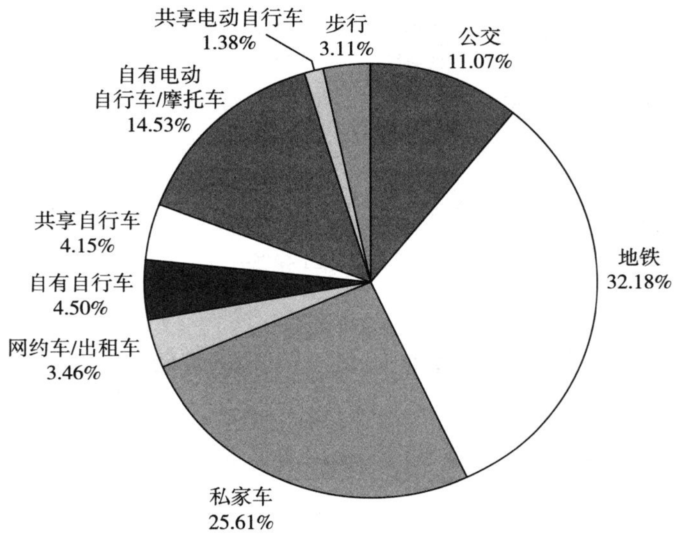

图1　城市居民日常出行选择

上年度调查问卷结果显示，在所有出行方式中，最多参与者选择的是私家车，其次是地铁。随着城市地铁交通系统的不断完善，地铁已经取代私家车成为居民的出行首选。

从交叉分析的结果看，出行方式的选择受到参与者是否有私家车的影响。在未拥有私家车的参与者中，45.2%的参与者选择地铁出行，16.1%的参与者选择公交出行，还有14.5%的参与者选择自有电动自行车/摩托车出行，而网约车出租车、共享自行车、步行等出行方式的选择比例均不足10%。对于拥有私家车的参与者，私家车、地铁、自有电动自行车/摩托车为主要出行方式。

出行方式的选择明显受到城市等级影响。在北京、深圳、成都、武汉等一线与新一线城市，43.8%的参与者选择地铁出行，其次是私家车、公交出行；二线城市中，35.1%的参与者选择私家车出行，其次是地铁以及自有电动自行车/摩托车出行；三线城市中，34.6%的参与者选择私家车出行，其次是自有电动自行车/摩托车和公交出行；而在四线城市、五线及以下城市中，自有电动自行车/摩托车成为参与者主要的交通出行方式。

（二）便捷、高效成为日常交通出行方式的主要考虑因素

从全样本结果看，城市居民在选择交通出行方式时主要考虑的因素是便利、时间短，占比分别为51.6%、22.5%。此外，成本、环保、舒适、安全也是参与者的考虑因素，分别占比为8.3%、5.2%、3.8%、3.1%。有部分参与者的出行方式选择受到天气或其他因素影响。

三　居民对城市交通出行的满意度分析

调查问卷结果显示，虽然城市交通出行呈现更多元、便捷的特点，但就城市交通规划的改进方面，参与者对交通线路的规划设计、交通系统的管理设计、电动自行车停车点、公交站点设计等问题提出意见。这在一定程度上也表明仍需要在道路优化设计、系统建设和交通资源管理上进一步优化城市交通出行。

目前智慧停车的“智慧”体现在“智能找车位+自动缴停车费”的功能上，服务于车主的日常停车、错时停车、车位租赁、汽车后市场服务、反向寻车、停车位导航等需求。2024年中国智慧停车市场规模已达到200亿元，未来几年有望保持年均20%以上的增速。

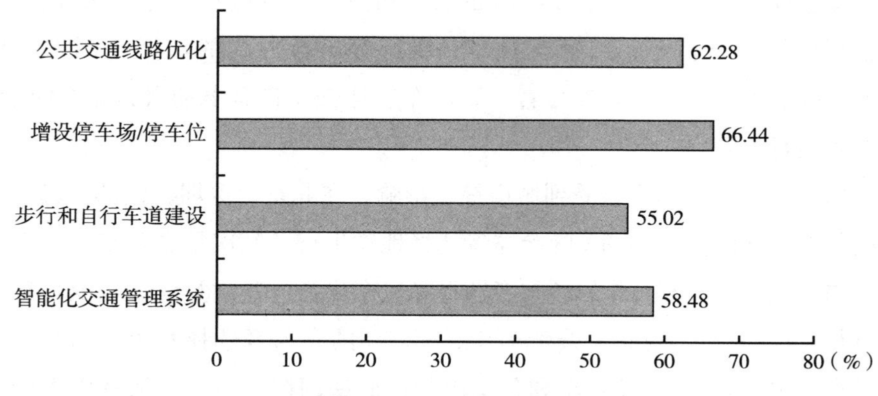

图2　居民希望所在城市优先改善的交通问题

对于一线与新一线城市居民来说，增设停车场/停车位以及智能化交通管理系统成为参与者对交通规划改进的首要诉求，占比均为62.7%；对于二线城市参与者，增设停车场/停车位是首要诉求，其次是公共交通线路优化；三线城市参与者的诉求集中在公共交通线路优化以及增设停车场/停车位，占比均为69.2%。公共交通线路优化以及增设停车场/停车位同样也是四线城市、五线及以下城市参与者的主要诉求。

从样本结果看，39.5%的参与者工作日花费在出行上的单程时间在30分钟以内，44.6%的参与者为31~60分钟，13.5%的参与者为61~120分钟，仅有2.4%的参与者超过120分钟。

对于拥有私家车的参与者来说，多数参与者工作日花费在出行上的单程时间在60分钟以内；对于尚未拥有私家车的参与者来说，43.6%的参与者花费在出行上的单程时间为31~60分钟，32.3%的参与者在30分钟以内，22.6%的参与者为61~120分钟。

从城市属性看，一线与新一线城市参与者工作日花费在出行上的单程时间最长，49.7%的参与者为31~60分钟，28.4%的参与者在30分钟以内，20.1%的参与者为61~120分钟；二线城市、三线城市、四线城市、五线及以下城市参与者工作日花费在出行上的单程时间集中在30分钟以内，占比分别为52.6%、57.7%、52.9%、60%。

从通勤距离看，一线与新一线城市多数参与者的通勤距离超过5公里，其中26.6%的参与者为5~10公里，27.8%的参与者为10~20公里；二线城市中，21.1%的参与者为3~5公里，5~10公里以及10~20公里的占比均为19.3%；三线城市、四线城市中，通勤距离为5~10公里的参与者居多，分别为38.5%、35.3%。

对于当前城市交通状况的评价，45.67%的参与者认为比较拥堵，25.61%的参与者认为非常拥堵，仅有1.04%的参与者认为非常畅通。综合来看，大多数人对当前城市交通状况的评价偏向于拥堵程度较高的选项。

一线与新一线城市中，52.1%的参与者认为城市交通状况比较拥堵，29.6%的参与者认为非常拥堵，没有参与者选择非常畅通；二线城市中，

40.4%的参与者认为比较拥堵，28.1%的参与者认为一般；三线城市中，38.5%的参与者认为一般；四线城市中，41.2%的参与者认为比较拥堵。不同城市参与者的选择多数集中为比较拥堵以及一般，极少数认为非常畅通。

通勤耗时最长的前五名城市分别为北京、上海、南京、天津、大连，北京平均通勤耗时 44.5 分钟。通勤距离最远的前五名城市分别为北京、重庆、上海、成都、长春，北京平均通勤距离为 12.5 公里。其中，北京依旧是最拥堵的城市，上海的拥堵系数和通勤时间明显增加。

调查结果显示，当前居民对城市交通出行的整体满意度有待提升。面对交通出行现状，多数参与者希望其所在城市优先发展的出行方式是地铁，占比为 47.06%。其次是公交，占比为 17.65%。共享电动自行车的选择比例也较高，为 13.84%。

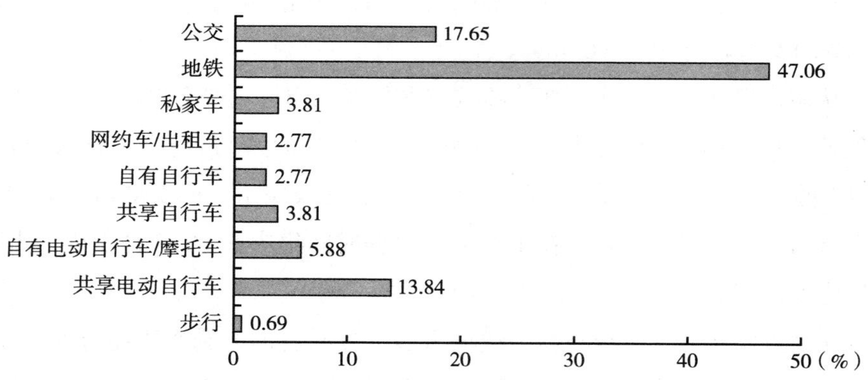

图3　城市居民最希望其所在城市优先发展的出行方式

对于一线与新一线城市、二线城市的参与者而言，分别有 49.1%、68.4%的参与者希望优先发展地铁以解决目前存在的出行不便问题，其次是公交、共享电动自行车；三线城市各有 26.9%的参与者最希望优先发展的出行方式是地铁和公交，其次是共享电动自行车。

无论参与者是否拥有私家车，地铁、公交及共享电动自行车都被认为是可以优先发展的出行方式。其中，没有私家车和拥有两辆及以上私家车的参与者希望优先发展共享电动自行车的意愿更强，分别占 16.1%、15.0%，拥有一辆私家车的参与者该占比为 12.6%。

不同之处在于，没有私家车的参与者比拥有私家车的参与者更希望优先发展公交出行方式，而拥有私家车的参与者希望优先发展自有电动自行车/摩托车出行方式的意愿要强于没有私家车的参与者。

四　居民对新出行方式态度分析

从调查问卷的结果看，在居民多元化出行方式的选择中，以共享电动自行车为代表的新出行方式成为出行选择之一，也被多数参与者认为可以改善交通出行问题。其中，65.74%的参与者认为新出行方式的主要优势是便利，65.40%的参与者认为省时间同样是新出行方式的重要优势。

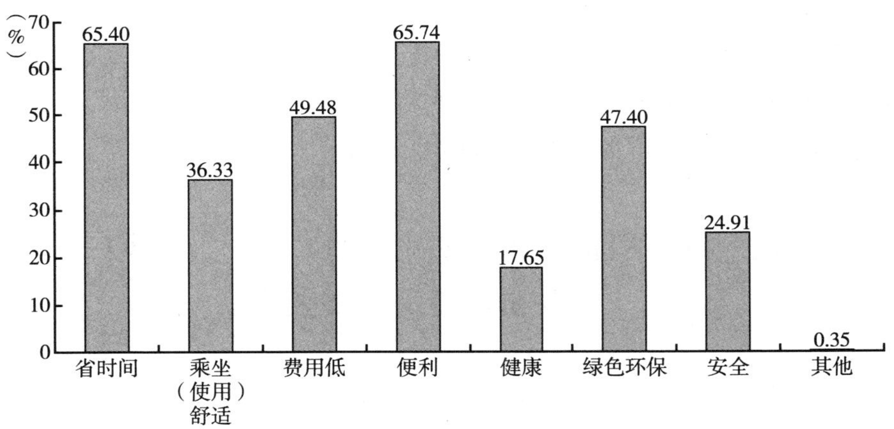

图 4　城市居民认为新出行方式的主要优势

针对新出行方式的优势，49.48%的参与者选择费用低；36.33%和47.40%的参与者分别认为乘坐（使用）舒适和绿色环保也是主要优势；相对而言，健康、安全和其他的选择比例较低，分别为 17.65%、24.91%和 0.35%。

不难看出，在我国大力发展可再生能源、鼓励可持续发展的引导下，低碳、健康的出行方式也成为居民出行选择时的考虑因素。78.2%的参与者认为应当鼓励增加新出行方式，10%的参与者选择限制，11.8%的参与者表示不确定。可以看出，支持政府鼓励增加新出行方式的参与者占绝大多数。

五　参与者对网约车出行的态度：出行方便是主要优势

调查问卷结果显示，在目前居民多元的交通出行方式中，除了地铁和公交外，网约车也被多数参与者认为是便捷的出行方式之一。

81.3%的参与者认为，网约车最大的社会价值是出行方便。其次，66.4%的参与者认为网约车能够扩大就业，40.5%的参与者认为网约车能够节约私家车购买成本；27.4%、24.9%的参与者分别认为网约车能够推进节能减排和缓解交通压力。此外，部分参与者认为网约车在促进新能源产业发展、提升行业服务力等方面也具有优势。

不过，随着城市交通拥堵问题日益突出，从参与者意愿看，57.4%的参与者认为政府应该根据城市交通情况加以控制网约车数量；42.6%的参与者认为网约车数量应由市场调节，无须政府控制。

六　汽车租赁业务的使用调查：到达目的地更加方便是主要因素

随着城市居民的交通出行体验要求提升，灵活、便捷、私密成为更多居民出行时主要考虑的因素，在网约车、顺风车飞速发展的同时，汽车租赁业务也受到越来越多的居民青睐。

从用户年龄段看，汽车租赁业务用户呈现年轻化趋势。对比上年度调查结果，“90后”取代“80后”成为用户主体，其次是“80后”。

从使用场景看，参与者选择汽车租赁服务主要是旅游自驾，占比达到78.43%；其次是商务活动和出差，分别占20.6%和19.6%；上班通勤和城市交通的比例较低，分别为6.9%和17.7%。

例如，2024年春节期间，国内租车自驾订单量同比增长近1倍，较

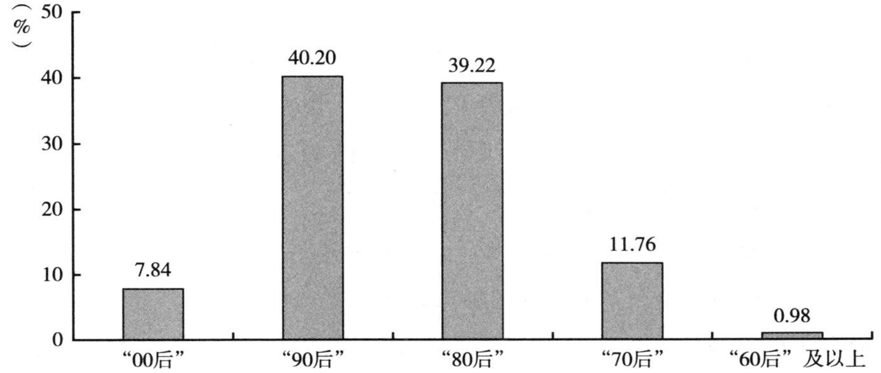

图 5　汽车租赁业务的用户年龄段分布

2019 年春节增长超 400%，展现出汽车租赁市场强劲的增长势头。

参与者选择汽车租赁服务的原因中，相比于购车更加实惠、更多的体验（车型、品牌、车系）、到达目的地时更加方便是主要原因，占比分别为 24.51%、33.33%、67.65%，7.84%的参与者因无法购车而选择汽车租赁服务。

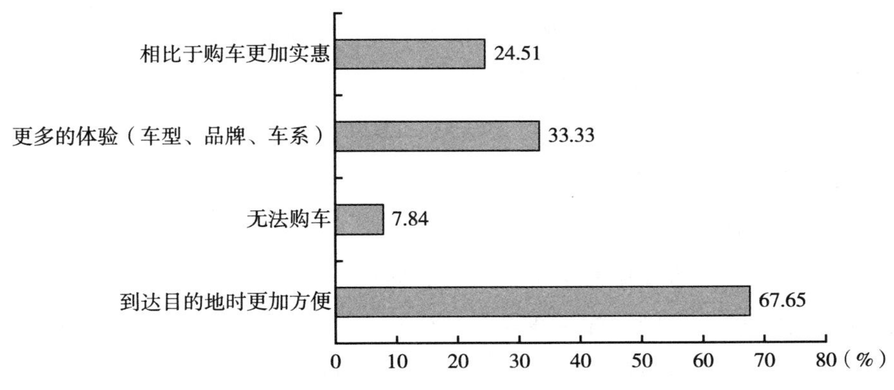

图 6　居民选择汽车租赁服务的主要因素

对比上年度调查结果，2024 年到达目的地时更加方便成为最主要的原因，取代更多的体验（车型、品牌、车系），便捷性成为最主要的考虑因素。

目前我国多个主流汽车租赁平台的互联网模式运营机制趋于成熟，用户可以在 App 上浏览车辆信息、选择租赁车型、预订租车时间和地点，完成支付并获取租车凭证，从而取代了线下烦琐的固定站点操作流程，流程便捷、高效，进一步推动了汽车租赁市场的发展。

从汽车租赁平台的选择看，结合上年度调查结果，参与者对于汽车租赁体系的关注度持续增长。83.3%的参与者会优先选择的公司类型主要是大型连锁汽车自营租赁企业；其次是综合互联网旅游出行平台，占比为 49%。选择纯互联网租赁平台、P2P 租赁平台和地方小型汽车租赁企业的比例较低，分别为 20.6%、4.9%和 8.8%。

七　共享两轮车：价格成为参与者关注的重点

近年来，随着低碳出行理念的广泛传播和深入人心，共享单车作为共享经济在交通领域的杰出代表，逐渐崭露头角，成为城市居民出行的“新宠”。

调查问卷结果显示，51.9%的参与者日常短途出行会选择共享单车，26.99%的参与者使用场景为接驳公交地铁，12.46%的参与者上班通勤会选择共享单车。对比上年度调查问卷结果，2024 年共享单车在短途出行、接驳公交地铁的场景中的占比提升。

在一线与新一线城市、二线城市、三线城市、四线及以下城市中，日常短途出行都是参与者使用共享单车的主要场景。不过在上班通勤、接驳公交地铁场景中，略有不同，如一线与新一线城市中，接驳公交地铁、上班通勤也是共享单车的主要应用场景；二线城市中，接驳公交地铁、锻炼身体是共享单车的主要应用场景。

与多数共享出行交通方式类似，近年来共享单车的骑行价格陆续调整，多数品牌共享单车的价格从 0.5 元每 30 分钟调整至 1.5 元每 30 分钟甚至更高。不过多数共享单车平台也推出次卡、月卡或年卡等共享单车消费模式。

从供应量看，49.8%的参与者认为身边共享单车的供应量比较合适，较上年度调查结果该比例有所提升。39.1%的参与者认为需要增加共享单车的供应量，较上年度调查结果该比例有所下降。

实际上，随着城市居民活动范围增大，以及对出行舒适性的要求提高，近年来共享电动车在越来越多的城市被投入使用。调查问卷结果显示，28.03%的参与者选择用共享电单车替代步行；25.95%的参与者会选择用共享电单车取代共享单车。由于共享电单车较传统交通方式更具灵活性，受到交通拥堵的影响较小，且对比共享单车速度更快，参与者选择使用共享电单车取代公交和网约车/出租车的比例，分别为21.80%和11.76%。

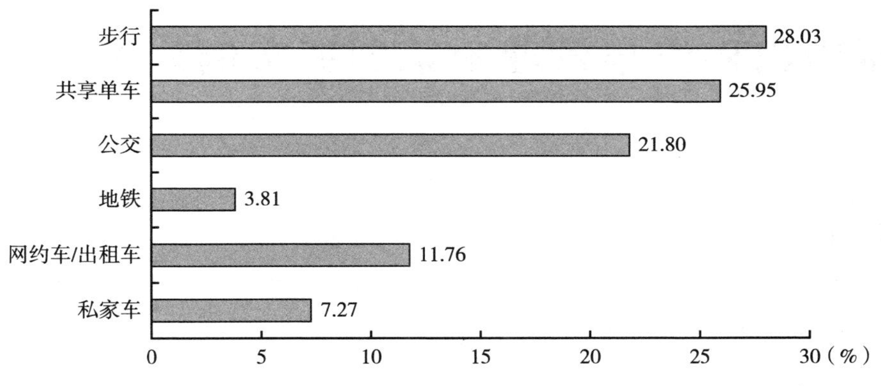

图7　城市居民使用共享电单车取代的主要出行场景

城市共享出行快速发展，共享单车市场运行模式日趋成熟。《2024年中国共享单车行业深度研究报告》显示，我国共享骑行市场用户规模增长迅速，已培育形成“最后一公里”出行习惯。随着互联网的普及，共享单车用户规模增长迅速。2017~2022年，我国共享单车用户规模从3.1亿增长至4.6亿，年均复合增长率为8.2%。在渗透率逐步攀升的情况下用户规模有望于2024年突破5亿。

城市创新篇

B.17 城市出租汽车管理政策创新案例分析*

摘　要：　焦作市、鄂尔多斯市的巡网融合创新，以及重庆市和苏州市的巡游出租汽车改革均取得了一定的成效。本文对4个城市主管部门对城市出租汽车管理政策的创新以及成功经验进行了总结。

关键词：　出租汽车　网约车　巡网融合

一　焦作市：巡游出租汽车行业转型探索

焦作市区有巡游出租汽车1398辆，从业人员2200余人；网约平台15家，网约车900余辆。近年来，焦作市针对巡游出租汽车行业转型开展了如下探索。

* 本报告案例材料主要由相关城市交通管理部门提供。

（一）有序解决经营权问题

改革前，焦作市巡游出租汽车公司有 6 家，针对巡游出租汽车实行“总量控制、有偿使用、挂靠经营”管理模式。巡游出租汽车采用“挂靠经营”模式，存在产权权属不清、主体责任不明、公司乱收费等弊端。焦作市交通运输部门依据国家政策，结合实际，经过多次与企业和车主进行座谈，努力争取各方所能接受的最大公约数，确保改革顺利进行。通过努力，焦作市政府办公室按照“政府主导、一城一策”的精神出台了改革方案，明确了改革的方向。

一是从规范经营关系入手，理清经营权权属。根据既有出租汽车的经营权有偿使用费和车辆购置款实际出资情况，采取逐步过渡方式，实行“两权合一”，将经营权归属为实际出资人，签订《出租汽车经营权使用合同》，规范车辆经营权配置，解决了车辆所有权和经营权“两张皮”的问题。二是明确巡游出租汽车必须坚持“公司化”管理模式，杜绝个体“单飞”现象，个体出租车车主若要取得经营权，就必须与出租汽车服务企业签订《服务合同》，实行公司化管理。三是统一服务费收取标准。市发改部门核定收费标准，公司不再像过去那样收取名目繁多的费用，按照发改部门的文件标准，仅收取每月 130 元的服务费，这既减轻了车主负担，又能确保企业提供必要的服务，双方均可接受。

在“两权合一”过程中，尊重企业与驾驶员的确权意见，只要行车证名称与道路运输证业户名称一致，就可以按照申请人意愿确权，不搞“一刀切”。采取逐步过渡方式，确权双方协商一致的，即可向交通运输部门提出确权申请，成熟一个、办理一个，逐步过渡。截至目前，已经办理确权车辆有 900 多辆，改革工作平稳推进。

（二）积极引导出租汽车企业重组

鼓励引导现有出租汽车企业实行规模化、集约化管理，在市交通运输部门的牵头下，2022 年 8 月对 6 家巡游出租汽车企业进行重组，减少至 2 家。

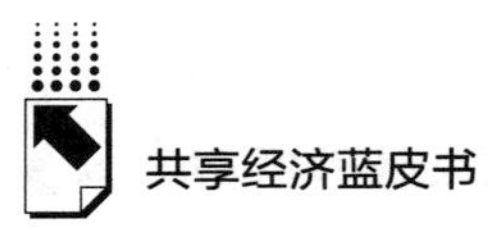

企业实行集约化、规范化、制度化的管理模式，集中办公不仅降低了成本，提高了服务效率，而且待企业壮大后，在购买保险、驾驶员安全教育、抗风险等方面有了质的飞跃。

（三）推进巡游出租汽车“巡网融合”

面对网约车市场的激烈竞争，巡游出租车企业转型势在必行。在流量较大的聚合平台上架“河南出租”约车程序，仅向巡游出租车开放注册。乘客在聚合平台选择“河南出租”时，只有巡游出租车能接单，大大提升了巡游车的市场占有率，增加了司机收入。

（四）一车多能，让司机增收

一车多能，提升运营效率，增加司机收入。能电召，24 小时人工值守，乘客拨打 95128 后，可就近派车；能网约，上线 95128、“河南出租”约车程序，一车双价；能包车，学生放假、游客旅游等场景，可通过 95128 平台实现包车；能上门，针对老年人、残疾人、小朋友，可实现上门接送；能代驾，出租车司机相比其他代驾司机，安全驾驶本领强、更熟悉路况；能拼车，满足学生等群体特殊时段用车需求，可集体拼车；可寻物，出租车流量大，行驶在大街的城市小巷，无论是寻人还是寻物，均可通过司机群或者约车平台发布群告知；能带货，与 UU 跑腿等平台合作，司机可注册“跑腿”功能，提供带货服务。

（五）引导传统巡游出租车网约化，推动新老业态有效融合

在巡游出租汽车网约化方面，采取“政府引导、企业牵头、平台参与、合作共赢”的工作思路，由行业主管部门与科技公司对接，促成出租车企业与科技企业的合作，依托 95128 电召平台建立公益巡游车网约平台，将市区巡游出租车和驾驶员信息全部录入平台。出租车司机“免费”使用，不抽成，无佣金，支持线上和线下结算方式，还利于司机。在订单结束后，司机和乘客可以互评，促进文明乘车、文明服务。

（六）开通95128电召热线，满足特殊群体出行需求

由政府出资购买坐席服务，开通出租车 95128 电召热线，电召热线与地方出租车约车平台对接，实行 12 名坐席人员三班制、24 小时人工接听，全市 1398 辆巡游出租车全部被纳入平台管理，群众可直接拨打 95128 服务电话叫车约车，坐席人员就近派车。同时，群众也可通过 App 和小程序中的“助老模式”实现一键叫车。焦作也是目前全国唯一以地方人大立法的形式将开通 95128 热线写进《焦作市养老服务促进条例》。

为更好地服务广大百姓特别是老年人出行，由 100 名富有爱心的驾驶员组成 95128 爱心车队，保障老人用车。组建 95128 公益救援车队，为市区 200 辆出租车配备充气泵、拖车绳、搭电线和灭火器，市区私家车只要有基本的简单救援需要，就可拨打 95128，后台就近安排车辆进行救援。车队成立一年多以来，累计救援私家车 220 多辆，不仅树立出租车行业的良好社会形象，而且提高了 95128 的知名度。

热线开通以来，已累计为 6 万多名老年人出行提供了便利的叫车约车服务。累计有超过 40 万人次通过 95128 自助约车完成了叫车服务。

（七）培养乘客乘坐巡游车的习惯

很大一部分乘客选择网约车的原因是价格，相较于巡游出租车的打表计价，网约车的各种补贴、打车券、特惠价等使其在价格上更优惠。为此，联合工会部门面向特殊劳动群体发行巡游车打车券，累计发放 10 万元；与银联合作，在约车平台投放资金 60 万元；与河南中原银行合作，在固定时间段只要通过线上预约巡游车，每单随机补贴 1 元或 2 元。

（八）开展“一补二奖三宣传”活动

针对经常有乘客将物品遗失在出租车上的情况，为鼓励拾金不昧，出台了“一补二奖三宣传”政策。“一补”是对因需将失物返还失主而产生的车费，给予出租汽车驾驶员全额补助；“二奖”是按照不低于车费的标准给予

出租汽车驾驶员奖励；“三宣传”是通过媒体宣传出租汽车驾驶员的先进事迹，弘扬正能量。此外，针对出租汽车驾驶员见义勇为、救死扶伤和热心社会公益等事迹突出的，上报相关部门予以表彰。

该活动开展以来，累计为乘客找到笔记本电脑、手机、钱包、钥匙等物品 2000 多件，归还失主现金 4 万多元，奖励出租车驾驶员两万余元。

（九）为出租车驾驶员提供多样化的服务

引导各企业成立工会，将驾驶员纳入会员管理。成立行业工会联合会，开展了一系列关爱活动。为市区全体巡游出租车驾驶员提供连续三年的免费体检；与市区餐饮机构合作，为驾驶员免费提供“爱心一碗面”；与车辆检测机构洽谈，巡游出租车检测费用降至每辆 100 元；与新能源汽车 4S 店合作，凡是更新新能源出租车的，在市场价的基础上再优惠 5000～10000 元；与焦作景区对接，对持出租车资格证的驾驶员免门票；组织女性驾驶员免费进行“两癌”筛检，举办“迎三八趣味运动会”；对贫困驾驶员家庭进行专项救助；开展夏送清凉、冬送温暖活动。通过这些活动，增进了与车主之间的感情，为化解各类矛盾、提升驾驶员对相关工作支持度起到了很好的推动作用。

（十）持续推进改革创新

为做好巡游出租汽车巡网融合工作，市交通运输局和运输服务中心将巡游出租和巡网融合、数字化转型作为 2024 年重点工作，并由市交通运输局党组成员、副局长牵头，市道路运输服务中心主办、执法支队协办，全力推进相关工作。同时，得到了省交通运输厅的大力支持，把焦作巡游出租车转型作为科研课题之一予以立项，并给予 200 万元资金支持。这也是河南省出租车行业 2023～2024 年唯一的科研课题。

焦作交通运输部门与高德、嘀嗒、智行盒子等科技公司就下一步市区巡游出租车的数字化、信息化和巡网融合等工作进行了研讨。

焦作市交通运输局作为行业管理部门，在科学化、数字化、系统化、市场化管理方面进一步下功夫，在政策、软硬件等方面加大投入，持续探索巡游出租车转型的新思路和新做法。

二　鄂尔多斯市：巡网融合管理经验

为促进巡游出租汽车数字化转型发展，鄂尔多斯市交通运输部门在深刻把握出租汽车发展特点和规律、新兴领域发展特点和规律的基础上，出台实施了《鄂尔多斯市巡游与网络预约出租汽车融合经营服务管理办法（试行）》，赋予巡游出租汽车网约功能，一方面通过数字化升级，大幅提升供需匹配效率，另一方面通过品质化升级，增强出租汽车的服务优势。有效推动新质生产力和新质服务力高效融合、双向拉动，实现乘客、企业、驾驶员的多方共赢，为巡游出租汽车企业数字化、智能化和市场化转型提供了有益参考。

（一）创新探索，制定创新管理办法

鄂尔多斯市作为内蒙古自治区下辖的一个地级市，总面积 8.7 万平方公里，常住人口 222.03 万人，其中中心城区总人口 95.58 万人；现有巡游出租车企业 28 家，在营巡游出租车 5986 辆，其中中心城区 3209 辆，巡游出租车万人拥有量在内蒙古自治区各盟市中排名靠前，运力基本满足市场需求。

为进一步提升巡游出租汽车企业的经营服务水平，推动出租汽车行业高质量发展，鄂尔多斯市交通运输部门用发展的思路解决发展中的问题，围绕传统出租车企业改革和网约车规范发展两方面，促进出租汽车新老业态融合发展，制定出台了《鄂尔多斯市巡游与网络预约出租汽车融合经营服务管理办法（试行）》。

创新性地将“车找人”的巡游出租车模式和“人找车”的网约车模式结合在一起，在原巡游出租车企业经营范围的基础上增加了网络预约出租汽车客运服务，对已取得出租汽车驾驶员从业资格证的，直接换发巡游和网约“两证合一”的从业资格证，让出租车线下具备巡游出租车功能，运价机制

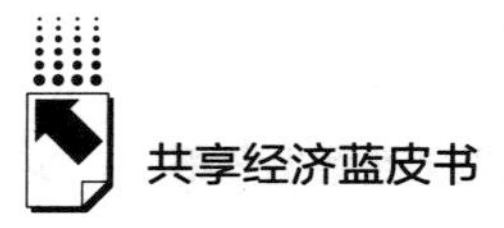

与巡游出租车相同；线上使用网约平台进行约车，按网约车计价规则收费，实现了路上巡游和线上接单“两不误”。

（二）精心组织，开展宣贯落实

2024 年 3 月，鄂尔多斯市交通运输部门组织召开《鄂尔多斯市巡游与网络预约出租汽车融合经营服务管理办法（试行）》宣贯会，将“巡游+网约”模式确定下来。会前，针对出租车企业和驾驶员最关心的 15 个问题，鄂尔多斯市交通运输部门通过官方媒体平台和“进企业”宣传的方式进行“预热”，形成了行业关注、群众关心的热点民生话题。会上，向第一家合规网络约车平台颁发巡网融合道路运输经营许可证，为原巡游出租车经营企业换发“巡网融合”道路运输经营许可证，为首批出租汽车及驾驶员换发“巡网融合”道路运输证和从业资格证，初步形成推进“巡网融合”工作的规模效应。试运行第一周出现部分巡游出租车司机和网约车司机在网上“互喷”现象，此网络负面舆情引起各方关注。对此，鄂尔多斯市交通运输部门针对网络上片面解读、恶意歪曲事实的负面舆情和驾驶员“驻足观望”等问题，通过官方媒体及时正面引导、与驾驶员面对面座谈等方式答疑解惑，提振信心、消除顾虑，提升企业和驾驶员开展“巡网融合”的主动性。

（三）稳步推进，工作初见成效

巡网融合试点工作开展以来，鄂尔多斯市交通运输部门多渠道强化“巡网融合”相关政策的宣传解读，与当地群众使用最多的“多多评”智能数字平台合作，每月进行一次网上问卷调查，及时了解网约车市场情况、群众出行意愿及相关意见建议，结合先进地区的管理经验，动态完善《鄂尔多斯市巡游与网络预约出租汽车融合经营服务管理办法（试行）》。

引入高德、百度、曹操、聚的等多家全国性网约车平台，通过市场竞争降低平台对驾驶员服务费用抽成比例，增加驾驶员收入，减少乘客出行费用。对网约车平台日呼叫数量和加入“巡网融合”的出租车日接单数量进行比对，根据实际情况适时推动网约车政策调整，实现“巡网”相互补充、差异化经营，保障从业人员权益，方便乘客出行。同时，建立企业、平台和驾驶员评价系统，将失信、违规、投诉等行为纳入质量信誉考核内容，依据服务质量信誉考核等级奖励、核减或收回巡网融合经营权，进一步规范“巡网融合”出租车管理。

据市交通运输局、市交通运输服务中心数据，通过近3个月试点，全市28家巡游出租汽车企业已全部更换巡网融合道路运输经营许可证，2037辆巡游出租汽车、4764名出租汽车驾驶员完成换证工作，4家网约车平台获批开展巡网融合业务。

目前，巡网融合车辆日均线上接单量为7~10单，可帮助司机减少25%~27%的空驶率。流水排名前10的驾驶员日均收入增加540元，收入较“入网”前增加约50%，实现了巡游出租汽车实载率、司机收入和服务质量“三上升”以及车辆空驶率、乘客投诉率“两降低”。同时，大幅提升了出租汽车在场站、重要时段、重点路段、重大运输保障用车场景的调度保障和服务能力。

鄂尔多斯市还将在全面推进巡网一体融合发展上下功夫，在供需适配的调节能力、多方共赢的商业模式和技术驱动的服务保障等方面积极探索。

三　重庆市：多措并举规范出租汽车行业发展

（一）依法行政，持续完善行业法治体系

重庆市先后对《重庆市道路运输管理条例》《重庆市巡游出租汽车客运管理办法》进行修订，明确仿冒出租车定义，增加非法营运暂扣机动车驾驶证、禁止通行高速公路等措施；新增巡游出租车车辆经营权条件，并将信用考核与经营权延续相结合，促进经营者诚信经营、规范服务。

（二）开放包容，着力营造公平竞争市场

将新增巡游出租车指标与区县网约车发展情况挂钩，优先发展网约车，

更好地满足社会公众多样化的出行需求。多次发布网约车市场经营风险提示，通告行业的许可数量、营收状况、经营风险等，提醒经营者和拟进入市场从业人员审慎投资，引导行业理性发展。

（三）联合监管，加强协作形成共管合力

发挥多部门联合监管机制的作用，市交通运输部门会同公安部门开展网约车专项整治，移交公安机关暂扣驾驶证 750 余人次、纳入重点监管名单高速公路禁止通行 820 余辆次；打击网约车线下揽客，协调市高法院、市司法局等部门调整法律适用范围，将网约车以预设目的地的方式从事定线运输的处罚标准，由 200 元以上 500 元以下提高到 5000 元以上 20000 元以下；落实市场监管领域部门联合“双随机、一公开”抽查计划，完成网约车平台专项检查 50 余次。

（四）合规经营，不断强化行业信用管理

持续优化信用评价考核方式和评价考核指标，开展出租汽车行业年度信用评价，并公布信用考核结果，实施信用惩戒措施。对信用等级为 B 级以下的巡游出租车企业、网约车平台公司由交通执法部门通过增加监督检查频次的方式加强监管。

四　苏州市：深化出租车经营权改革

近年来，受出租车经营关系历史遗留问题等影响，苏州市出租车营运收入持续下降、新老业态发展不均衡等问题突出，亟须进行市场化改革。2023 年 8 月，苏州市出台《关于进一步深化出租车改革的指导意见》，提出规范出租车经营关系、完善经营权管理、促进巡网融合发展、推广新能源出租车等举措，积极推进出租车改革。

（一）清理规范经营关系

为化解 2007 辆挂靠出租车经营关系不规范的历史顽疾，2022 年苏州委

托第三方律师事务所对全部出租车经营关系进行登记核查，并建立“一车一档”确定改革基数。2023 年 10～12 月，根据“一车一档”改革基数，通过“线上预约+线下办理”方式，全面开展规范经营关系工作：出租车企业与车辆实际出资人协商一致的，车辆产权由公司变更为个人，向个人发放出租车车辆经营权证明，将原来登记为企业的行驶证、产权证和道路运输证变更为个人。目前，2007 辆出租车中已有 1923 辆完成规范经营关系工作，完成率 96%，困扰行业多年的历史顽疾基本得到解决。

（二）改革车辆服务模式

驾驶员个人得到车辆产权后，与企业签订服务协议从事运营的，双方自愿、平等协商以确定服务内容和服务费收取标准。为鼓励引导企业向改革车辆与驾驶员提供传达政策、处理投诉、发票领取、申报补贴四项基础性免费服务，市交通、财政部门制定出台服务补助政策，在改革过渡期 3 年内，向改革车辆提供上述四项免费服务的企业给予每辆车每年 500 元的政策补助。

在此基础上，鼓励企业按驾驶员需求提供证件办理、车辆购买、代办保险等差异化收费服务。目前，改革车辆均已自主选择服务公司进行管理，形成“权属归个人+车辆服务公司”的新模式，营造了流通、宽松、良好的市场氛围。

（三）建立健全出租车服务质量信誉考核

为应对改革后 2007 辆出租车经营权为个人的管理实际，进一步完善行业服务质量考核体系，从制度上规范驾驶员运营行为，按照交通运输部的《出租汽车服务质量信誉考核办法》，制定了《苏州市区巡游出租汽车单车服务质量信誉考核办法（试行）》，以单车运输安全和服务质量为考核内容，构建以服务质量信誉考核结果为核心的巡游出租车经营权配置体系。

（四）实施出租车经营权变更登记

为逐步化解出租车经营权炒卖和擅自转让问题，苏州市交通、行政审批部门制定出租车经营权变更登记“一件事”办理实施方案，依托市公共资源交易中心，由政府部门搭建出租车经营权登记变更渠道，允许出租车经营权按规定、公开变更经营主体，符合出租车经营准入条件的企业或持有出租车驾驶员从业资格证的，均可以受让。

（五）加快新能源出租车推广应用

坚持行业推进和市场选择相结合，明确市区新增和更新出租车使用新能源车辆，车辆品牌由巡游出租车经营者自主选择。充分发挥城市交通发展奖励资金的引导作用，出台补贴政策，对新增和更新使用符合条件的新能源纯电动巡游车的，一次性给予2.5万元/辆的运营补贴，提升巡游车新能源化比例。

B.18

共享两轮车治理城市创新案例分析*

摘　要：　共享单车和共享电单车已经成为人们出行的新选择。随着共享两轮车运营企业投放规模的扩大，行业竞争日趋激烈，在一定程度上导致了市场秩序混乱和车辆管理困难。本文针对共享两轮车规范管理提出合理策略，选取北京和岳阳分别作为特大城市和中小城市样本，对其创新做法进行了案例分析。

关键词：　共享单车　共享电单车　城市创新

一　北京市：探索引入共享电动自行车

（一）共享单车发展状况

近年来，北京市共享单车骑行量呈现显著增长趋势。2023 年，北京市共享单车骑行量达 10 亿人次，日均骑行量 311.57 万人次，同比增长 12.79%。2023 年 9 月 22 日，单日骑行量为 483.18 万人次。这不仅展示了共享单车在北京市民出行中扮演的重要角色，也反映了城市慢行系统品质提升带来的积极影响。

（二）实施总量动态调控，实现资源有效利用

北京市注重优化共享单车在城区内的分布结构。通过数据分析和智能调度系统，实现对单车资源的精准配置和高效利用。北京市一直坚持“总量

---

* 本报告案例主要采集官方网站资料、政府政策文件，以及对相关企业的采访调研。

调控”政策，以达到三个目标：一是适度满足市民通过共享单车出行的需求，包括“门到门”的全程出行需求和“最后一公里”的换乘出行需求；二是匹配城市空间资源，通过合理控制共享单车数量，避免过度占用城市空间；三是契合“以轨道交通为骨干、地面公交为支撑、多种交通方式为补充”的发展思路，为接驳轨道交通和地面公交提供重要补充。

（三）修改管理条例，加强立法监管

2024 年 5 月 20 日，北京市十六届人大常委会第十次会议召开，将修改《北京市非机动车管理条例》列入市人大常委会委员 2024 年立法工作计划，明确提出要强化对非机动车驾驶人的监管，研究制定电动自行车全周期闭环管理政策。同时，“综治计划”还提出要优化非机动车停放设施供给结构，研究制定非机动车停车指导意见，编制非机动车停车设施专项规划；优化城市道路与路外公共空间非机动车停放区设置，继续推动轨道交通站点和大客流公交站点周边非机动车停放秩序整治；合理规划地铁车站、居住小区周边互联网租赁自行车停车位，提高接驳轨道的便利性；增加互联网租赁自行车停放设施供给，车位比达到 1∶1，实现全部轨道交通站点出入口互联网租赁自行车停放区电子围栏入栏管理。

（四）切实强化行业动态管理，固化保障机制

完善重要节假日和重大活动服务保障机制，加强运维电动三轮车行业管理。共享单车采用网格化智慧化调度方式，每家运营企业按照运营范围划分了若干个运维网格，每个网格配备了多支专业化运维队伍，严格落实网格化运维管理职责，持续加强动态巡查和定点值守。共享单车运营企业基于站点属性、历史数据、实时天气等因素，采用最新的计算技术对固定点位的车辆供需进行预测。基于调度人员的具体位置、运维情况生成不同点位的调度任务，为调度人员规划最优的调度路线，实现智能化调度。同时，为了提高问题发现和处置效率，行业管理部门基于市级监管平台开发了车辆调度小程序。区、街道发布清淤调运指令，企业及时清理调度淤积车辆，形成“5-

30”快速响应机制，即企业在接收到重点点位车辆调度任务后，须在5分钟内响应、30分钟内处置完毕。2023年，基于网格巡查机制，企业运维响应率达99.61%、处置率达96.29%，政企互动效率进一步提升。

（五）科技创新助力城市管理，全面加强停放秩序管控

更新置换高精度定位车辆，加大停放区施划力度并持续扩大电子围栏英应用范围。“硬件”上，企业将持续更新置换高精度定位车辆，最终实现投放运营车辆全部具备高精度定位功能的目标。目前，高精度定位车辆已占全部运营车辆的62.91%，新车越来越多，在提高骑行安全性和舒适性的同时，定位精度也不断提升。

（六）加强监管力度落实，筑牢安全生产防线

不断优化考核评价工作，加大对企业运营服务质量和对各区监管工作落实的考核力度。持续筑牢安全生产防线，强化运营车辆仓储维修场所安全监管。在政策层面，北京市出台了一系列支持共享单车发展的政策措施，包括规范共享单车企业的经营行为、保障用户权益、加强车辆管理和维护等内容。相关部门还建立了严格的监管机制，对共享单车市场进行规范和管理。通过政策引导、实施监管措施，为共享单车市场的健康发展提供了有力保障。同时稳步提升接诉即办能力，完善“快速和解”工作机制，持续做好行业投诉快速响应、有效处置和分析研究等工作。

（七）开展共享电动车新试点，助力共享电单车发展

经过慎重研究，北京市于2024年5月30日起，在北京经济技术开发区行政管理区域范围内开展共享电单车试点。依据《北京市非机动车管理条例》，试点区域实行共享单车（含共享电单车）总量调控。根据试点区域交通现状、出行需求和基础设施建设情况，将试点区域内既有共享单车按一定比例置换为共享电单车，计划分阶段投放6000辆共享电单车（含3000辆共享电驱动车、3000辆共享电动车）。试点企业应遵守《北京市互联网租赁自

行车运营服务监督监管办法（试行）》相关要求，接受试点区域交通行政管理部门监督考核。试点区域内共享电单车全部实行“集中充电、分散换电”，实施电子围栏入栏管理，不得超试点范围使用。

二　岳阳市：智慧出行建设案例

岳阳市坐落于湖南省的东北部，区域面积达到14858平方公里，下辖3个区、4个县，并代管2个县级市，常住人口有500多万人。岳阳市作为中部地区的重要枢纽城市，在智慧共享出行领域进行了一些有益的实践与创新，不仅为当地市民带来了实实在在的便利，也为全国智慧共享出行发展积累了宝贵的经验。

（一）岳阳市智慧共享出行概况

智慧共享出行是指借助互联网、大数据、人工智能等现代信息技术手段，实现出行资源的优化配置和高效利用，满足人们多样化、个性化的出行需求。近年来，岳阳市积极响应国家发展智慧交通的号召，以“数字政府·智慧岳阳”建设为统领，大力推进智慧共享出行发展。

一是智慧出行软件及微信小程序。推广使用“岳阳公交智慧出行App”及其微信小程序，旨在全方位提升公共交通信息服务的便捷性和覆盖度。这些应用具有乘车支付、在线年审、公交查询、定制化公交等功能，让市民可随时随地了解公交动态，享受便捷的公交服务。

二是致力于提升智能交通系统的管理水平。积极推动智能交通系统的建设和应用，通过大数据、云计算等技术手段，实现对交通流量的实时监控和智能调度，提高交通管理效率和道路通行能力。

三是促进交通领域的应用创新与实践。岳阳市鼓励交通运输行业的科技创新应用，大力支持企业开展智能交通产品及解决方案研发，推动智慧交通产业的兴起与发展。同时，加强与高校、科研机构的合作，引进先进技术和人才，提升岳阳市智慧交通建设水平。

（二）智慧共享两轮车的发展

自行车和电动自行车发展是岳阳智慧出行的重要组成部分，其智慧共享出行主要经历了两个阶段。

1. 第一阶段：公共自行车租赁阶段

2013 年 9 月，岳阳市出台《岳阳市主城区公共自行车租赁系统建设规划》。2014 年投入运营公共自行车租赁系统。截至 2022 年，建成公共自行车站点 386 个，投用公共自行车 8000 辆。由于长时间运营，该系统设施设备老旧，安全隐患大，骑行安全风险高，为此，岳阳市政府在充分听取市民听证意见的基础上，决定替换为更方便、舒适、快捷的共享电动/助力自行车。

2. 第二阶段：共享电动助力自行车阶段

根据《岳阳市深入推进主城区交通综合整治行动方案》和《岳阳市绿色低碳全民行动实施方案》的要求，岳阳市政府逐步落实公交优先、引进共享交通工具等举措，倡导公交出行、绿色出行，重点推进定制公交、始末站建设、共享电动/助力自行车替换等工作。为缓解城市交通压力，更好地解决市民出行“最后一公里”问题，大力推动交通出行智慧化。

2022 年 1 月，岳阳市中心城区首批 2000 辆共享交通工具正式上线开启试运行，包括 1000 辆共享电动自行车与 1000 辆共享助力自行车。此次投放的共享电动车覆盖岳阳大道、巴陵路、青年路、求索路、南湖大道以及洞庭大道等主要路段，建设 185 个蓝牙感应停车网点，设立 3700 个停车位。截至 2023 年 12 月，主城区共投放 3000 辆共享电动自行车与 3000 辆共享助力自行车，新增 366 个蓝牙感应停车网点和 13000 个停车车位。

（三）岳阳智慧共享两轮车企业合作案例

岳阳市与人民出行的合作是智慧共享出行政策落地落实的典型案例，主要特点如下。

在智慧停车网点建设方面，全市范围内建设了 5G 蓝牙智慧停车网点，投放 6000 辆共享电动自行车，设立 806 个停车网点和 15200 个停车位，基本覆盖城区，有效缓解“最后一公里”出行难题。

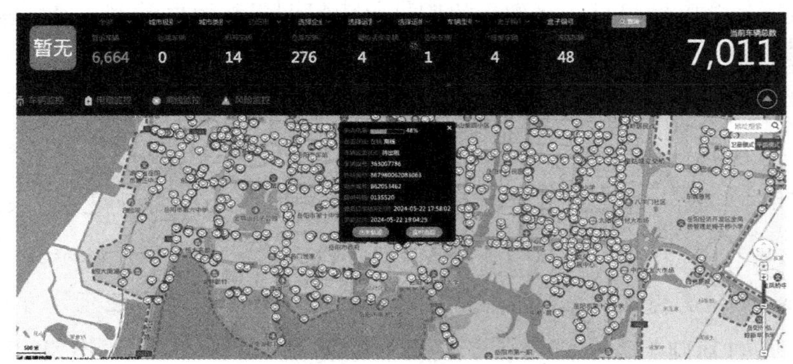

图 1　智慧共享两轮车停车位分布情况

在数字化转型成效方面，通过数字化手段，将大量实时数据传输至 5G 智慧数据平台，为城市规划和管理提供大数据支撑，极大地提升了城市治理水平。

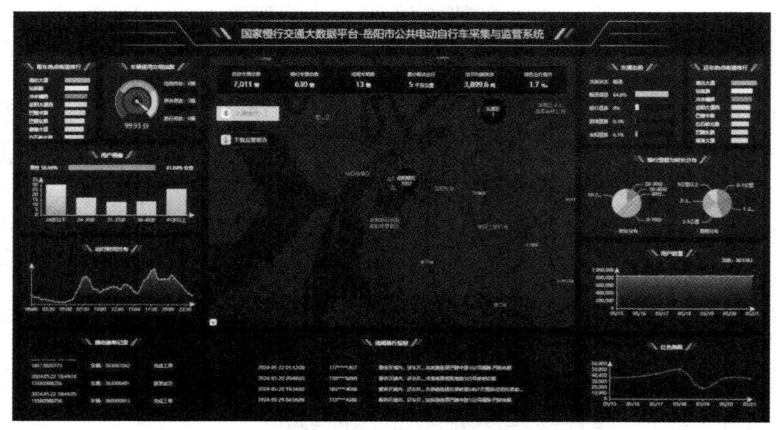

图 2　慢行交通大数据平台

项目运营以来，有效地满足了市民短途出行需求，累计骑行量超过 1550 万单，骑行总里程达到 5300 万公里，节约碳排放 3.6 亿克，为岳阳市民的日常出行带来了便利，同时也减轻了城市交通压力，为实现碳减排目标作出了积极贡献。

在精细管理与标准化引领方面，落实了全员路面巡查管理机制，通过严格的考核指标，有效解决了车辆破损和乱停乱放问题，维护了城市形象，确保了市民出行的安全与顺畅。通过引入5G智慧数据平台、物联网等新技术，实现了共享电动车的智能调度、精准定位和高效运维。在仓储、运输、投放、运维调度等方面均有专业、成熟的新质技术应用，确保城市日常运营稳定运行，助力共享行业进入规范化、有序发展阶段。

（四）岳阳市智慧共享出行规划

岳阳市在智慧共享出行方面取得了一定的成效，但仍面临一些挑战。不少市民对于智慧共享出行服务还缺乏足够的了解和认识，使用意愿较弱，部分车辆存在乱停乱放、损坏严重等现象，智慧共享出行企业的盈利模式尚不明确等，为此未来岳阳市将针对智慧共享出行领域重点开展以下几方面工作。

一是加强宣传教育。政府可以通过各种渠道宣传智慧共享出行的优点和便利性，提高市民对智慧共享出行的认可度和使用意愿，营造“文明共享、绿色出行”的氛围。

二是健全相关政策法规。政府可以制定更加详细的管理规定和处罚措施，规范共享出行车辆的管理与停放秩序，加强对共享出行车辆的监管。

三是鼓励科技创新，构建服务体系。政府可以加大对智慧共享出行企业的支持力度，推动技术研发；企业可以通过提高车辆质量、优化用户体验等方式提升服务品质，增强市场竞争力。

四是促进政府与企业、社会组织的紧密合作。政府可以与企业和社会组织建立合作关系，携手共促智慧共享出行的蓬勃发展。

智慧共享出行作为一种传统交通方式的创新应用和升级，具有广阔的发展前景和巨大的社会价值。岳阳市在智慧共享出行方面的创新实践，为其他城市提供了有益的经验借鉴。

B.19
城市共享出行新技术与新模式示范案例分析*

摘　要：　本报告选择广州市自动驾驶示范应用、上海市 MaaS 平台建设以及济南市定制公交运营作为典型案例，通过案例分析反映国内城市共享出行领域出现的新技术、新模式和新趋势。

关键词：　共享出行　自动驾驶　MaaS 平台　定制公交

一　广州市：城市出行自动驾驶先导应用试点

（一）试点项目概况

广州市依托国家及省市自动驾驶相关重大专项与重点工程、广州智能网联（自动驾驶）汽车示范运营政策环境、广州汽车制造与出行服务产业底蕴和多年自动驾驶测试运行基础，开展自动驾驶巴士、自动驾驶乘用车（出租车）示范应用，探索面向自动驾驶商业化的运营管理体制与政策体系、运营管理服务体系与相关标准规范、自动化运营技术体系与技术指南、出行服务新模式等。通过在场景应用、系统建设、技术迭代、生态搭建和业态融合方面的持续运营，全流程、全链条提升自动驾驶解决方案的行业成熟度，促进新一代信息技术与交通运输领域深度融合。

---

* 本报告案例素材主要来自城市交通管理部门、官方网站及相关智库机构。

自动驾驶巴士方面，分阶段在海珠区的广州塔景区、琶洲人工智能与数字经济试验区，黄埔区的中新广州知识城、广州人工智能与数字经济试验区鱼珠片区，天河区的珠江新城、天河软件园等区域开通 7 条自动驾驶巴士便民线路（含 2 条夜间线）并实施示范运营，累计投入 5.5 米自动驾驶巴士 50 辆，提供出行服务超过 102.7 万人次，运行里程超过 150.9 万公里。

自动驾驶乘用车（出租车）方面，分阶段在人工智能与数字经济试验区的 81 平方公里核心区域（含琶洲、广州大学城、广州国际金融城、鱼珠等连片区域构建的“一江两岸三片区”）实施示范运营，累计投入自动驾驶巡游出租车 110 辆、自动驾驶网约出租车 100 辆，提供出行服务超过 35.6 万人次，运行里程超过 776.4 万公里，运行时长超过 66.6 万小时。

（二）试点技术应用

1. L4级自动驾驶全栈式软硬件解决方案

自动驾驶巴士、自动驾驶乘用车（出租车）均搭载车载自动驾驶系统和人车交互系统，采用以深度学习为核心的人工智能技术，以一套强通用性的算法实现自动驾驶汽车全场景、全天候的覆盖，以全栈式软硬件解决方案实现 L4 自动驾驶出行应用。

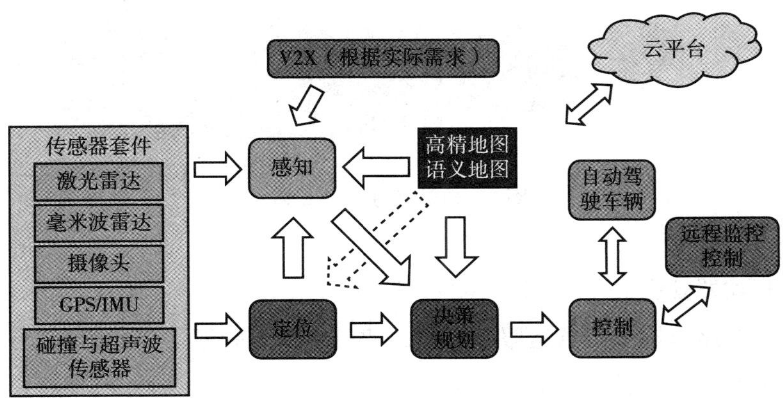

图 1　自动驾驶系统的核心框架

自动驾驶巴士采用宇通公司小宇车型，车身 5.5 米，自动驾驶乘用车（自动驾驶出租车）采用东风日产轩逸车型与广汽埃安车型，均安装激光雷达、摄像头、毫米波雷达、GPS/IMU 等传感器，实现车辆周边环境、交通信号灯、交通标识的感知以及辅助定位等功能。各车型提供的自动驾驶汽车具备线控底盘（制动、转向等）达到 L4 级自动驾驶水平，在城市道路限速要求下，自动驾驶出租车最高车速可达 100km/h，自动驾驶微型巴士可达 40km/h，并通过车内 HMI 设备可以展示自动驾驶及 V2X 车路协同的内容。

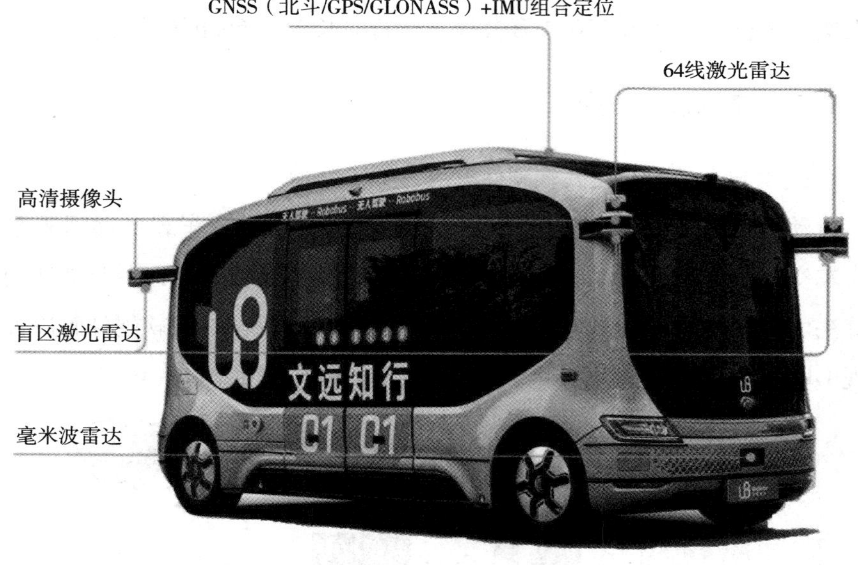

图 2　自动驾驶小巴车型

2. 自动驾驶巴士自动化运营能力解决方案

结合线路车辆安全营运服务需求，建设自动驾驶巴士自动化运营云控平台，实现对自动驾驶巴士的实时监控、订单与交易管理、安全管理、运营管理、用户管理以及大数据分析等功能。

针对车辆特殊道路情况所产生的卡死或系统故障等问题，建设自动驾驶

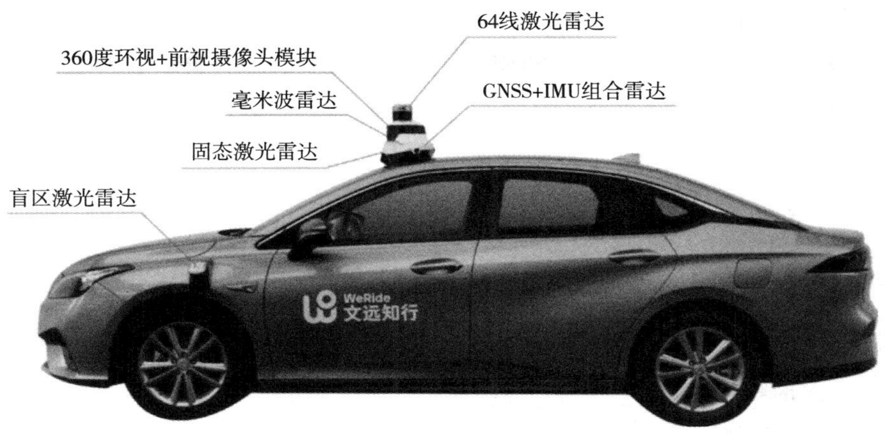

图 3　自动驾驶出租车（巡游出租）车型

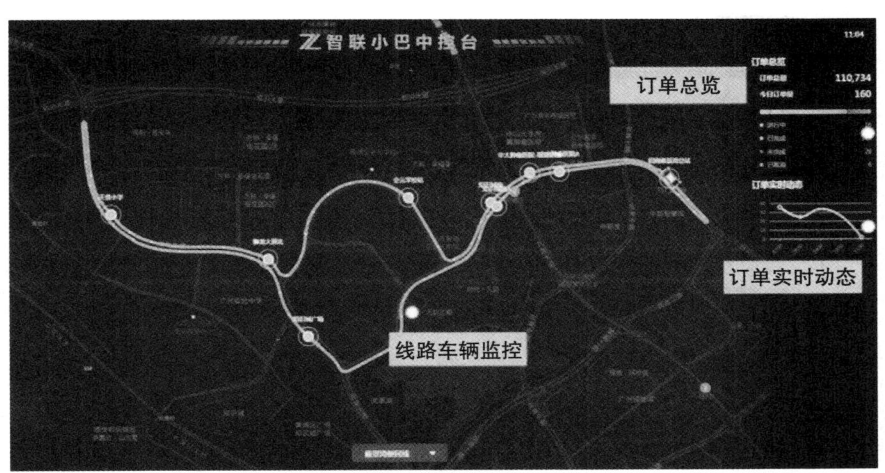

图 4　自动驾驶巴士自动化运营云控平台

巴士远程操控系统，包括云端服务模块、远程驾驶中心模块和自动驾驶车辆模块。

探索自动驾驶巴士出行服务新模式，开发自动驾驶巴士出行服务手机应用，主动收集乘客出行需求信息，优化公交线网及调度策略，面向乘客提供动态响应型出行服务，打造以乘车需求为导向的公交运营管理模式，探索便民线路、夜班车、BRT、园区运营等多种出行模式，培育自动驾驶出行服务新模式、新业态。

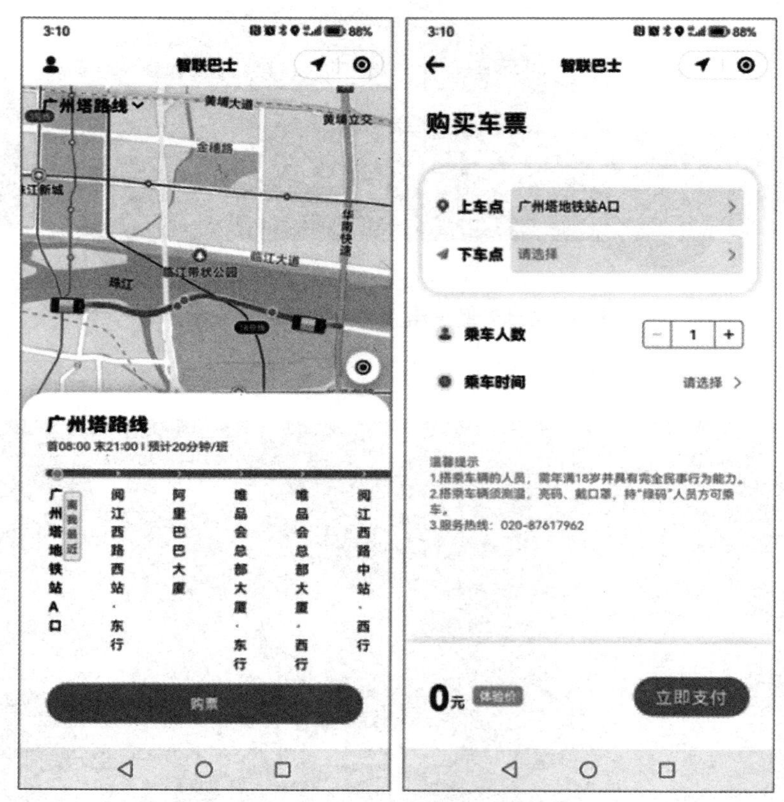

图5　自动驾驶便民巴士购票小程序

结合广州市智能网联汽车（自动驾驶）安全员培训工作指引，优先选拔并培训优秀公交驾驶员作为自动驾驶巴士随车安全员，加强安全员甄选、培训、考核、上岗、监督等全周期管理，夯实试点运营工作的安全底线。

加强运营配套保障体系建设，总结形成了自动驾驶小巴车辆运营管理服务体系，制定了《自动驾驶公交营运调度管理办法》《自动驾驶公交运营安全管理标准》《自动驾驶公交车辆维护技术规范》等自动驾驶运营管理制度与标准规范。

3. 自动驾驶出租车自动化运营能力解决方案

在如祺出行平台的基础上，建设自动驾驶出租车自动化运营云控平台及手机应用，实现以乘客安全为基础、以出行效率为目标、以乘坐体验为导向，通过对接并打通相关的自动驾驶车辆的系统和数据链路，实现乘客下单、上车、行程、下车、结账、后续跟进服务的全链路一体化管理，用存量成规模的有人驾驶出租车队对自动驾驶出租车进行运营兜底，保障乘客全场景、全天候、全时段的出行需求，主要功能包括自动驾驶出租车手机应用模块、混合运力派单调度模块、自动驾驶运营车队管理系统、自动驾驶运营中心监管系统、自动驾驶“出行—车服”超级服务站等。

打造“混合运营”服务模式，将乘客打车订单按照不同起点、终点、途经区域、天气状况、路面状况等维度进行动态分析和归类，根据自动驾驶系统的运行设计域（ODD），将符合自动驾驶系统运行条件的订单派发给自动驾驶出租车，将其余订单派发给有人驾驶出租车，保障乘客出行的高效和安全。

加强运营配套保障体系建设，总结形成《自动驾驶车辆保险管理办法》《自动驾驶车辆出库管理办法》《自动驾驶车辆档案管理办法》《自动驾驶车辆年审管理办法》《自动驾驶车辆盘点管理办法》《自动驾驶车辆入库管理办法》《自动驾驶车辆事故理赔管理办法》《自动驾驶车辆违章管理办法》《自动驾驶车辆维保管理办法》《自动驾驶车辆物料管理办法》等自动驾驶运营管理制度与标准规范。

4. 促进广州市自动驾驶科技创新与产业发展

广州市自动驾驶先导应用试点项目的开展，对于促进自动驾驶科技创新与产业发展具有重要作用。一是加强了涵盖汽车生产企业、运营企业、科技企业等的自动驾驶产业生态建设与迭代优化，促进形成更稳固的网状合作关系。二是通过实践积累政策法规与标准规范制定经验，为广州市制定和完善

"1+1+N"混行政策体系提供了有效支撑。三是积累了涵盖汽车生产企业、运营企业、科技企业等的多方管理协作经验，提升了自动驾驶运营安全风险识别、预防、应对能力，大幅提高自动驾驶运营服务质量。四是促进了自动驾驶科技创新与学术交流，主办或参与全球可持续交通高峰论坛"智行其道，驶向未来"边会、自动驾驶生态论坛、自动驾驶学术研讨会等 10 余场。五是加强了公交、出租、网约车等运营企业在自动驾驶领域的管理制度建设与专业人才培养，支撑形成企业制度与企业标准等 18 项，培养公交、出租、网约车安全员 300 余人。

（三）运行模式探索

1. 率先探索"运驾分离"的自动驾驶巴士运营服务模式

广州公交集团以管理好"AI 司机"、运营好"AI 司机"为切入点，将自动驾驶巴士以便民线方式融入城市公交运营体系，探索提供"运驾分离"模式下的 L4 级自动驾驶巴士运营服务，由公交运营企业负责线路车辆运营，科技企业负责车辆驾驶（AI 司机），实现传统公交企业运营与驾驶一体化管理的转型升级。目前，广州公交集团已开通自动驾驶便民巴士线路 7 条（含 2 条夜班线），投入 50 辆自动驾驶巴士分批次轮换进行载客测试。乘客可通过微信智联巴士购票小程序预约和购买自动驾驶便民巴士车票，或前往自动驾驶便民巴士乘车站点，通过扫描车门上的二维码进入智联巴士购票小程序购票乘车，并在进入车厢后核销车票。自动驾驶巴士线路的具体线路运行模式如图 6 所示。

2. 首次实现了自动驾驶出租车"混合派单"服务模式

如祺出行首次将自动驾驶乘用车以混合派单模式融入出租车（网约车）运营体系，平台根据等候时长、距离、路况、天气等多维度最优原则，进行全局派单调度，智能匹配普通网约车和自动驾驶乘用车，实现了混合派单与出行服务。在出行服务中，用户无须特意切换到独立的自动驾驶出租车入口，只需在如祺出行 App 首页的"打车"服务中输入上下车地点，由平台智能匹配有人驾驶出租车和自动驾驶出租车提供服务。

线路长度：9公里

站点分布：7个站点

运营时间：8:00~21:00

车　　速：20~30km/h

配车数量：6辆

发车密度：12:00~15:00时间段每30分钟一班，其他时间段每20分钟一班

图 6　广州塔线基础信息

自动驾驶出租车混合运营将通过全量用户日常出行的真实热点场景和数据，联合自动驾驶公司持续调整上下车点密度，减少用户上下车的步行距离，逐步解决当前限制了自动驾驶出租车商业化的上下车点密度不足这一难题。如用户订单匹配到自动驾驶车辆服务，用户在畅享前沿技术带来的高品质出行服务的同时，也将享受到比有人驾驶车辆更优惠的价格。同时，基于用户实际出行场景和上下车点等运营数据，如祺出行于广州市区内已布局落地近百座自动驾驶出租车站，优化自动驾驶乘车服务与乘客线下体验。

图 7　如祺出行自动驾驶车站

3. 社会与经济效益分析

社会效益方面，一是针对公共交通行业普遍存在的人力成本上升、劳动力短缺且老龄化严重等问题，通过 AI 司机取代人类驾驶员，有效降低公交车、出租车、网约车等运营企业的人工成本。二是基于自动驾驶技术为车辆提供多重行车安全保障功能，提升了驾驶过程的安全性与舒适度，试点期间实现零安全责任事故。三是通过在特定区域、特定场景为乘客提供新的出行服务模式和出行方式，满足了人们新的出行服务需求，培育自动驾驶产业新业务、新市场和新生态。四是推动广州市“1+1+N”混行政策体系制定与实施工作，形成行业应用方案，辐射带动广州市、大湾区乃至全国自动驾驶发展。

经济效益方面，一是加速推动汽车产业与新一代信息技术的深度融合，形成智能网联汽车自主可控完整的产业链，加快推动具备高级别自动驾驶功能的智能网联汽车逐步实现规模化商业应用。二是促进智能网联汽车产业链上下游以及与相关行业间的有效融合，推动广州汽车产业向电动化、智能化、网联化方向发展，推动路测基础设施电子化发展，带动产业链企业创新发展，支撑广州经济高质量发展。三是加快推动智能制造、人工智能等新技术在汽车制造中的应用，促进互联网技术在出行服务中的应用，促进汽车制造、公共交通等传统行业的革新与转型升级。

（四）政策创新方面

1.“1+1+N”混行政策体系

基于项目实施及前期自动驾驶相关工作，广州市在全国率先提出智能网联汽车“混行试点”的工作理念，发布《关于逐步分区域先行先试不同混行环境下智能网联汽车（自动驾驶）应用示范运营政策的意见》（以下简称《指导意见》）、《在不同混行环境下开展智能网联汽车（自动驾驶）应用示范运营的工作方案》（以下简称《工作方案》）两个基础文件，提出建立“1+1+N”的混行政策体系，围绕“市级层面发布两个‘1’，相关部门和混行试点区根据自动驾驶混行管理实际，出台若干个‘N’配套文件”的政策规划思路，先后制定了 9 项配套政策，其中准入政策 3 项、运营政策 4 项、评估政策 2 项。

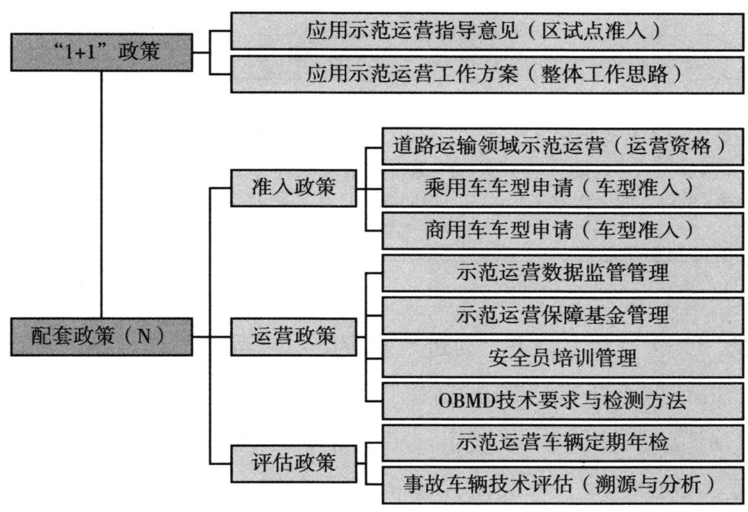

图 8　广州“1+1+N”混行政策体系

作为广州市智能网联汽车混行政策重要的基本指引性文件，“1+1”总体政策对智能网联汽车产业发展具有重要的推动作用：率先提出分阶段混行试点，探索破解城市交通管理难题路径；高位推进，分工明确，组织保障有力；准入条件清晰，示范运营工作有章可循；监管流程规范，进退机制完善。

表 1　广州“1+1”总体政策

序号	政策	主要内容	创新举措
1	《关于逐步分区域先行先试不同混行环境下智能网联汽车（自动驾驶）应用示范运营政策的意见》	从基本原则、目标和任务、保障机制等方面提出了明确要求	率先提出混行试点区，秉持公共安全最大化、运营风险最小化和统筹推进原则，逐步分区域推进试点工作 鼓励先行先试，建立容错纠错的宽容监管制度，营造鼓励创新、宽容失误、审慎问责的环境氛围

续表

序号	政策	主要内容	创新举措
2	《在不同混行环境下开展智能网联汽车(自动驾驶)应用示范运营的工作方案》	从组织架构、范围及场景、准入条件、事故和违法处理要求、退出机制及职责分工等方面明确了自动驾驶示范运营工作的具体操作指引	因地制宜,充分结合广州市智能网联汽车产业发展的实际需求,对示范运营行为提出明确要求

紧随“1+1”总体政策，为进一步理顺示范运营工作机制，规范示范运营行为，混行试点各参与部门先后制定了9类“N”项配套政策，围绕智能网联汽车示范运营指引、乘用车（商用车）车型认定、保障基金管理、安全员管理、数据管理、车载监控设备技术规范、定期检验、事故评估等方面，细化了示范运营具体实施规则，规范了数据监管使用，保障了网络数据安全，优化了先行赔付机制，深化了安全员培训管理工作，建立了可追溯、可追责的车辆安全和事故评估鉴定机制，逐步夯实拓展“N”的内涵和外延，完善了广州市智能网联汽车示范运营政策体系。

根据广州市智能网联汽车“1+1+N”混行试点政策体系，自动驾驶应用落地分为道路测试、示范应用和示范运营三个阶段。其中，道路测试阶段对应三部门文件规定的道路测试和示范应用阶段，车辆申领机动车临时行驶车号牌，不允许收费；示范应用阶段的车辆申领机动车临时行驶车号牌，允许试点收费；示范运营阶段的车辆申领机动车正式号牌，允许收费。在各阶段的进阶路径上，示范应用和示范运营均从道路测试阶段进阶而来，区别在于申请示范运营的车辆必须通过车型认定评审。试点按照“车型入工信局目录+公安颁发正式车牌+加装自动驾驶解决方案+办理运输经营许可+每年组织车辆年审”的管理思路，探索并实行智能网联汽车持正式牌照并允许收费的示范运营模式。

2. 协同组织方面

（1）组织模式与组织架构

为保证项目的顺利实施，保障实施效率和效果，成立建设工作小组。工作小组组长单位由广州市公共交通集团有限公司、广州市交通运输局、交通运输部科学研究院组成，成员单位由广州巴士集团有限公司、文远粤行（广东）出行科技有限公司、广州宸祺出行科技有限公司、广州羊城通有限公司、广州文远知行科技有限公司、香港科技大学（广州）、深圳一清创新科技有限公司、高新兴科技集团股份有限公司、广州市白云出租汽车集团有限公司、广州汽车集团股份有限公司、工业和信息化部电子第五研究所等组成，共同开展项目的建设、运营和管理实施工作。

项目由广州市公共交通集团有限公司牵头统筹资源，交通运输部科学研究院提供行业指导，广州巴士集团有限公司为主体开展自动驾驶巴士应用，广州宸祺出行科技有限公司和文远粤行（广东）出行科技有限公司为主体开展自动驾驶出租车应用。

（2）工作机制

试点项目实施以来，建设工作小组按照“统一协调、统一部署、统一落实、统一考核”的原则，制定建设工作小组会议制度，每季度定期开展试点项目工作交流会，由各场景牵头单位汇报试点项目工作进展，分析沟通试点项目建设中遇到的问题，并对试点项目建设工作进行顶层设计和统筹安排。

（3）保障措施

政策保障方面，在项目实施过程中安排专人负责国内外自动驾驶相关法规及政策收集与梳理工作，对于政策变动信息在核心管理会议或者管理例会进行专题讨论，同时积极与广州市自动驾驶相关政府部门进行沟通，全力保障项目实施的安全性及可行性。

资金保障方面，各单位充分吸收依托工程项目建设成果，多方积极争取工信、发改、科技、交通等产业创新项目支持，与项目工程示范形成合力，着力打造特色明显、影响力强、示范作用突出的自动驾驶示范运营项目。除项目依托工程经费支持外，其余部分由各参与单位按工作分工自行兜底解决。

技术保障方面，项目参与单位共同组成创新联合体，制定整体技术保障措施，共同开展项目的研发工作，保证项目按期完成。同时，充分发挥用户单位市场应用主体优势，深度分析市场需求及其转变演化，以市场需求为导向开展技术解决方案研发，保障项目成果的技术成熟度和复制推广性。

安全保障方面，配备支持24小时×7天专业应急处置人员，制定交通事故、车内冲突、意外人伤等事件应急处置预案及应对措施，确保自动驾驶运行安全，并提供相应保额的交通事故责任保险或自动驾驶道路测试事故赔偿保函，以及相关座位险、人身意外险等必要的商业保险。

网络安全保障方面，建立身份认证机制，对车载设备、路侧基础设施等参与主体的身份合法性进行安全认证，通信过程中对消息进行加密、完整性验证及抗重放保护，确保消息在传输过程中不被伪造、篡改、重放，并对用户真实身份标识及位置等敏感信息进行加密，防止用户隐私信息被泄露。

二　上海市：MaaS 平台建设案例

2022年1月，上海随申行智慧交通科技有限公司（以下简称“随申行”）成立，注册资本8亿元。“随申行”的成立，标志着上海城市级 MaaS 系统建设工作正式启动，其中囊括两大公共交通企业——上海申通地铁集团有限公司与上海久事（集团）有限公司。

（一）创立合资公司启动 MaaS

在随申行背后，上海汽车工业（集团）有限公司相对控股35.02%，上海久事（集团）有限公司持股30%，上海申通地铁集团有限公司持股30%，上海仪电（集团）有限公司、上海城建投资发展有限公司、上海市信息投资股份有限公司各持有1.66%的股份。上海申通地铁集团有限公司主要运营全市所有轨道交通，上海久事（集团）有限公司主要负责地面交通的运营服务，上汽集团作为上海最大的市属国有企业一直参与上海市共享汽车和共享出行等出行服务领域。六大国资股东中，除上海城建投资发展有限公司、上海市信息投资股份有限公司两家有少量非上海本地国资参股之外，其余均为上海市国资委及下属单位100%全资控股的市属国有企业。

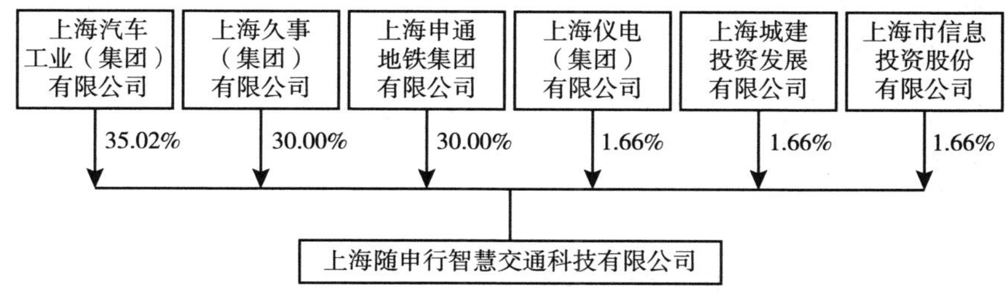

图9　上海随申行股权结构

显然，上海MaaS项目也属于政府主导模式。这种模式下，凭借政府监管可确保出行服务的公平与质量，同时有利于引导城市交通有序发展。2021年初，上海市交通委就在为MaaS项目做方案，根据上海市政府工作报告，上海轨道交通运营线路总长从2017年的666公里增加到831公里、继续在全球城市中保持第一的位置。上海作为中国首个“世界智慧城市”，积极利用数字化造福民生。因此，率先建成5G和固定宽带“双千兆”城市。形成便捷就医服务、为老服务一键通、出行即服务（MaaS）等一批数字生活场景。建设上海MaaS就是服务于上海的绿色低碳转型、数字化转型等目标。上海随申行的建立得益于上海市政府希望在数字经济建设中打造世界领先的数字中心的顶层设计。MaaS一体化出行服务将成为在超大型城市中打通企业间数字壁垒、以数字化技术提升公共事业运行效率的交通领域先行者。

MaaS生态系统根据功能可分为交通基础设施提供商、出行服务供应商、MaaS集成商、MaaS运营商和终端用户五大类参与者。上海MaaS项目的集成商是随申行公司。“随申行”是由上海市交通局主办、市国资委参与、市国企三家行业头部企业领衔的数字化城市治理体系现代化项目，是国内第一家政府自主建设的超大城市级出行服务数据平台公司，是政府支持下的企业合作。

随申行自建了服务 App。随申行 App 与现有的出行 App 不存在绝对的竞争关系。未来上海 MaaS 也将与互联网公司合作，如将服务入口嵌入百度等地图平台，嵌入支付宝等生活服务平台。让城市出行用户只需建立一个 MaaS 账户，就可以在任意平台实现一码出行。未来上海 MaaS 与互联网公司的合作将进一步加强，既相互引流又向互联网企业学习更多数字服务行业的先进经验。

上海 MaaS 集中的出行服务供应商包含公交、地铁、出租车和轮渡等城市主要交通参与主体，以及交通基础设施层提供商。上海申通地铁集团有限公司是一家集轨道交通投资、建设、运营管理、资源开发和设计咨询为一体的大型国有企业，是上海轨道交通投资、建设和运营的责任主体。上海久事（集团）有限公司是上海市属大型公共服务类国有企业，是上海最大的地面公交、出租公司。另外，上海城建投资发展有限公司是隧道股份的全资子公司。

（二）发展历程

2022 年 1 月，上海随申行智慧交通科技有限公司成立。在上海全面推进城市数字化转型和交通强市建设的背景下，交通出行一体化 MaaS 成为上海交通行业数字化转型的重要发展方向。上海市交通委提出上海 MaaS 的特色理念：推进交通信息共享化、运输模式一体化、出行服务人本化、绿色出行低碳化。

2022 年 10 月，上海市绿色出行一体化平台“随申行”App 1.0 版正式上线。App 聚焦公交、轨道交通、轮渡等公共交通，以及一键叫车、智慧停车等出行服务。

2022 年 11 月，上海市出行即服务联盟成立。在上海市交通委员会主办的第二届智能交通上海论坛上，上海市出行即服务联盟正式成立。基于该联盟，随申行公司与多家联盟内单位达成战略合作意向，打通“数据孤岛”，探索产品创新。例如，随申行与上海 IPTV 业务平台百视通共同推出家庭电视数字化出行助手“TV 智享出行产品”，在业内首次实现出行服务的“大小屏联动”，打通社区出行服务的“最后一公里”。又如，为进一步建设交通数据要素市场一体化运行机制，随申行与上海数据交易所达成战略合作意向，共同探索交通领域公共数据授权运营，加快推进数据产品挂牌交易，最大程度地实现交通大数据反哺市民。

2022 年 12 月“随申行”一码通行实现。上海市民可使用随申行 App、随申办 App、上海交通卡 App 等渠道的“随申码”“乘车码”，在市内全线轨道交通（含磁悬浮）、地面公交、轮渡（含三岛客运）等公共交通工具上实现“刷码”通行，并享受公交与轨道交通（不含磁悬浮）间换乘优惠且无须切换 App。

2023 年 1 月，上海市绿色出行一体化平台“随申行”App 在各大应用商城正式上架，启动 2.0 试运营。“随申行”App 2.0 版拓展网约车、共享单车等市内出行方式以及一键拖车等车生活服务等内容，实现航空、铁路、轮船等数据及功能的接入，持续以“出行即服务”（MaaS）系统建设引领交通行业生活数字化转型。

2023 年 4 月，随申行上线“上海车展出行服务专区”，为观众提供智慧出行、展馆地图检索、周边信息查询等服务，方便市民高效规划观展行程。为引导市民合理规划进博出行方式，随申行“进博会出行服务专区”为展商和观众提供行前智能规划、行中服务指引、行后绿色激励的一站式出行体验。

2023 年 7 月，“随申行”官方 IP 形象“申兜兜”于上海节能宣传周开幕首日正式“出道”。“申兜兜”是以“人”字部分形似双腿为创意设计的全新 IP 形象，既表明“随申行”以人为本的理念，也形似箭头，取意“行走/出行”，旨在为出行指明方向。与此同时，“随申行”App 内原“绿色积分”也改名为“兜豆”，用户在端内打车出行、养成游戏、完成任务等将获得“兜豆”奖励。

2023 年 7 月，上海市生态环境局、市交通委共同发布上海市碳普惠绿色出行示范场景。该示范场景由市交通委委托授权本市 MaaS 系统建设运营主体——随申行公司负责建设运营，市民出行无论是乘坐地铁、公交还是轮渡，都可以通过“随申行”App 一码通行，获取减排量，进而兑换碳积分。

2023 年 12 月，“随申行”App 推出英文版。2024 年 4 月 17 日起，“随申行”App 英文版上线“实时公交”信息查询服务。

2024 年 5 月，“随申行”App 正式启动鸿蒙系统原生应用开发，并于 9 月底入驻华为应用市场。鸿蒙作为华为自主研发的操作系统，其强大的安全性和智能化特性可以满足不断增长的用户需求。

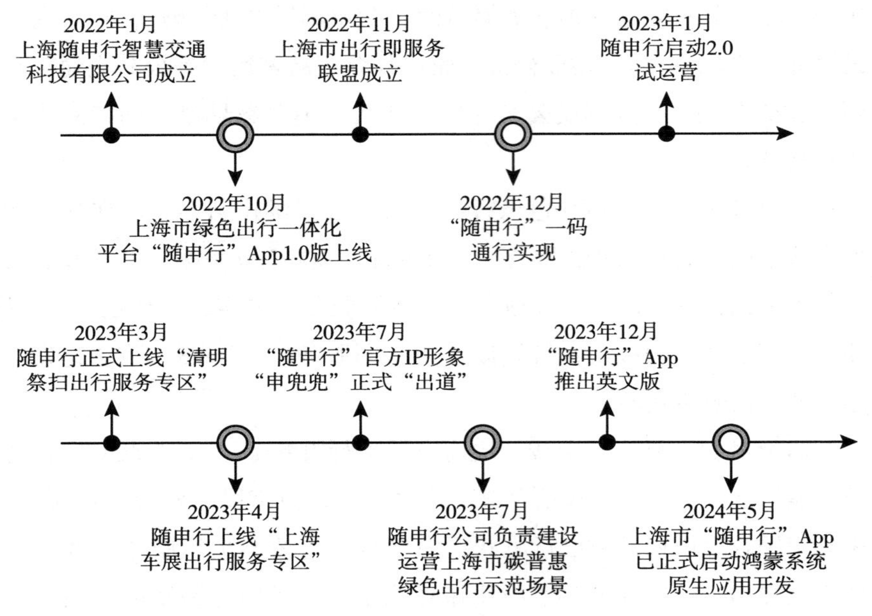

图 10　上海随申行发展历程中主要事件

（三）未来规划

“随申行”未来发展围绕 MaaS 1.0~4.0 的建设目标。其中，MaaS 1.0 逐步打通行业“数据孤岛”。MaaS 2.0 整合网约车、共享单车、航空、铁路等交通出行方式，实现“一码通行”“一扫通行”“一票支付”。MaaS 3.0 阶段将以更完整的生态、更多元的功能，构建市民的生活服务生态圈。比如，“逛逛”板块已陆续接入相关景点。MaaS 4.0 阶段将实现长三角一体化出行试点示范工作。随申行正在积极探索与长三角一体化示范区内公交信息共享，并以此为切口，将利用区块链技术，与苏州、嘉兴等城市探索跨平台“一码通行”研究。

在不断将出行服务和数据聚合至 MaaS 系统的同时，随申行也把服务和数据输出到更多的平台，以期触达和覆盖更多的市民。“随申行”充分发挥上海 MaaS 平台整合公共出行服务入口的优势，与各大互联网公司展开积极对接，将“一码通行”便民项目做精做细做实，为市民提供更丰富多元的出行方式、更全面周到的一站式绿色出行服务。随申行聚焦交通出行领域，依托场景打造标准化数据产品，建立数据资源可能的应用价值图谱，打造全维度的数据产品矩阵，并依托数据交易所规范交易行为。从个人服务、企业赋能和公共管理三方面实现 MaaS 数据产品三大转变，赋能市民出行服务、企业效率提升和城市交通治理。到 2025 年，该平台将实现实时、全景、全链交通出行信息数据共享互通，建设融合地图服务、公交到站、智慧停车、共享单车、出租车、充电桩等统一预约服务平台。

（四）上海 MaaS 的碳普惠探索

回顾绿色出行低碳转型的初心，2022 年 11 月第五届中国国际进口博览会期间，随申行向展商与观众开放了“零碳会议”功能。每一位使用该功能的用户都能够上传个人进博会期间的绿色出行方式，自动呈现碳减排量，获得进博徽章。进博会期间，随申行还将深度挖掘 MaaS 出行数据，形成进博交通出行碳排放的实时展示。

2023 年 1 月，上海市绿色出行碳普惠平台试行版于支付宝小程序上线。试行版小程序个人碳账户中，用户可查询个人名下碳减排总量，以及碳减排获取来源和明细记录，如一次公交或地铁出行 10 公里可减碳约 1kg。上海市绿色出行碳普惠平台实现的是用户普惠前置，可以做到真实记录和量化每一次减碳出行方式。

2023 年 7 月，根据上海市碳普惠“1+4”顶层设计，市生态环境局、市交通局共同发布上海市碳普惠绿色出行公交、轨交、轮渡、共享单车等碳减排场景。该示范场景由上海市交通委委托随申行建设运营。在产品规划上，除了推进 MaaS 多元票制试点，公共交通“乘十免一”，逐步打造基于公共交通出行服务的权益包产品并已面向外地游客及本市中长距离出行市民推出“联程日票”产品。

2024 年 5 月上海节能宣传周期间，“随申行”推出系列绿色出行福利活动，引导市民选择更加环保的出行方式，让“绿色、低碳、环保、节能”成为市民生活常态。

（五）总结

上海 MaaS 主打政府支持的企业合作模式，因而在整合资源和企业合作方面基础扎实、发展得更快。经过两年的快速发展，上海 MaaS 已在提高出行体验、提升支付效率、一体化功能等方面有了不小的成就，引领上海市的低碳绿色出行发展。

从发展路径来看，上海随申行走的是一条“打造数字交通底座——自建 MaaS 服务入口，推广‘一码通行’——与互联网企业相互引流合作”的发展道路。在短短的一年时间内通过“轨道交通+公交+轮渡”的组合出行方案实现了数据查询、行程规划、票务、支付等环节的打通，真正地提升了老百姓的出行体验和支付效率。而后更是完善了更多生活所需的服务功能，逐步实现一体化功能，引领上海市民低碳出行，持续提升中心城绿色交通出行比例。依靠企业合作的力量，用两年时间展现了数字出行的方便、快捷，逐步推动绿色交通一体化，实实在在给城市居民带来便利。借助城市数字经济的发展，提升 MaaS 一体化出行服务水平。

上海 MaaS 在经营模式方面需要关注的难点主要集中在 App 运营的经验、产品和服务的商业化水平都需要向互联网企业看齐。在解决好数字技术问题的同时，实时关注用户体验感，保障一体化出行服务的先进性和服务质量。一是尽快探索组合出行数据反哺生态圈成员的模式，增加生态圈企业成员的黏性；二是在绿色出行定位的基础上探索更多样的特色应用场景，聚焦更多的特色出行群体，增强终端出行用户的黏性。

三　济南市：打造定制公交“济南模式”

近年来，多个城市已开展定制公交的有益探索，但模式各不相同。济南市经过多年摸索，在发展目标与定位、制度建设、运营管理、宣传推广、长效机制等方面总结出了一套定制公交运营管理的模式。

（一）发展历程

2013 年 8 月，济南开启定制公交调研，主要面向一些不具备常规公交开通条件的大型社区。9 月，济南公交开通西客站——机场快速专线和济南公交 706 路两条定制公交线路开始试点示范。2014 年 1 月，济南公交“温情 1+1”定制公交 6 条线路开通运营。3 月，济南定制公交 8 号线、9 号线开通运营。2018 年 7 月，济南公交面向全社会公开征集定制公交 LOGO 标识。8 月，济南公交联合滴滴出行推出的济南定制公交“爱巴士”首批 39 条线路正式上线运营。2019 年 6 月，济南公交自主开发定制公交平台，截至 2023 年 12 月定制公交线路数达到 890 条、线路长度 14794. 9 公里，形成通勤拼团专线、团体定制专线、书香勤学专线等多种模式，日均客运量达到 3 万人次，在全国同行业处于领先水平，实现了以乘客为中心，让乘客自主设计线路走向、停经站点、发车时间，公交服务由“端菜式”向“点菜式”的转变，是积极推进公交新旧动能转换的重要举措。

图 11　济南定制公交运营线路

（二）强化服务理念，明确发展目标与定位

强化“以需求为导向”的乘客服务理念，牢固树立以人民为中心的发展思想，把市民的出行需求作为第一要务，实现市民出行“按需定制”。济南市提出将定制公交打造为公交集团第二大服务产品的发展思路，明确提出新产品发展的“三大”服务要求和“四新”目标定位，积极打造全国定制公交“济南模式”（见图 12）。

“三大”服务要求：服务原则——市民有需求、公交有响应；服务模式——使传统公交的“端菜式”服务转向“点菜式”服务；服务要求——公交车就是老百姓的私家车、公交驾驶员就是老百姓的“专职司机”。

“四新”目标定位：开拓新产业——引领公交行业新变革；拥抱新业态——实现市民出行“按需定制”；打造新模式——撬动公交增量市场；应用新技术——解决供需新矛盾。

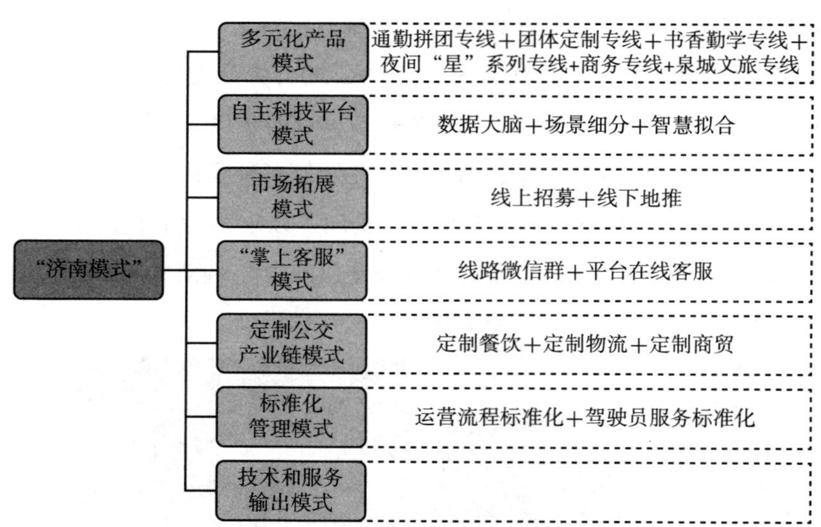

图 12　打造全国定制公交“济南模式”

（三）注重制度建设，搭建定制公交制度框架体系

正所谓纲举目张，一切改革都应以制度建设为首要工作，一套合理稳定的制度是改革顺利进行的重要保证。结合工作实际，济南市制定了《济南定制公交业务综合管理办法》《定制公交激励办法》《学生类定制公交运营管理规定》等一系列文件，明确了定制公交的服务理念、服务方式、外部服务与服务规范、统计与管理标准、内部管理与职责分工、创收奖励办法等。

（四）利用技术手段，实现需求和供给精准匹配

以信息化技术融入定制公交服务管理。从最初的依托滴滴出行 App 平台开展定制公交业务到转入济南公交自主研发的新平台，依托“济南公交定制公交”微信小程序运营，以“掌上客服大厅（微信群小程序在线客服）”的方式运营维护，搭建在线客服平台，加强与乘客点对点实时互动，精准满足乘客出行需求。

通过平台，可实现线上查询、线上定制、线上开线、线上购票、线上设置虚拟站点、线上验票、线上客服。平台采取“乘客端+司机端+后台管理端”模式，乘客端实现购票、验票以及信息查询功能；司机端实现司机查看行程、乘客乘车信息、上传实时位置、到站语音报站提醒功能；后台管理端定期通过 OD 数据拟合等方式生成定制线路，通过平台在供给与需求之间搭建起桥梁，利用平台发现需求、分析需求、响应需求、满足需求、创造需求、引领需求，实现需求和供给精准匹配。

（五）细分市场需求，建立新型服务模式体系

济南定制公交把细分市场需求作为重要前提，积极探索建立新型服务模式体系。根据出行场景的不同，探索制定出多种定制公交服务专线，实现出行场景的多元化服务。

第一，针对济南市东西狭长发展、职居分离造成的通勤距离远、时间

长，商务片区上班人员密集、通勤出行需求旺盛的特点，推出通勤拼团专线。通勤拼团专线采用哑铃型站点设置方式，站点集中设置在社区和办公区域附近，减少中途停靠，达到“点对点”“门对门”一站直达的效果，解决市民职住分离长距离出行需求，让市民上下班通勤越来越便捷、舒适、高效。

第二，针对企业在增加员工福利，解决职工上下班路程远、停车难的问题，推出团体专线。团体专线针对市内企业客户的员工通勤需求，由企业承担全部或部分费用，按照企业要求制定专属线路，灵活调整发车时间。团体专线相比企业包车服务，可以大幅降低企业成本，利用公交专用道资源大大提升通勤效率，可以量身定制企业专属车贴、企业文化等增值服务。

第三，针对学生上下学期间面临的停车难、周边道路拥堵、家长没时间接送的出行痛点，推出书香勤学专线。书香勤学专线是根据学生的出行需求，定制的连通学校与居民区的公交线路，以“实现家门口上车、一键直达学校”为服务宗旨，既保证了学生出行安全，也帮助家长解决接送孩子上下学的问题。

第四，为助力济南市夜经济发展，更加精准地服务市民的夜间出行需求，济南公交积极探索推出夜间“星”系列专线。“星”系列专线以连接夜经济商圈和大型社区为主，精准高效地服务市民、游客在夜间观光、娱乐、休闲、商贸活动等方面的出行需求。济南公交为定制“星”系列专线的商家提供24小时不打烊服务，为商家进行车内设施专属定制，打造流动的“带货直播间”。

第五，针对重要交通枢纽和大型社会活动的动态变化出行客流，为市民更有序、更高效地乘车疏散，推出商务专线“动态巴士”服务。基于大数据分析预设走廊，可根据需求动态发车，围绕大型社会活动和重要交通枢纽的人流变化，为外地旅客、歌迷、球迷等群体提供商务专线“动态巴士”专线服务。

第六，依托济南市优质的旅游资源和深厚的文化底蕴，围绕市民、游客文旅出行场景，推出泉城文旅专线。泉城文旅专线作为新型旅游业态专线，秉持“公交+旅游+文化”的核心经营理念，打造了“甜蜜蜜”婚车系列、“神兽”研学系列、“曲山艺海”系列等一批富有济南特色的专项服务活动。

（六）发挥标准引领，实施标准化运营

标准助推创新，标准引领发展。济南市注重以标准化助推定制公交发展，推动规范化发展，从开线标准、停线标准、定价标准、车辆标准、线路分配标准、跨线路运行标准、票务管理标准、服务设施标准、驾驶员服务规范等方面提出明确要求，并主导起草了全国交通运输行业标准《城市定制公交服务规范》。特别是在新冠疫情防控期间，为提高广大市民、医务工作者、复工企业员工公交出行效率，推出定制预约服务的“非常标准”。

第一，开线标准。通勤拼团类线路购票人数大于 20 人（初始售票库存为 50 张）即可开通线路。同时，鼓励创新，按乘客需求推出新模式、新业务、新产品。

第二，停线标准。通勤拼团类线路运行后，连续 3 日购票量低于 5 人的，线路停运；线路运行后，连续 5 日购票量低于 10 人的，线路停运；线路运行后，运行 1 个月日均运量低于 15 人的，线路停运。出现上述情形中的任一种，则线路停运。

第三，定价标准。通勤拼团专线 10 公里以内 3 元/人次，超过 10 公里，每增加 5 公里（以内）增加 1 元；团体专线根据车型收费，6.5 米车半天/300 元、全天/450 元，8 米车半天/350 元、全天/600 元，10 米车半天/400 元、全天/680 元，12 米车半天/450 元、全天/750 元；书香勤学专线线上定制标准参考通勤拼团专线，线下定制标准参照团体定制专线；夜间“星”系列专线、商务专线、泉城文旅专线结合市场情况定价。作为市场化产品，定制公交线路所有乘客凡占用车内座位的，均需购票。不执行常规公交行李票的相关规定，不收取行李票。

第四，车辆使用。严格按照“人多车大、人少车小”的要求合理调配车型。班运量大于 30 人的班次，优选 40 座车型；班运量 20~30 人的班次，

使用 10~12 米车型；班运量低于 20 人的线路，使用 10 米及以下车型。

第五，线路分配。各营运公司自行拓展的线路由本公司运营。其他线路由企业营运市场部本着“集约化管理、就近管理”的原则，以最短出场空驶里程为依据，对线路进行合理分配。

第六，跨线路运行标准。执行定制公交运行任务的车辆，本着减少低效和空驶里程的原则，做好与常规公交的跨线路运行组织工作。执行定制公交运行的车辆，优先考虑副站停车。不具备副站停车条件的，跨常规公交线路运行。所跨常规公交线路原则上不超过 2 条。执行定制公交运行的车辆，单程空驶里程（或因跨线路产生的单程空驶里程）不得超过该定制公交线路单程里程的 1/3。

第七，票务管理。售卖周期固定线路，按照周期开放售票；售卖周期不固定线路，按需开通售票。募集失败线路，结束募集后立即退票。

第八，服务设施标准。参加定制公交运行的车辆要规范开启电子三牌，例如通勤拼团专线前顶牌统一显示“起点 S XX 终点”字样，其中“S”字体为绿色，“XX”线路号及其余字体为红色；后尾牌根据车辆实际技术状况进行调试；腰牌显示“S XX”字样，其中“S”字体为绿色，“XX”线路号及其余字体为红色；6.5 米和 8 米纯电动车在仪表盘与前风挡中间摆放由广告公司统一制作的喷绘线路牌。定制公交运行车辆内统一张贴二维码，票箱部位张贴线路购票二维码，驾驶员屏蔽门右侧或后方放置小程序二维码。

第九，驾驶员服务规范。驾驶员在出车前，提前 30 分钟登录司机端，浏览今日行程，确定各站点时间、位置、验票码的信息，若无行程及时向车队调度汇报，严格按照公交驾驶员工作职责标准做好出车前的各项检查工作，检查司机端版本程序是否为最新版，以免影响自动报站。行车中规范操作司机端，滑动司机端“开始行程”，准时发车，行驶中务必保证行驶页面始终处于打开状态，不可退至后台，不可返回首页，到站后打开车门，礼貌提醒乘客“请出示验票码”。运营结束，行至终点站待全部乘客下车后，在司机端滑动“结束行程”，结束本班次运营。

（七）优化运营流程，提升运营服务效率

济南定制公交基于运营业务的特点，逐步优化运营流程。运营流程包含需求收集、拟合线路、开通线路、市场维护四个阶段。

需求收集阶段，实现“精准发现”。采用企业营运市场部营销策划、科技公司数据支撑、各营运公司地面推广的组织形式，有平台报名和地面推广两种实施方式。拟合线路阶段，实现“精准响应”。采用“自动+人工”的组织形式，由平台自动规划设计和人工规划相结合来完成。开通线路阶段，实现“精准调度”。采用营运市场部审核、科技公司安排上线、各营运公司线路勘察的组织分工，线上招募满 20 人即可开线。市场维护阶段，实现“精准服务”。有科技公司线上客服、营运公司微信客服、公交热线人工客服三种形式，协同开展开线拉新、线路调优、微信群维护等服务。

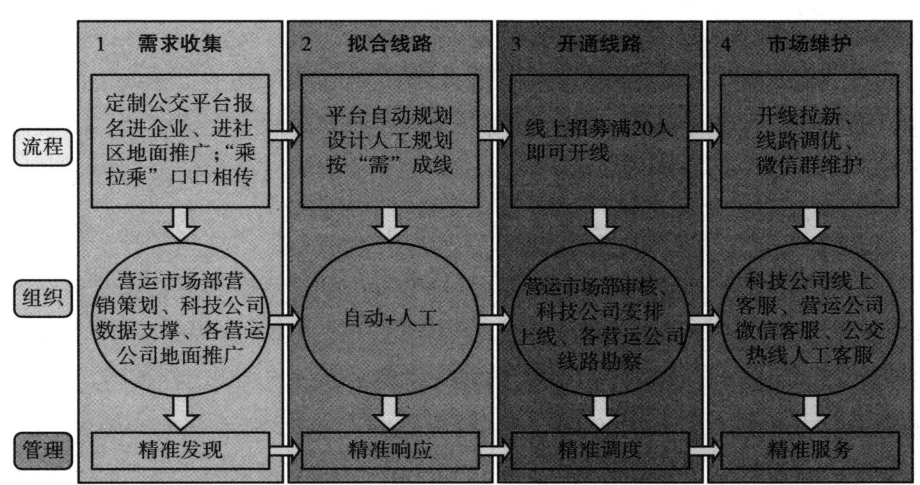

图 13　济南定制公交运营流程

（八）强化应急处置，保障服务及时高效到位

济南定制公交针对运营过程中可能发生的各种突发情况，制定了相应的

应急处置方案。

第一，线路发车时间临时调整。若线路发车时间因紧急情况需提前，无法在线上平台及时调整，线路可按照乘客需求发车，事后提交书面说明以便备案核查。

第二，如因雨雪恶劣天气、道路施工、不可抗力因素等，车辆首站无法发车运营的，应及时在乘客群内通知乘客，并短信通知乘客并办理退票。

第三，若车辆因中途停驶、事故等异常情况，无法为乘客提供运营服务或无法将乘客送到预定目的地的，应当及时调动其他车辆以继续服务；无法调配车辆继续服务的，需要向乘客做好解释工作。

第四，遇到重大自然灾害及不可抗力因素等，导致定制公交无法正常运营的情况，应及时在微信群通知乘客并办理退票。

（九）加强宣传推广，发现或挖掘乘客更多需求

根据公交企业和产品自身的特点，济南定制公交采用线上、线下两种方式，采取整体的营造以及服务模式大力推广，挖掘乘客更多的需求。在定制公交初期的推广过程中，摸索出一条可复制可推广的4R地推模式，充分利用关联、反应、关系、回报四个营销组合，达到乘客需求高效收集、精准满足，以及乘客关系长期维护的目的，以实现长期而稳定的发展。同时，公交企业以“人人都是营销员，人人都是服务员”为理念，管理人员深入线路途经小区、站点广泛宣传网上公交产品，并举行优惠活动以回报乘客，首次购票乘客获赠优惠券，开展“乘拉乘”活动，鼓励老乘客通过分享活动界面、发送推广信息，吸引新乘客参加分享活动、领取优惠券，一旦新乘客验票成功，老乘客就可获得同样数量的优惠券。

（十）完善考核体系，建立长效激励机制

为规范定制公交服务，促进服务标准化，济南定制公交对各营运公司年度经营目标进行考核，并从运行标准及考核、规范服务标准及考核、工单投

诉认定三个方面制定相应的考核评价方法。通过考核机制的不断完善，各营运公司树立目标意识，夯实工作责任，推动形成各单位创先争优、勇争先进的良好工作氛围。同时，建立创收激励机制，以积极引导、正向激励为原则，将线上定制公交和线下团体定制公交创收作为奖励依据，鼓励全员参与，人人都是市场营销员，并按贡献参与分配。制定营运分公司、基层车队创收奖励办法，设置运力二次调配贡献奖、市场营销特殊贡献奖、“明星线路”等各种奖励。

Abstract

Annual Report on the Development of Shared Mobility in China (*2023-2024*) is a comprehensive series of reports on the development of the shared mobility in China. The report is divided into five parts: General Report, Environment, Industry Development, Special Research, and City Policy Innovation.

The General Report analyses the overall situation, development characteristics, policy implementation and the trends of the shared mobility in 2023. The environment chapter analyses the main external environment for the development of shared mobility, such as the development of city public transport and shared mobility development in foreign countries. The industry chapter focuses on the development and trends of Ridehailing, carpooling, short-term leasing, shared bicycle, shared electric bicycle, demand-responsive bus and customised bus. The special research chapter analyses the hot events and focus issues of shared mobility in 2023. The case chapter provides case studies of local government shared mobility policy innovations.

It collects and publishes a large amount of data on the development of the shared mobility in 2023, predicts the relevant policies and development policies in the shared mobility in the future, and puts forward a number of recommendations to promote the healthy and sustainable development of shared mobility in China. The study devoted to a lot of value for government, enterprises business strategies, and research institutes.

Keywords: Shared Mobility; Public Transport; Policy and Law

Contents

Ⅰ General Report

Abstract: This chapter mainly summarizes the basic situation of the development of shared mobility in China since 2023. On the whole, in 2023, the orders of shared mobility generally stabilized and the quality of development continued to improve. Online ride-hailing, carpooling and car rental have grown rapidly, while shared (electric) bicycles have declined steadily. The system of shared mobility policies and regulations has been continuously improved, and the new development of shared mobility formats requires policy innovation and breakthrough. From the future, the mainstream format of shared mobility will stabilize, and the development of new formats and the breakthrough speed of intelligent technology will determine the future growth potential.

Keywords: Shared Mobility; Policies Regulations; Online Ride Hailing Service; Shared Two Wheeler

Ⅱ Environment Reports

B.2 Analysis of Urban Transport in China in 2023

Wu Hongyang, Jia Xuanqi / 017

Abstract: This report mainly analyzes the development and changes of urban transport from 2019 to 2023. During the three-year epidemic period from 2020 to 2022, the development of public bus, subway and taxi was obviously blocked. In 2023, due to the open policy, all three modes of travel increased greatly. The growth trend of urban transport in 2023 is obvious compared with that in 2022, and the seasonal changes are obvious, among which the development of taxi service is generally good. Moreover, the quality of urban transport service has also been continuously improved, constantly meeting the growing living standards and quality of people.

Keywords: Urban Transportation; Public Buses; Subways; Taxis

B.3 Analysis on the Development of International Shared Mobility in 2023

Wang Xuecheng, Xu Yan, Lin Xiaoying, Chang Hanyue and Wang Qi / 027

Abstract: This chapter mainly analyzes the development of Online ride-hailing and shared (electric) bicycle market. In 2023, the online ride-hailing market ushered in Big bounce, and the online ride-hailing trips of major countries in the world reached or even exceeded the pre-epidemic level. After the industry has entered a mature stage, the market structure is basically stable, and the focus of the industry has shifted from opening new area to defending the soil, and the quality of development has been improved. The operating situation of the major platform companies is improving, the financial situation is improving, and there is a dawn of profit. In the shared (electric) bicycle market, after the epidemic ended, with the government relaxing the blockade, the demand for two-wheeled bicycle sharing increased again. Some companies, represented by Lime and Lyft in North America, Tier and Jump in Europe, Anywheel and HelloRide in Southeast Asia, continue to expand their business scale, forming a large platform business model that aggregates various modes of mobility. Although the market prospect is improving after the epidemic, the competition among enterprises is more intense, and sharing two-wheeled vehicles is facing some new challenges.

Keywords: Online Ride-hailing; Sharing (Electric) Bicycle; Shared Scooter; International Market

Ⅲ Industry Reports

Abstract: This report mainly analyzes the market development and industry supervision of China's online ride-hailing in 2023. In 2023, the scale of China's online ride-hailing market achieved good growth, and the order volume increased by 30.8% year-on-year. From the perspective of supply and demand structure, although the scale of online ride-hailing users has increased, a large number of new capacity has flooded into the market, and the annual increment of online ride-hailing driver's license and vehicle's license has reached a new high. By the way, some citys have issued early warning of capacity saturation. From the perspective of industry structure, the market scale of self-operated platform and aggregation platform has maintained steady growth, and the industry ecology has become more complex and diverse. From the perspective of regulatory situation, the threshold of platform license and driver license has been relaxed in many places, some cities have implemented new energy vehicle access, and aggregation platforms have been included in the supervision of new transportation formats. Looking forward to the future, the scale of the online ride-hailing market will continue to grow steadily, sinking the market or becoming a new growth point, and drivers' rights will be protected better.

Keywords: Online Ride-hailing; Aggregation Platform; Integration of Taxi and Online Ride-hailing

B.5 Analysis of Carpooling Development in China in 2023

Ji Xuehong, Fei Wenjun and Shen Lijun / 080

Abstract: In 2023, the carpooling industry in China has recovered strongly and ushered in significant growth. China's ride-sharing market is highly concentrated, dominated by Hello Inc., Dida Inc. and Didi Global Inc., accounting for over 90% of the market. In the past year, the carpooling platforms have taken many measures to build a safer travel environment, explore new service models, effectively promote carbon emission reduction, and enhance user experience through technological innovation and user participation. Carpooling passengers choose to ride together because of factors such as affordability, convenience and environmental protection. There is a diversified trend in passengers' travel scenes. In addition, they also care about services such as punctuality and matching efficiency. Carpooling owners pay more attention to order quantity and platform services. What's more, saving resources and mutual trust have become important boosts for the development of the carpooling market. In the future, the policy environment will continue to affect the long-term development of the carpooling market, the platforms will continue to optimize user experience, and the carpooling market still has great growth potential.

Keywords: Carpooling; Private Car Sharing; Mutual Assistance

Abstract: In 2023, the first year after the epidemic control work shifted, the growth potential of the short-term car rental industry was further released, and this strong growth trend continued into 2024, with orders for car rental services setting new historical highs, especially during peak travel periods during holidays, when there were even scenes of one car being difficult to book. The " ebb and flow effect" was further highlighted. Leading rental companies and rental platforms further rose to prominence, driving the development of small and medium-sized rental enterprises, and the growth momentum of large chain rental enterprises was strong. Key service indicators such as vehicle cleanliness, convenience of picking up and returning the car, and customer complaint rate have all improved during the rental process. Regulatory authorities have paid more attention to the healthy and standardized development of the industry, and car rental enterprises and vehicle registration work have made different degrees of progress in various places. Looking to the future, the theme of China's short-term car rental industry is still high-quality development. Focusing on user experience and safeguarding user rights is a basic condition for achieving an advantage in the overall industry growth context.

Keywords: Short-term Leasing; Policy Supervision; Industry Outlook

In recent years, the shared bicycle sector in China has experienced significant growth and transformation. Key players like Hello, Meituan, and Didi backed Qingju have managed to maintain their prominent market positions through sophisticated operations. In big cities such as Beijing and Shanghai, shared bicycles enjoy extensive coverage, with daily order volumes and ridership numbers consistently ranking at the forefront nationwide. The integration of Beidou technology has notably enhanced parking discipline. Moreover, shared bicycles have effectively addressed and capitalized on a range of new scenarios and emerging demands. From an industry management perspective, the current approaches primarily involve the filing system and tendering process, complemented a cap of deployment. The service quality assessment mechanism is continuously being refined, with the results directly tied to vehicle deployment quotas, thereby fostering the industry's standardized evolution. Despite these advancements, the shared bicycle industry continues to grapple with challenges. These include ongoing debates regarding the legality of market access methods, the absence of standardized criteria for total volume scale estimation, and concerns about the appropriateness of operational service assessments. To tackle these issues, the report suggests policy recommendations aimed at enhancing the national and local regulatory frameworks, clarifying market access requirements, establishing standards for total volume estimation to inform local decision-making, and developing guidelines for operational service assessments to streamline the evaluation process.

Keywords: Beidou Technology; Market Access Assessments; Service Assessments; Bike-sharing

B.8 Analysis on the Development of Shared Electric Bicycles in China in 2023

Zhou Jinxiu, *Huang Yang*, *Liu Fang and Cao Ke* / 121

Abstract: The shared e-bike industry in China is poised to sustain steady growth in 2023. It is anticipated that the market concentration will decline, with smaller brands experiencing accelerated development in smaller cities. A noteworthy development during this period is the initiation of a pilot program in

attempts have been made in operating scenarios and service models in various places. This paper analyzes the current situations of demand-responsive transit services in 2022-2023, summarizes the problems existing in the operation flexibility and revenue of demand-responsive transit, predicts the development trends of customization and miniaturization according to the present situation and problems, and proposes development countermeasures from the perspectives of macro-government and micro-enterprises.

Keywords: Demand-responsivetransit; Multi-network Convergence; New Bus Business

B.10 Analysis and Prospect of Customized Bus Development in China in 2023

Hu Xinghua, *Fan Yutao* / 166

Abstract: As a new transportation organization, customized bus has gradually become a "new force" to be reckoned with in China's shared mobility market. This report includes "customized bus" for the first time. Starting with the concept of customized bus, this paper expounds the background and practice of customized bus, the development and existing problems of customized bus industry in 2023, and deduces and looks forward to the development of customized bus in 2024. At the same time, this paper analyzes customized bus from the perspective of policy influence, and lists some policy innovations in some provinces, autonomous regions and municipalities.

Keywords: Customized Bus; Shared Mobility; New Mode of Urban Transport

Ⅳ Special Reports

Abstract: With the development of the Internet, new forms of transportation enterprises have achieved rapid development, such as car hailing services and online freight platforms, which propose new challenges to comprehensively strengthen the Party's construction in terms of scope, form and content. The paper conducts research on some Internet platform enterprises in the field of passenger and freight transport, including T3 Mobility, DiDi, AMAP, Cainiao, and conducts case studies on the work practice of the Party's organizational construction, ideological construction, position construction, social services, etc. This article aims to serve as a demonstration and reference for the Party's construction of other new forms of transportation enterprises, in order to better play the leading role of the Party, promote the integration of the Party's construction and business development, and promote high-quality development of the private enterprises.

Keywords: The Party's Construction; Private Enterprise; Transportation; New Forms

Abstract: The report of the 20th National Congress pointed out: "Promoting green and low-carbon economic and social development is a key link to achieve high-quality development." The shared mobility industry promotes the large-scale and intensive development of mobolity ecology from the aspects of vehicle electrification, efficient utilization of resources, low-carbon travel structure, green power source, and intelligent transportation system, and plays a better leading and driving role in the low-carbon transformation and green development of the transportation field. The three green travel scenarios of "oil for electricity", co-ride traffic and slow traffic can help the transportation industry reduce carbon dioxide emissions by more than 10 million tons per year.

Keywords: Electric Vehicle; Co-ride Traffic; Slow Traffic; Carbon Emission Reduction

B.13 Current Situation and Prospect of Application of Autonomous Driving Technology

Gao Beili, Yu Hao and Sun Qinyu / 216

Abstract: By analyzing the advantages and disadvantages of different technological approaches such as vehicle intelligence and vehicle-infrastructure cooperation, LiDAR and visual perception, this study investigates the current status, challenges and prospects of autonomous driving technology application in China. It examines the policy environment surrounding the application of autonomous driving technology, and discusses the effectiveness and challenges in typical scenarios. The study proposes a technological pathway based on integrated development of vehicle, road, network and cloud systems using large-scale models, and explores future trends in commercialization of autonomous driving.

Keywords: Autonomous Driving; Large-scale Model; Vehicle Intelligence; Vehicle-infrastructure Cooperation

Abstract: Platform corporations inherently possess the prerequisites for international progression. By harnessing network-centric business models, these corporations interconnect global users and service providers via technological platforms, overcoming geographical limitations and facilitating swift service proliferation and extensive cultural assimilation. In recent years, shared mobility corporations have also ventured beyond national boundaries to engage in international rivalry. Looking into the future, domestic platform corporations will expedite their overseas business implementation and proactively address diverse challenges.

Keywords: Going Global; Ride-hailing; Bike-sharing; Internet-based Freight Transportation

Abstract: This article first analyzes the reform cases of the integration of taxi and online ride-hailing in three typical cities, Shantou, Hangzhou, and Suzhou. In which online ride-hailing platform acquire the right to operate cruise cars, in which online ride-hailing platform assumes the responsibility of taxi carrier of online ride-hailing integration, in which vehicles obtain "one car and two licenses" mode. Secondly, the article analyzed and summarized the integration of taxi and online car-hailing, the positive significance of reformation, and the existing implementation risks; Finally, the proposal of the integration of taxi and online car-hailing should fully consider the applicability of the reform, take into account factors such as the security attributes of patrol vehicles, the competitive relationship of taxi and online car-hailing, the scale and operational capabilities of traditional enterprises, and the market operating environment. respect the actual development of different types of urban industries, promote them according to local conditions and categories, and thereby implement precise policies.

Keywords: Taxi; Integration of Taxi; Online Ride-hailing; Integration of Taxi and Online Ride-hailing

B.16 Urban Mobility Survey in 2024

Miao Shiyu / 255

Abstract: The urban residents' transportation survey report in 2024 shows that the emergence of multiple transportation modes such as the subway, ride-hailing, and shared bicycles has greatly optimized and enriched the travel modes of urban residents. In addition to traditional transportation modes like the subway, private cars, and buses, private electric vehicles and shared bicycles, as emerging travel modes, are gradually gaining prominence. However, the survey results also reveal that with the popularization of multiple travel modes, urban residents' expectations for transportation services, including the optimization of public transportation routes, the addition of parking spaces, the pricing of shared bicycles, and the construction of intelligent transportation systems, have continuously increased. Urban transportation, as a complex system, requires joint efforts from multiple parties, including the government, enterprises, and residents. At present, with the widespread coverage of new travel modes such as shared bicycles, shared electric bicycles, and car rentals, a safe, convenient, efficient, green, and intelligent urban transportation system is being accelerated.

Keywords: Urban Transportation; Shared Mobility; Car Rental

V Urban Innovation Reports

Abstract: The integration innovation of patrol network in Jiaozuo and Ordos, as well as the reform of taxi in Chongqing and Suzhou have achieved a lot of achievements. This chapter summarizes the innovation and successful experience of the administrative departments of four cities on urban taxi management policies.

Keywords: Taxi; Online Ride-hailing; Integration of Taxi and Online Ride-hailing

Abstract: Shared bicycles and shared electric bicycles have become a new choice for people to travel. With the expansion of shared two-wheeled vehicle operators and their scale, industry competition has become increasingly fierce, which has led to chaos in market order and difficulties in vehicle management to a certain extent. This paper proposes reasonable countermeasures for the standardized management of shared two-wheelers, selects Beijing and Yueyang as megacities and small and medium-sized cities, and analyzes their innovative practices.

Keywords: Shared Bicycle; Shared Electric Bicycle; Urban Innovation

Abstract: The exploration of Internet and intelligent enabling transportation industry has been continuing. In recent years, autonomous driving, MaaS travel and customized public transport have become the new hot spots of shared mobility. This chapter chooses Guangzhou, Shanghai and Jinan as typical representative cities, and analyzes and summarizes their demonstration and specific practices.

Keywords: Shared Mobility Autonomous Driving; MaaS; Customized Bus

皮 书

智库成果出版与传播平台

✤ 皮书定义 ✤

皮书是对中国与世界发展状况和热点问题进行年度监测，以专业的角度、专家的视野和实证研究方法，针对某一领域或区域现状与发展态势展开分析和预测，具备前沿性、原创性、实证性、连续性、时效性等特点的公开出版物，由一系列权威研究报告组成。

✤ 皮书作者 ✤

皮书系列报告作者以国内外一流研究机构、知名高校等重点智库的研究人员为主，多为相关领域一流专家学者，他们的观点代表了当下学界对中国与世界的现实和未来最高水平的解读与分析。

✤ 皮书荣誉 ✤

皮书作为中国社会科学院基础理论研究与应用对策研究融合发展的代表性成果，不仅是哲学社会科学工作者服务中国特色社会主义现代化建设的重要成果，更是助力中国特色新型智库建设、构建中国特色哲学社会科学“三大体系”的重要平台。皮书系列先后被列入“十二五”“十三五”“十四五”时期国家重点出版物出版专项规划项目；自 2013 年起，重点皮书被列入中国社会科学院国家哲学社会科学创新工程项目。

皮书网

（网址：www.pishu.cn）

发布皮书研创资讯，传播皮书精彩内容
引领皮书出版潮流，打造皮书服务平台

栏目设置

◆ **关于皮书**

何谓皮书、皮书分类、皮书大事记、
皮书荣誉、皮书出版第一人、皮书编辑部

◆ **最新资讯**

通知公告、新闻动态、媒体聚焦、
网站专题、视频直播、下载专区

◆ **皮书研创**

皮书规范、皮书出版、
皮书研究、研创团队

◆ **皮书评奖评价**

指标体系、皮书评价、皮书评奖

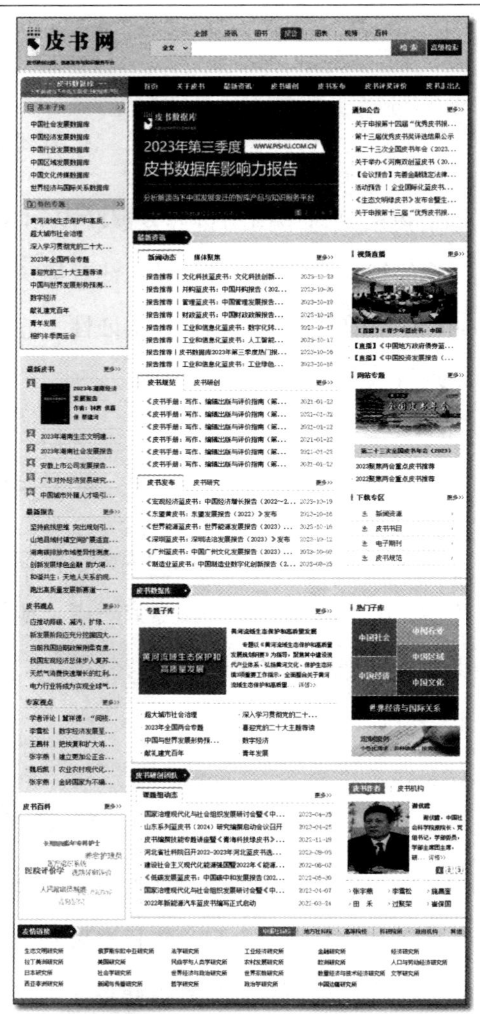

所获荣誉

◆ 2008 年、2011 年、2014 年，皮书网均在全国新闻出版业网站荣誉评选中获得“最具商业价值网站”称号；

◆ 2012 年，获得“出版业网站百强”称号。

网库合一

2014年，皮书网与皮书数据库端口合一，实现资源共享，搭建智库成果融合创新平台。

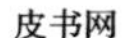

皮书网

“皮书说”
微信公众号

S 基本子库
UB DATABASE

中国社会发展数据库（下设 12 个专题子库）

紧扣人口、政治、外交、法律、教育、医疗卫生、资源环境等 12 个社会发展领域的前沿和热点，全面整合专业著作、智库报告、学术资讯、调研数据等类型资源，帮助用户追踪中国社会发展动态、研究社会发展战略与政策、了解社会热点问题、分析社会发展趋势。

中国经济发展数据库（下设 12 专题子库）

内容涵盖宏观经济、产业经济、工业经济、农业经济、财政金融、房地产经济、城市经济、商业贸易等12个重点经济领域，为把握经济运行态势、洞察经济发展规律、研判经济发展趋势、进行经济调控决策提供参考和依据。

中国行业发展数据库（下设 17 个专题子库）

以中国国民经济行业分类为依据，覆盖金融业、旅游业、交通运输业、能源矿产业、制造业等 100 多个行业，跟踪分析国民经济相关行业市场运行状况和政策导向，汇集行业发展前沿资讯，为投资、从业及各种经济决策提供理论支撑和实践指导。

中国区域发展数据库（下设 4 个专题子库）

对中国特定区域内的经济、社会、文化等领域现状与发展情况进行深度分析和预测，涉及省级行政区、城市群、城市、农村等不同维度，研究层级至县及县以下行政区，为学者研究地方经济社会宏观态势、经验模式、发展案例提供支撑，为地方政府决策提供参考。

中国文化传媒数据库（下设 18 个专题子库）

内容覆盖文化产业、新闻传播、电影娱乐、文学艺术、群众文化、图书情报等 18 个重点研究领域，聚焦文化传媒领域发展前沿、热点话题、行业实践，服务用户的教学科研、文化投资、企业规划等需要。

世界经济与国际关系数据库（下设 6 个专题子库）

整合世界经济、国际政治、世界文化与科技、全球性问题、国际组织与国际法、区域研究 6 大领域研究成果，对世界经济形势、国际形势进行连续性深度分析，对年度热点问题进行专题解读，为研判全球发展趋势提供事实和数据支持。

法律声明

“皮书系列”（含蓝皮书、绿皮书、黄皮书）之品牌由社会科学文献出版社最早使用并持续至今，现已被中国图书行业所熟知。“皮书系列”的相关商标已在国家商标管理部门商标局注册，包括但不限于LOGO（ ）、皮书、Pishu、经济蓝皮书、社会蓝皮书等。“皮书系列”图书的注册商标专用权及封面设计、版式设计的著作权均为社会科学文献出版社所有。未经社会科学文献出版社书面授权许可，任何使用与“皮书系列”图书注册商标、封面设计、版式设计相同或者近似的文字、图形或其组合的行为均系侵权行为。

经作者授权，本书的专有出版权及信息网络传播权等为社会科学文献出版社享有。未经社会科学文献出版社书面授权许可，任何就本书内容的复制、发行或以数字形式进行网络传播的行为均系侵权行为。

社会科学文献出版社将通过法律途径追究上述侵权行为的法律责任，维护自身合法权益。

欢迎社会各界人士对侵犯社会科学文献出版社上述权利的侵权行为进行举报。电话：010-59367121，电子邮箱：fawubu@ssap.cn。

社会科学文献出版社